utb 3793

Eine Arbeitsgemeinschaft der Verlage

Böhlau Verlag · Wien · Köln · Weimar
Verlag Barbara Budrich · Opladen · Toronto
facultas · Wien
Wilhelm Fink · Paderborn
Narr Francke Attempto Verlag / expert verlag · Tübingen
Haupt Verlag · Bern
Verlag Julius Klinkhardt · Bad Heilbrunn
Mohr Siebeck · Tübingen
Ernst Reinhardt Verlag · München
Ferdinand Schöningh · Paderborn
transcript Verlag · Bielefeld
Eugen Ulmer Verlag · Stuttgart
UVK Verlag · München
Vandenhoeck & Ruprecht · Göttingen
Waxmann · Münster · New York
wbv Publikation · Bielefeld

Heinz D. Kurz / Richard Sturn

Die größten Ökonomen: Adam Smith

2., überarbeitete Auflage

UVK Verlag · München

Umschlagabbildung: © shutterstock

Bibliografische Information der Deutschen Nationalbibliothek
Die Deutsche Nationalbibliothek verzeichnet diese Publikation in der Deutschen Nationalbibliografie; detaillierte bibliografische Daten sind im Internet über http://dnb.dnb.de abrufbar.

2. Auflage 2020
1. Auflage 2012

– ein Unternehmen der Narr Francke Attempto Verlag GmbH + Co. KG
Dischingerweg 5 · 72070 Tübingen

Internet: www.narr.de
eMail: info@narr.de

Einbandgestaltung: Atelier Reichert, Stuttgart
CPI books GmbH, Leck

UTB-Nr. 3793
ISBN 978-3-8252-5277-9 (Print)
ISBN 978-3-8385-5277-4 (ePDF)
ISBN 978-3-8463-5277-9 (ePDF)

Inhalt

Vorwort ... 7

Leben ... 11

Kindheit, Jugend, Studium ... 13
In seinem Element: Professor in Glasgow ... 17
Grand Tour (Toulouse-Genf-Paris) ... 19
Wealth of Nations ... 21
Bürden des Amtes, Bürden des Alters ... 22

Werk ... 25

Das Gesamtwerk: Hinweise zum Einstieg ... 27
Ökonomik und Gesellschaftstheorie ... 29
Nichtintendierte Konsequenzen ... 33
Essays und Lectures ... 40

Sprachtheorie und Theory of Moral Sentiments (TMS) ... 47

Prolog: Eine „philosophical history“ sprachlicher Verständigung ... 49
Moral im Zeitalter der Modernisierung ... 51
Erfolg und Bedeutung der TMS ... 52
Sympathie und Unparteiischer Beobachter ... 56
Gesamtwürdigung: Die Quadratur des Kreises ... 61

Wealth of Nations ... 63

Inhalt und Struktur des WN ... 65
Arbeitsteilung und Produktivitätswachstum ... 74
Markt, Koordination, Wert und Geld ... 80

Konkurrenz und Gravitation der Preise 89
Lohn, Profit und Rente 92
Kapitalakkumulation und struktureller Wandel 105
Über die unterschiedliche Entwicklung des Wohlstands in verschiedenen Nationen 116
Systeme der Politischen Ökonomie 120
Das „Kommerzsystem“ 120
Das „Agrikultursystem“ 130
Staatliche Aktivität und Wirtschaftspolitik 132

Wirkung 141

Wirtschaftspolitik 145
Klassische Ökonomik 146
Karl Marx 147
Marginalistische Ökonomik 148
Evolutorische Ökonomik 149
Deutschsprachige Theorie 149

★ Smith zu Eurokrise, Eurobonds und zur Reform europäischer Institutionen 151

★ Biographie 153

★ Glossarium 155

★ Wichtige Werke 163

★ Hilfreiche Links 165

★ Literatur 167

★ Stichwörter 175

Vorwort

Das Werk Adam Smiths steht für mehr als für eine Episode in der Geschichte des ökonomischen Denkens. Sein Rang unter den Ökonomen, den Sozialwissenschaftlern, den Philosophen der Moderne ist in zweifacher Hinsicht herausragend. Es gibt zum einen kein zweites Werk, das im selben Maß als Katalysator der Herausbildung der Politischen Ökonomie als Disziplin wirkte. Zum andern wurde es zu einem Leitstern der Wirtschafts- und Ordnungspolitik in kapitalistischen Marktwirtschaften. Diese nachhaltige und vielschichtig prägende Wirkung fasste Joseph Schumpeter (1954, 181) mit der Bemerkung zusammen, Smiths *Wealth of Nations* sei das erfolgreichste Buch in der Geschichte der Wissenschaft, mit der „möglichen Ausnahme" von Darwins *Origin of Species.*

Von Smith können wir heute noch lernen. Wir können nicht nur lernen, indem wir ihn als faszinierendes historisches Phänomen analysieren: als Denker, der in Auseinandersetzung mit den Problemen, Interessen und Ideen seiner Zeit als *Mann der Wissenschaft* Bemerkenswertes hervorbringt, das über den Tag hinaus Bestand hat und Wirkung zeigt. Erstaunlicherweise können wir aber auch immer noch von seinen Theorien lernen – trotz der mehr als zwei Jahrhunderte Fortschritt in der Entwicklung der Ökonomik. Faszinierend ist nicht zuletzt Smiths Kultur des ökonomischen Argumentierens, die er vor dem Hintergrund eines hierfür aufgeschlossenen sozialen Milieus entwickelt: das Milieu einer an „Verbesserungen" *(improvements)* interessierten Elite, welche in *Clubs* und *Societies* deren Bedingungen und Wechselfälle zu ergründen trachtet. Von Smithscher Argumentationskultur (von der wir vor allem im Abschnitt über den *Wealth of Nations* ausführliche Kostproben bieten) könnte die moderne Disziplin der Ökonomik insgesamt profitieren. Denn die Perfektionierung mathematischer Modelle (Smith hätte sie vermutlich befürwortet!) ersetzt nicht das ökonomische Argument.

Smith macht wie kein zweiter die Gründe deutlich, warum sie das nicht tut. Ahnt er schon, vor welcher Herausforderung das Fach der Ökonomik dereinst stehen wird, wenn es gilt, spezifische Modellierungen in die Diskurse über größere Zukunftsfragen von Wirtschaft und Gesellschaft zu integrieren – Modellierungen, die *unvermeidlich* immer nur Teilbereiche aus dem Gesamtkomplex sozio-ökonomischer Fragen und sozio-ökonomischer Mechanismen im Blick haben? Mit Smith wird man jedenfalls darauf insistieren, neben der technischen Perfektionierung von Modellierungen auch ihre problembezogene Angemessenheit nicht zu vergessen. Dem Zeugnis Dugald Stewarts zufolge zog er nie die Aufmerksamkeit mit „geschmacklosen Paraden seiner Gelehrsamkeit" (*tasteless parades of erudition*) auf sich. Seine Gelehrsamkeit setzte er vielmehr ein, um relevante Fragen besser zu beantworten. Paraden technischer Tools ohne ernsthaften Bezug auf solche Fragen wären wohl ebensowenig sein Fall gewesen.

Smiths Programm für die Sozial- und Wirtschaftswissenschaften ist vom Vorbild Newtons inspiriert. Alles, was er über ihre praktische Anwendung zu sagen hat, widerspricht indes der Vorstellung, die Perfektionierung ökonomischer Modelle würde eine gleichsam mechanisch-ingenieurswissenschaftliche Umsetzung erlauben. Ihre Bewährung findet die *science of the legislator* (deren Krone die Politische Ökonomie ist) in komplexen, erfahrungsoffenen politisch-ökonomischen Prozessen. Sie als technokratische Einbahnstraße zu konzipieren, ist ein Fehler.

In einer Zeit, in der viele den Eindruck haben, dass die disziplinäre Entwicklung der Ökonomik in den letzten Jahrzehnten kaum bessere Rezepte für erfolgreiche Anti-Krisen-Politik, ja nicht einmal bessere Einsichten in die Logik von Krisen und Umbrüchen gebracht hat, ist dies ein starkes Motiv, sich mit Smith auseinanderzusetzen. Smith liefert zwar keine wohlfeilen Rezepte. Aber im Hinblick auf jene großen Fragen, die in Krisenzeiten virulent werden, wird ein zentrales Potential Smithschen Denkens deutlich: Es enthält ein architektonisches Prinzip, an dem sich die Disziplin der Ökonomik orientieren kann, um die erzielten Fortschritte auf dem Gebiet von Modelltechnik und Ökonometrie produktiv zu nutzen. Sonst läuft sie Gefahr, bei den großen Fragen in Zeiten von Krisen und Umbrüchen an den Problemen vorbei zu optimieren.

Dieses Prinzip ergibt sich aus der Dialektik von Arbeitsteilung und Integration. Smith erkennt jene zentrale Herausforderung der Moderne, gerade weil er früh vom Programm einer „Newtonschen" Sozial- und Wirtschaftswissenschaft umgetrieben ist und früh die moderne Wissenschaft als Prozess der Spezialisierung und Arbeitsteilung erfasst. Die Vorteile all dessen werden nur dann nachhaltig zu ernten sein, wenn es *funktionierende Mechanismen der Integration* gibt. Dies gilt für die moderne Gesellschaft insgesamt – und es gilt auch für die Wirtschafts- und Sozialwissenschaft. Smiths Mischung von Theorie, Geschichte und Politik zeigt exemplarisch, wie eine solche Integration gelingen kann.

Beim vorliegenden Text handelt es sich um eine durchgesehene und korrigierte zweite Auflage unseres Bandes. Wir danken Julia Wurzinger für ihre Unterstützung bei der Überarbeitung.

Graz im Juli 2020

Heinz D. Kurz und Richard Sturn

Leben

Kindheit, Jugend, Studium

Adam Smith wird 1723 als Sohn von Margaret Douglas und Adam Smith Sr. in Kirkcaldy geboren. Der Ort seiner Geburt ist eine kleine, zu jener Zeit nach einer Periode des Niedergangs in wirtschaftlichem Strukturwandel begriffene Hafenstadt am *Firth of Forth* an der Ostküste Schottlands, vis-à-vis Edinburgh gelegen. Das Taufdatum (5. Juni) ist wahrscheinlich auch das Geburtsdatum. Das soziale Umfeld, in das der junge Adam hineingeboren wird, ist der oberen Mittelschicht zuzurechnen. Die Mutter stammt aus einer alten und angesehenen Familie. Der Vater hat vor seiner Heirat mit Margaret einen sozialen Aufstieg und bereits eine Ehe (er ist Witwer) hinter sich. Er bekleidet verschiedene gehobene Positionen in Militärgerichtsbarkeit und Zolldienst. Durch familiäre Bande und gesellschaftliches Umfeld sind somit für Adam Jr. Kontakte zu jener Funktionselite Schottlands vorgeprägt, die wohl nicht ohne Einfluss auf seine Vorstellung einer „natürlichen Aristokratie" bleiben sollte.

Die Umstände seiner Geburt stehen indes unter keinem allzu günstigen Stern, denn der Vater verstirbt im Januar 1723. Aus Adams Kindheit berichtet Dugald Stewart, sein erster Biograph, von einer Entführung des Knaben durch fahrendes Volk, welche durch entschlossenes Einschreiten eines Verwandten glücklicherweise glimpflich endet. In der sorgenden Obhut der Mutter und im wohlgeordneten Umkreis einer bildungsbeflissenen Mittelschicht entwickelt sich das nicht allzu robuste Kind zu einem bedeutenden Gelehrten seiner Zeit und zum berühmtesten Ökonomen aller Zeiten.

Insgesamt bleibt der private Adam Smith dem Biographen einigermaßen verschlossen. Er sorgt dafür, dass jene Produkte aus seiner Feder der Nachwelt vorenthalten bleiben, die nicht skrupulös für den öffentlichen Gebrauch zugeschnitten sind. Nach eigenem Bekunden ist er zudem ein nachlässiger Briefeschreiber. Immerhin ist eine – im Hinblick auf das Werk interessante – Korrespondenz als Band VI der *Glasgow Edition of the Works and Correspondence* publiziert.

Glasgow Edition. Diese textkritische und mit vorzüglichen Einleitungen zu den einzelnen Werken versehene Ausgabe ist auch online zugänglich. Wie in der Smith-Literatur üblich, verwenden wir im Text für Smiths Werke folgende Abkürzungen:

- *TMS* (Theory of Moral Sentiments);
- *WN* (Wealth of Nations);

- ***EPS*** (Essays on Philosophical Subjects);
- ***LRBL*** (Lectures on Rhetoric and Belles Lettres);
- ***LJ*** (Lectures on Jurisprudence);
- ***Corr.*** (Correspondence).

Für längere Zitate aus dem *WN* verwenden wir die treffliche deutsche Übertragung von Monika Streissler, wobei wir die Terminologie an einigen Stellen anpassen. (Hervorhebungen von Zitaten stammen teilweise von uns.)

Gerade die wenigen Briefe, die vom jungen Smith erhalten sind, sind indes von bemerkenswerter, ja im Fall der Briefe an seine Mutter geradezu lakonischer Kürze. Einige der Briefe sind jedoch biographisch interessant. So geben sie Aufschluss über Patronagebeziehungen zu Persönlichkeiten aus jenem Kreis der adeligen Elite Schottlands, die Smith und anderen Gelehrten der Schottischen Aufklärung zugetan sind.

Was wir vom privaten Smith dennoch wissen, lässt sich in wenigen Sätzen zusammenfassen – wenn wir von einigen Histörchen absehen, die professorale Zerstreutheit andeuten sollen. Smith ist zeitlebens anfällig für psychosomatische Beschwerden, die zu Erschöpfungszuständen führen und damals als Hypochondriasis bezeichnet werden. Er bleibt unverheiratet. Stewart und andere Biographen machen vage Andeutungen über zwei oder drei mögliche Ansätze zu Liebesbeziehungen im heimatlichen Schottland und in Paris, die so oder so sein Leben nur am Rande berührt haben dürften.

Jedoch pflegt er einige bemerkenswerte Freundschaften zu Männern von gesellschaftlichem und intellektuellem Rang. Diese Freundschaften sollten für sein Werk und dessen Verbreitung in der Politik und unter den gebildeten Schichten von großer Bedeutung werden. Vor allem aber entwickelt der (wie sein berühmtester Freund, der Philosoph David Hume, vaterlos aufgewachsene) Knabe eine überaus enge und zeitlebens für ihn zentrale Bindung an seine Mutter, in deren Haushalt in Kirkcaldy er nicht zuletzt für die Arbeit an seinem magnum opus, dem *Wealth of Nations*, zurückkehren wird.

Erst im neunten Lebensjahr beginnt Adam jr. mit dem Schulbesuch in Kirkcaldy, wo er in den höheren Klassen einen qualitätsvollen klassischen Unterricht genießt. Prägender Schulmeister der örtlichen *Burgh School* ist David Miller, ein Mann von beachtlichem Ruf. Nach allem, was wir angesichts der Ausrichtung Millers vermuten können, umfasst der Unterricht auch ein Heranführen an klassische Traditionen stoischer Ethik – an Lehren also, anhand derer Jünglinge aus Adams Milieu Einsichten entwickeln können, die für zukünftige Funktionsträger eines aufstrebenden Landes von Bedeutung sind. Denn gerade in einer sich entwickelnden und komplexer werdenden *commercial society* gewinnt eine Frage an Brisanz, die schon Gegenstand klassischer Erörterungen eines Cicero ist – und zugleich eine der Leitfragen moderner Ökonomik werden sollte: Wie sind individuell-partikulare und öffentlich-allgemeine Interessen miteinander in Einklang zu bringen?

Dieses Thema und die Lehren stoischer Strömungen sollten Smiths späteres Werk in mehrfacher Weise beeinflussen: als Inspiration, als Anstoß, aber auch als Reibebaum. 1737, im Alter von vierzehn Jahren, immatrikuliert er – in Fächern wie Latein gut vorbereitet – an der Universität Glasgow. Die Übersiedlung dorthin führt ihn in eine Stadt, in der die Dynamik der *commercial society* erlebbar ist. In den Jahrzehnten nach der Union Schottlands mit England (1707) durchläuft sie eine vorindustrielle Modernisierungsphase mit raschem Wachstum, stimuliert insbesondere durch den Tabakhandel. Die traditionsreiche, aber vergleichsweise kleine protestantisch-presbyterianisch geprägte Hochschule bietet ein anspruchsvolles Curriculum.

In Glasgow zählt der bedeutende Gelehrte Francis Hutcheson zu Smiths Lehrern. „The never to be forgotten Dr. Hutcheson“ (so wird er ihn Jahrzehnte später nennen) beeinflusst Smith nachhaltig. Hutcheson ist ein Philosoph, für den soziale Mechanismen zentral sind. Seine Moraltheorie basiert auf der Annahme instinktiver ethischer Gefühle, des *moral sense*. Dessen *Wirkungsweise* ist aber nur zu verstehen, wenn man sich auf das Studium jener gesellschaftlichen Beschränkungen und Mechanismen einlässt, unter denen es sich konkret entfaltet. Hutcheson kritisiert die Vorstellung, Staat und Recht gingen auf einen Gesellschaftsvertrag zurück. Seine Begründung und Erklärung dieser Institutionen ist vielmehr am gesamtgesellschaftlichen Nutzen orientiert. Hutcheson dürfte 1725 als erster die oft Jeremy Bentham zugeschriebene utilitaristische Formel des *größten Glücks der größten Zahl* benutzt haben.

Auch Smith wird in seiner Theorie die zentralen Funktionen rechtlicher Rahmenbedingungen diskutieren. Insbesondere präzisiert er aber einen für moderne Gesellschaftstheorie wichtigen Gedanken, der ihn in Distanz zu Hutcheson bringt: Die direkte Orientierung am Gemeinwohl ist nicht die einzige, stärkste oder verlässlichste Triebkraft zur Förderung des allgemein Besten. Insbesondere ist Wohltätigkeit *(beneficence)* nicht Voraussetzung für vorteilhafte Selbstregulierung. Eine zweckmäßig strukturierte soziale Ordnung kann dafür sorgen, dass in wichtigen Handlungskontexten das Gemeinwohl unbeabsichtigt durch *eigeninteressiertes* Handeln gefördert wird.

1740 kommt Smith in den Genuss eines Stipendiums für das Balliol College in Oxford. Jenes Stipendium (genannt Snell Exhibition) war an sich für Glasgow-Absolventen eingerichtet worden, die sich einer Laufbahn als Kleriker verschrieben. Schon in den Jahren vor Smiths Zeit als Snell Exhibitioner ist diese Bestimmung jedoch nicht mehr bindend. Ob Smith sich jemals ernsthaft mit dem Gedanken an eine Zukunft als Geistlicher getragen hat, ist daher zweifelhaft.

Oxford bietet zu jener Zeit keineswegs ein Musterbeispiel an Gelehrsamkeit und Forscherfleiß, geschweige denn die Avantgarde von Innovation und Aufklärung. In seinem magnum opus (*WN* V.i.f.8) wird Smith die altehrwürdige Universität als Negativbeispiel einer erstarrten Bildungsinstitution zeichnen, an der viele Professoren die akademische Lehre nicht einmal mehr dem Anschein nach aufrecht erhielten. Dieser Missstand beschäftigt ihn anscheinend noch im fortgeschrittenen Alter, denn für die 1784 publizierte Auflage des *WN* wird ein Index erstellt, in dem als Eintrag zu finden ist: „*Oxford*, the professorships there, *sinecures.*“ Für den jungen Smith indes bieten die geringe Belastung durch das Curriculum und wohl auch der Zugang zu Bibliotheken gute Voraussetzungen für den Erwerb von Literaturkenntnis. Er verfeinert den sprachlichen Ausdruck und passt seinen Akzent vorteilhaft dem neuen Milieu an.

In die Oxforder Zeit fallen zwei Ereignisse, die für Adam Smith und sein Umfeld nachhaltige Bedeutung haben. Zum einen ist dies der letztlich gescheiterte Aufstand der Jakobiten 1745/6 (benannt nach dem in der Glorious Revolution 1688 gestürzten Jakob II). Ausgehend vom schottischen Hochland, endet er mit dem Menetekel des blutigen Gemetzels von Culloden. Die Schockwellen jener finalen Niederlage der Jakobiten klingen in der schottischen Gesellschaft noch lange nach. In seinem späteren Werk dient Smith die Krise, in welche „vier- oder fünftausend nackte und unbewaffnete Highlander“ das Königreich stürzen, zur Illustration zivilisatorischer Verwundbarkeiten als Kehrseite des Fortschritts. Smith ist jedoch im Gegensatz zu James Steuart, dem zweiten berühmten schottischen Ökonomen jener Zeit, kein Sympathisant der Jakobiten.

Zum anderen fällt in seine Oxforder Zeit die erste Beschäftigung mit dem Werk des um ein gutes Jahrzehnt älteren David Hume, das für ihn eine kaum zu überschätzende Bedeutung gewinnen wird. Vorderhand bedeutet für ihn das Hume-Studium allerdings auch Ungemach: Er wird, so heißt es, bei der Hume-Lektüre erwischt und deswegen gemaßregelt. Hume, der Vorkämpfer einer *experimental philosophy* und obendrein als Religionskritiker berüchtigt, liegt ganz gewiss nicht im Mainstream der konservativen Oxforder Orthodoxie. Wie dem auch sei: Smiths Unbehagen mit seiner Situation in Oxford führt dazu, dass er 1746, noch vor Auslaufen des Stipendiums, nach Kirkcaldy zurückkehrt.

In seinem Element: Professor in Glasgow

Die Mischung aus einem strikt durchstrukturierten und gehaltvollen Curriculum in Glasgow einerseits und den mehr freien Studien in Oxford andererseits kommt Smith ebenso zugute wie der dort erworbene feinere Akzent, als er 1748 nach einem längeren Zwischenaufenthalt in Kirkcaldy eine erfolgreiche Vorlesungstätigkeit in Edinburgh im Bereich Rhetorik und Literatur aufnimmt. Diese beschert dem – von der Natur weder mit besonderen Gaben als Redner noch mit gewinnendem Auftreten bedachten – jungen Gelehrten sowohl ein passables Einkommen wie auch beachtliches Ansehen. 1751 erlangt er die Professur für Logik an der Universität Glasgow. Dabei wird er, wie beim Zustandekommen der Edinburgher Vorlesungen, von Henry Home (als Lord Kames geadelt und selbst bedeutender Gesellschaftstheoretiker) unterstützt.

In diesen Vorgängen manifestiert sich jenes Netzwerk von Patronagebeziehungen zu Teilen einer aufgeklärten Elite, welches den Wirkungskreis des intellektuellen Milieus prägt, dem Smith angehört. Nachdem im November 1751 in Glasgow der Lehrstuhl für Moralphilosophie durch einen Todesfall vakant wird, findet er 1752 durch die Berufung auf diese Stelle schon bald seine akademische Verankerung auf jenen Terrains, auf die sich sein Wirken als Theoretiker konzentrieren sollte: Ethik, Rechtswesen und Ökonomik.

In Glasgow entfaltet sich Smith als erfolgreicher akademischer Lehrer: Die „nützlichste und ehrenvollste" Zeit in seinem Leben sei dies gewesen, wird er 1787 rückblickend feststellen. Wie später in Edinburgh und auch während seiner Londoner Aufenthalte sind für ihn überdies verschiedene *Clubs* und *Societies* ein Forum der intellektuellen und politischen Auseinandersetzung und eine Quelle von Anregung und Austausch. Professor Smiths Formulierungen, ja sogar Manierismen seines Ausdrucks erlangen im Glasgow zu jener Zeit eine gewisse Popularität und werden mitunter imitiert.

In den intellektuellen Austausch sind aufgrund der Verschiedenheit der Ausrichtung jener Clubs überlappende Segmente der intellektuellen, politischen und wirtschaftlichen Elite einbezogen. In Glasgow gehört dazu der *Political Economy Club*, in dem Smith die von ihm nicht immer goutierten Auffassungen von Kaufleuten aus erster Hand kennenlernt; in Edinburgh sind es die eher wissenschaftliche *Select Society*, in deren Diskussionen es aber auch um praktische *improvements* geht; der *Poker Club*, auf dessen Agenda unter Adam Fergusons Ägide das schottische Milizsystem steht, und der *Oyster Club*, welcher auch als *der* Club Adam Smiths bekannt ist. Die auch in Glasgow nicht immer einfachen Beziehungen zwischen *town and gown* und jene Art elitärer Öffentlichkeit, welche durch solche *Clubs* und *Societies* geboten wurde, könnte Gegenstand einer eigenen Untersuchung sein. Bestimmte Züge der Schottischen Aufklärung dürften durch diese Öffentlichkeit geprägt sein: Auf sie hin ist Smiths nicht-technokratische, moderat reformistische *science of the legislator* ausgerichtet, deren Dreh- und Angelpunkt seine Politische Ökonomie werden sollte.

Die Publikation seines Erstlingswerks *Theory of Moral Sentiments* 1759 (von der schon zu Smiths Lebzeiten sechs, teilweise ausführlich überarbeitete und erweiterte Fassungen sowie etliche Übersetzungen in fremde Sprachen erscheinen) begründet seinen Ruf über die Britischen Inseln hinaus; ein Ruf, der etwa Hörer aus Genf (der Stadt Rousseaus und eine der Stationen Voltaires) sowie aus dem fernen Russland nach Glasgow führen sollte. Letztere sollten später dafür sorgen, dass Smiths Lehren sogar am Zarenhof in Umlauf gebracht werden.

Eine charakteristische Facette von Smiths akademischer Vita darf nicht unerwähnt bleiben, da sie das Bild vom zerstreuten Gelehrten relativiert. Er ist immer wieder mit großem Einsatz und Akribie in der akademischen Selbstverwaltung für die Universität Glasgow tätig. Er kümmert sich um das Bibliothekswesen und schafft die *Encyclopédie française* an, die für ihn eine Quelle von nicht zu unterschätzendem Wert bleiben wird. Er bekleidet wichtige akademische Ämter (Dekan 1760, Vizerektor 1761, Lord Rector 1787). Dabei sind ihm strategische und pragmatische Überlegungen in Hinblick auf die Positionierung seiner Universität im gesellschaftlichen Umfeld nicht fremd. Etwa räsoniert er schon 1751, selbst frisch Berufener, über die Möglichkeit einer Berufung von David Hume nach Glasgow (*Corr.*, 5): Ihm selbst, so bemerkt er, wäre als Kollege niemand lieber als Hume. Die Öffentlichkeit sei aber wohl anderer Meinung – und man komme nicht umhin, diese Meinung zu berücksichtigen.

Hume, zu dem sich in den frühen 1750er Jahren eine zunehmend freundschaftliche Beziehung entwickelt, ist wohl nicht ganz unbeteiligt an Überlegungen, Smith für die Stelle eines Tutors für den jungen Herzog von Buccleuch in Erwägung zu ziehen, dessen Stiefvater, Lord Townshend, von der *TMS* sehr angetan ist. Dieses Angebot konkretisiert sich 1764. Es kommt Smith – er hatte schon früher zeitweise neben seiner Professorentätigkeit als privater Mentor des Sohns von Earl Shelburne fungiert – aus mehreren Gründen zupass: Erstens ist er von den vielfältigen professoralen Dienstpflichten in Lehre und Selbstverwaltung physisch erschöpft und gesundheitlich angegriffen. Zweitens steht zusätzlich zum jährlichen Tutoren-Salär von £ 500 eine jährliche Rente von £ 300 in Aussicht, die sein Jahreseinkommen als Professor übertrifft und ihn im Anschluss an die Tutorentätigkeit finanziell unabhängig macht. Dies würde ihm genügend Zeit geben, seine wissenschaftlichen Projekte zu realisieren. Drittens schließlich wäre der Hauptpunkt des von Smith angeleiteten Bildungsprogramms des Herzogs eine Reise nach Kontinentaleuropa, vor allem nach Frankreich. Frankreich ist zu jener Zeit nicht nur das Land der Aufklärungsphilosophen, Staatstheoretiker und Enzyklopädisten, sondern auch das Land jener *économistes*, die heute als Physiokraten bekannt sind.

Grand Tour (Toulouse-Genf-Paris)

Nach einem eher frustrierenden Auftakt der Reise in Toulouse (damals die zweite Stadt Frankreichs und in widerspruchsvoller, teils eher zögerlicher Modernisierung begriffen), wo sie nur langsam einigen Anschluss finden und das private Studienprogramm im Vordergrund steht, begibt sich die kleine Reisegesellschaft im Herbst 1765 (inzwischen um den Bruder des Herzogs und einen Schulfreund erweitert) für zwei Monate nach Genf. Dort trifft Smith den von ihm bewunderten Voltaire. Rousseau, dessen Werk für Smith vor allem Bezugspunkt kritischer Erörterungen ist, ist zu jener Zeit verreist. Rousseau und Smith scheinen sich nie persönlich begegnet zu sein.

Höhepunkt der Reise ist jedoch der Aufenthalt in Paris. Dort hat die Schottische Aufklärung schon einen guten Namen. Dies ist nicht nur der traditionellen Affinität zwischen Schottland und Frankreich, sondern zumal David Hume zu verdanken. Dieser hat kurze Zeit zuvor seinen erfolgreichen Aufenthalt in der Seine-Metropole beendet und ist mit Empfehlungen behilflich. Smith wird zum gern gesehenen Gast in den intellektuellen Salons.

Die Berichte über die Zeit in Paris bilden gleichsam einen Kontrapunkt zu den Anekdötchen über die Verschrobenheit des großen Schotten. Sogar seine Kleidung passt er der neuen Umgebung entsprechend an und treibt diesbezüglich größeren Aufwand. Er lernt Denker wie d'Alembert, d'Holbach und Helvetius kennen. Von größter Bedeutung für sein zukünftiges Werk ist indes die Begegnung mit François Quesnay. Zwar trifft es nicht zu, dass Smith sein ganzes gesellschaftstheoretisches und ökonomisches Denken auf den Kopf stellt, wie die Anhänger der sog. „Umschwungtheorie" im 19. Jahrhundert behaupten sollten.

Dennoch beeinflusst die Auseinandersetzung mit der Physiokratie, welcher er überaus hohen, wenn auch durchaus kritischen Respekt zollt, den Kern seines ökonomischen Denkens merklich. Anhaltspunkte hierfür finden sich in den Unterschieden zwischen dem *Wealth of Nations* und früheren Schriften und Vorlesungsmanuskripten mit ökonomischen Bezügen.

Smith konsultiert Quesnay auch als Arzt für seine beiden Schützlinge, die nacheinander erkranken. Im Fall des Bruders des jungen Herzogs ist dieser Einsatz allerdings vergeblich: Er stirbt im Oktober 1766. Wochen später kehrt Smith mit dem Herzog – dieser wird ihm zeitlebens freundschaftlich verbunden bleiben – nach London zurück.

Fünf Monate bleibt er in London. Das neueröffnete British Museum ist (wie einige Jahrzehnte später für einen gewissen Karl Marx) eine Attraktion für Smith. Der Fundus seiner Bibliothek umfasst die moderne Wissenschaft wie das klassische Erbe. Er verkehrt aber auch in politischen Zirkeln. Entscheidungsträger suchen seinen Rat. Dazu gehören Charles Townshend, der Stiefvater des Herzogs von Buccleuch und nunmehr Schatzkanzler, und Lord Shelburne, nunmehr *Secretary of State*. Zu den Themen gehören die Kolonialpolitik und – damals wie heute – öffentliche Finanzen, Staatsschulden und Steuern. Die zurückliegenden Jahrzehnte des 18. Jahrhunderts hatten erwiesen, wie weitreichend Fragen der Staatsverschuldung mit der Entwicklung von Wirtschaft und Gesellschaft insgesamt zusammenhängen. Auch zeigen sich diesbezüglich mögliche Asymmetrien in den Interessen, etwa zwischen den *moneyed interests* eines in dynamischer Entwicklung begriffenen Finanzsektors und den *landed interests*, zwischen der *court position* und der *country position*. Der scharfsinnige Hume widmet diesem Thema einen viel zitierten Essay – und sogar dem großen Montesquieu sind die britischen Staatsfinanzen einige Bemerkungen wert. Um 1766 sind es insbesondere die finanziellen Folgen des Siebenjährigen Kriegs, die den Schatzkanzler noch immer beschäftigen. Überdies schlagen finanzielle Kalamitäten um die *East India Company* ihre Wellen.

Last but not least werfen jene tektonischen Verschiebungen Schatten voraus, die sich im amerikanischen Unabhängigkeitskrieg entladen sollten. Die andauernde Beschäftigung mit Letzteren spiegelt sich in einem erhaltenen Manuskript (*Corr.* App. B) und diversen Passagen seines ökonomischen Hauptwerks *WN* wider. Dort werden im Übrigen auch die Probleme öffentlicher Haushalte und die Probleme, wie sie von Institutionen wie der *East India Company* aufgeworfen werden, ausführlich analysiert.

Wealth of Nations

Im Mai 1767 wird Smith zum *Fellow* der *Royal Society* gewählt. Im selben Monat übersiedelt er wieder nach Kirkcaldy, wo er bis 1773 bleiben wird. Die Mutter und seine Cousine Janet Douglas führen dem nunmehr finanziell unabhängigen Privatgelehrten den Haushalt und sorgen für ein geordnetes Umfeld. Beste Bedingungen, um an seinem Hauptwerk zu arbeiten, wobei gelegentliche Geselligkeit im Kreise alter Schulfreunde willkommene, die Konzentration nicht zu sehr störende Ablenkung bietet.

Aus der relativen Abgeschiedenheit, welche er trotz brieflicher Einladung seines Freundes David Hume (dieser residiert am gegenüberliegenden Ufer des *Firth of Forth* in Edinburgh) nur selten verlässt, begibt er sich 1773 für ein paar Jahre nach London. In der Endphase der Arbeit am *WN* bewegt er sich wieder mehr in Gesellschaft und im Gravitationsfeld großer Politik. Die amerikanischen Angelegenheiten lassen ihn nicht los. Er verkehrt sowohl im Kreis der *Royal Society* als auch in *The Club*. Dort wird im Umfeld Samuel Johnsons, dessen berühmtem *Dictionary* Smith eine seiner ersten Publikationen widmete, intellektuelle Konversation gepflegt. Dr. Johnson gilt bis heute als Prototyp des gelehrten Schriftstellers und Großintellektuellen. Zu jener Zeit ist er schon zu einer Art britischer Institution geworden: Eine Regierungspension von £ 300 enthebt Johnson seit kurzem finanzieller Probleme.

Von Johnson sind ein paar boshaft abfällige persönliche Bemerkungen über Smith überliefert – und auch Smith schätzt Johnson nicht gerade über die Maßen. Im *Club* sind aber auch Leute wie Edmund Burke zu treffen. Burke, dem großen Konservativen, ist Smith schon länger in wechselseitiger Wertschätzung verbunden, obwohl seine polit-ökonomischen Perspektiven sich erheblich von jenen Burkes unterscheiden. Smith ist zwar skeptisch gegenüber allumfassenden, technokratisch konzipierten Reformdesigns, welche den vielschichtigen Stellenwert tradierter Institutionen unterschätzen, aber gerade seine Politische Ökonomie motiviert deutlich institutionelle Reformen als notwendigen Aspekt der Arbeitsteilungsdynamik der Marktgesellschaft.

Gelegentlich wird Smith daher als *sceptical Whig* bezeichnet. (*Whigs* sind die traditionellen Gegner der *Tories* und Vorläufer der Liberalen.) Tatsächlich dürfte man nicht weit daneben liegen, wenn man ihn als skeptischen, gemäßigten, aber dem Fortschritt durch *improvement* zugeneigten Liberalen einordnet. Er ist überdies ein Liberaler, welcher der theoretisch gefestigten Überzeugung ist, dass wirklicher Fortschritt mit materieller Besserstellung und Bildung der Arbeiterschaft einhergehen muss (Winch 1978, 1996; Rothschild 2001).

1776 erscheint *An Inquiry into the Nature and Causes of the Wealth of Nations* (*WN*) und erweist sich alsbald als kolossaler Erfolg. Wie die *TMS* ist dem *WN* starke unmittelbare Resonanz beschieden, aber auch Spät- und Langzeitwirkung. Schon Ende des Jahres sind genug Exemplare verkauft, um Smith ein erstes Honorar von beachtlichen £ 300 zu bescheren. „Euge! (Gut gemacht!) Belle! Dear Mr Smith: I am much pleas'd with your performance ...", ruft ihm der von Krankheit geschwächte Freund David Hume brieflich aus Edinburgh zu. Die Liste bemerkenswerten frühen Lobes lässt sich fortsetzen. Nicht zuletzt kommt solches von einem anderen schottischen Landsmann, Konkurrenten und Kritiker: Adam Ferguson schreibt ihm (*Corr.* 193): „You are surely to reign alone on these subjects, to form the opinions, and I hope to govern at least the coming generations." James Pownall, der Gouverneur von Massachusetts (*Corr.* App. A), leitet eine ausführliche kritische Auseinandersetzung mit einigen Thesen aus dem *WN* mit der Bemerkung ein, Smiths „System" erlaube es, die „first principles in the most important of sciences, the knowledge of human community and its operations", zu etablieren. Und gegen Schluss seiner gehaltvollen Abhandlung führt er aus: „I do really think that your book ... might become ... AN INSTITUTE *of political oeconomy*."

Der historische Rang dieses Werks wird also zur Zeit seiner Publikation erkannt – interessanterweise auch und gerade von jenen Lesern, die nicht in allem mit Smith übereinstimmen: Hume schreibt weiter unten im eben zitierten Brief: „If you were here at my Fireside, I should dispute some of your Principles". Auch Pownall ist nicht mit allem einverstanden, was Smith zu sagen hat – und von den Differenzen mit Ferguson wird weiter unten noch die Rede sein. Wir erwähnen dies deshalb, weil in diesen Urteilen schon eine Qualität deutlich wird, die den *WN* als Werk auszeichnet, das für die *Entwicklung der wissenschaftlichen Argumentation über Wirtschaft und Gesellschaft in größerem Rahmen* bedeutsam ist: Ein solches Werk ist nicht von dauerhaftem Interesse, weil es ganz bestimmte Empfehlungen, Prognosen oder Schlussfolgerungen präsentiert, sondern weil es Konzepte, Modelle, Methoden und Argumentationsweisen bereitstellt, welche je nach Problemstellung, Prämissen und Kontext verschiedene Anwendungen und Schlussfolgerungen erlauben.

Bürden des Amtes, Bürden des Alters

1778 wird Smith – mit Zutun des Herzogs von Buccleuch – zum *Commissioner of Customs* für Schottland ernannt. Das jährliche Salär von £ 600 verschafft ihm zusammen mit der weitergewährten Pension des Herzogs (auf die er zunächst verzichten will) und den Einnahmen aus seinen Büchern ein mehr als komfortables Einkommen von rund £ 1000. Im gemeinsamen Haushalt mit seiner 84-jährigen Mutter und seiner Cousine lässt er sich in Edinburgh nieder. In den 1780er Jahren ist er mit seinen Pflichten in der Zollbehörde beschäftigt. Dieses Amt betrachtet er keineswegs als Sinekure. In einem biographisch interessanten Brief an Andreas Holt, einen seit der Frankreich-Reise befreundeten dänischen Kommissär für Handel und Wirtschaft, schreibt Smith, er sei durch seine Tätigkeit als Commissioner vier Tage in der Woche so in Anspruch genommen, dass an andere ernsthafte Arbeit nicht zu denken sei. Auch während der restlichen Zeit könne er sich kaum den diversen beruflichen, öffentlichen und gesellschaftlichen Verpflichtungen entziehen, die in Edinburgh auf ihn zukämen (*Corr.* 208). Smith ist als ungekröntes Haupt der Schottischen Aufklärung (dies ist er nach dem Tod David Humes ganz gewiss) nicht nur ein Mittelpunkt der intellektuellen Öffentlichkeit und der *Clubs*, sondern er ist auch Hauptanlaufstelle für durchreisende Ausländer, die sich für die Schottische Aufklärung interessieren. Kurzum: Arbeitsbelastung und Ablenkung sind beträchtlich. Manche spekulieren daher, ob es im Sinne der Nachwelt nicht besser gewesen wäre, hätte Smith statt der Position eines Commissioners eine ihm 1773 (zu ähnlichen Kondition wie bei Buccleuch) angebotene Tutorenstelle angenommen.

Längere Reisen unternimmt Smith in diesen Jahren nur 1782 und 1787. Beide Male weilt er für einige Monate in London. 1782 steht dies in Zusammenhang mit umfänglicheren Arbeiten an der 3. Auflage des *WN*. 1787 sind medizinische Behandlungen ein Anlass für die Reise des 64-Jährigen, der zunehmend um seine Gesundheit zu ringen hat und deswegen sein öffentliches Amt nicht immer mit dem gewohnten Engagement wahrnehmen kann. Dennoch wird er 1787 Rektor der Universität Glasgow und bei seinem London-Aufenthalt im gleichen Jahr wird er von der Tory-Regierung William Pitts des Jüngeren (der sich als Smithianer bekennt) konsultiert.

In den Smith nach Fertigstellung des *WN* verbleibenden Lebensjahren wird er von Schicksalsschlägen nicht verschont. 1776 stirbt sein Freund David Hume. Diese Freundschaft sucht ihresgleichen in der Geschichte der Wissenschaft. Kaum jemals begegneten sich zwei Denker allerersten Ranges derart freundschaftlich auf Augenhöhe, bei aller möglichen Konkurrenz und tatsächlichen Differenz des persönlichen Stils, der theoretischen Ansätze und Anschauungen.

Solche Differenzen überschatten ein wenig die Freundschaft in der letzten Lebensphase Humes. Smith, von Hume mit der Verwaltung seines literarischen Nachlasses betraut, lässt noch zu Lebzeiten seines Freundes Skepsis gegenüber dessen testamentarischem Wunsch erkennen, die vermeintlich skandalträchtigen *Dialoge über natürliche Religion* herauszugeben. Dabei entgeht Smith die Brillanz dieser Dialoge (sie enthalten bemerkenswerte Passagen über evolutorische Selektion) gewiss nicht. Er begründet sein Plädoyer für eine Aufschiebung der Publikation damit, dass die zu erwartenden Turbulenzen um religionskritische Passagen die Rezeption der anstehenden Neuedition philosophischer Hauptwerke Humes beeinträchtigen könnten.

Obwohl bei Smith in diesem speziellen Fall wohl auch andere Motive, etwa seine eigene Position zur Religion, eine Rolle spielen, machen solche Überlegungen doch ein Stück weit seine rigorose Haltung auch im Hinblick auf Produkte der eigenen Feder verständlich. Er verwirft die Publikation von Werken, die, mögen sie auch interessant und für die Denkentwicklung im kleineren Kreis wichtig sein, in der gegenwärtigen Form delikate Gleichgewichte stören könnten. Auch im Reich der Gedanken ist für Smith *the spirit of innovation* kein ungeteilter Segen und bedarf umsichtiger Moderation.

Smiths letzte Lebensjahre sind von zwei weiteren persönlichen Verlusten überschattet: Der notorisch zerstreute Wissenschaftler verliert jene zwei Frauen, denen er im Hinblick auf die äußere Ordnung seines Lebens Unschätzbares verdankt. 1783 stirbt seine Mutter und 1787 seine Cousine.

Smith bringt zwar noch die Energie auf, ausführliche Revisionen des *WN* und der *TMS* vorzunehmen. Eine gründlich umgearbeitete und erweiterte 6. Auflage der *TMS* erscheint 1790. Seinen großen Plan einer integrierten Wissenschaft von Mensch, Gesellschaft und Wirtschaft kann er jedoch nicht abschließen. Jene Werke, von denen er 1785 im Brief an den ihm von seiner Frankreich-Tour her bekannten Duc de la Rochefoucauld (*Corr.* 286 f.) schreibt, er habe sie schon länger „auf dem Amboss" und die Arbeiten seien schon recht weit gediehen, bleiben unveröffentlicht. Smith erwähnt in diesem Zusammenhang eine „Theory and History of Law and Government", die eine systematische Lücke in seinem publizierten Werk zwischen Ethik (*TMS*) und Ökonomik (*WN*) schließen würde, und eine philosophische Geschichte aller Literaturgattungen („Philosophy, Poetry and Eloquence"). Die betreffenden Manuskripte verbrennen Smiths Freunde Joseph Black und James Hutton, zwei prominente Naturwissenschaftler im Kreis der Schottischen Aufklärer, auf Smiths Geheiß wenige Tage vor seinem Tod (17.7.1790).

Werk

Das Gesamtwerk: Hinweise zum Einstieg

Bevor wir auf das Gesamtwerk und auf seine einzelnen Teile und Aspekte eingehen, einige Vorbemerkungen. Smith hält die Schwelle zum Einstieg in seine einzelnen Werke bewusst niedrig. Sie sind allesamt vergleichsweise leicht lesbar, ja sie bieten über weite Strecken zeitloses Lesevergnügen. Denn Smith ist ein guter, sorgfältiger Stilist. Edmund Burke meint in seiner Rezension der *TMS*, Smiths Prosa gleiche einem Gemälde. In der Tat beherrscht Smith sowohl die knappe Skizze als auch das umfassende Panorama, mit Hintergründen, Schattierungen, charakteristischen Details. Der Frontalangriff auf intellektuelle Widersacher ist Smiths Sache nicht, eher ihre Beförderung ins Abseits durch Verschiebung des Argumentationsrahmens. Zumal in der *TMS* kommt feine Ironie als Stilmittel hinzu, die immer wieder die Aura höherer Weltweisheit entstehen lässt.

Stellenwert, Botschaft und Bedeutung des Gesamtwerks erschließen sich indes nicht ganz so leicht. Nicht ohne Grund ist dessen Interpretation bis heute Gegenstand von Kontroversen, zumal eines gewiss ist: *Es ist ein Werk, das Geschichte gemacht hat.* Weit über die akademische Disziplin der Politischen Ökonomie hinaus ist Smith als Vordenker der zu seinen Lebzeiten erst in Konturen sich abzeichnenden kapitalistischen Marktwirtschaft wirkungsmächtig geworden. Vorab seien daher einige Aspekte genannt, welche die Einordnung seines Werks erleichtern.

Ökonom oder Philosoph? Adam Smith ist Ökonom und Gesellschaftstheoretiker, aber zuallererst ist er Philosoph. Die Lehrstühle, die er innehat, können diesem Fach zugerechnet werden, und auch eines seiner beiden erfolgreichen Hauptwerke, die *TMS*. Durch frühe stoische Einflüsse, durch Lehrer wie Hutcheson, durch die intensive Auseinandersetzung mit Denkern wie Grotius, Pufendorf und Montesquieu, und *last but not least* durch die gleichermaßen inspirierende wie herausfordernde Freundschaft mit David Hume gelingt es ihm wie keinem zweiten Denker am Vorabend der Industriellen Revolution, *Probleme der politischen Philosophie als Ökonom und Gesellschaftstheoretiker zu bearbeiten.*

Schottische Aufklärung. Smith ist ein Vertreter der *Schottischen Aufklärung.* Der hierfür mitunter im Deutschen auch verwendete Begriff *Schottische Schule* ist für heutige Leser eher irreführend. Denn die damit bezeichnete Strömung ist ein multi-disziplinärer Kreis. Ihm werden Denker und Wissenschaftler ganz verschiedener Disziplinen, die Naturwissenschaften eingeschlossen, zugerechnet. Zudem bestehen auch im Hinblick auf die philosophischen Grundlagen große Unterschiede innerhalb dieses Kreises, man denke nur an die grundverschiedenen Lehren von Denkern wie David Hume, Thomas Reid, Dugald Stewart – und Adam Smith. Die philosophischen und politischen Hintergründe, Problemstellungen und Kontroversen, welche die Schotten umtreiben, werden wir insofern streifen, als sie für Smiths Ethik und vor allem für seinen Beitrag zur Entwicklung einer empirisch-systematischen Sozial- und Wirtschaftswissenschaft bedeutsam sind.

Europäische Bezüge. Im Kreis der schottischen Aufklärer gibt es zwei Denker von Weltrang, die schon zu ihren Lebzeiten – teils über wechselseitige Rezeption, teils auch über persönliche Bekanntschaft – in intensivem Austausch mit dem europäischen Kontinent und den Größen zumal des französischen Geisteslebens stehen. Das sind die beiden Freunde Smith und Hume. Ihr Werk ist schon aus diesem Grund im Kontext der *geistigen und gesellschaftlichen Entwicklungen des damaligen Europa* insgesamt zu sehen.

Probleme der Zeit. Von mindestens ebenso großer Bedeutung wie die theoretischen Hintergründe sind die gesellschafts-, wirtschafts- und ordnungspolitischen Herausforderungen der Zeit. Dies gilt sowohl für die Entwicklung und das Verständnis von Smiths Politischer Ökonomie als auch für seine Ethik. Es gilt für Probleme, die im schottischen, im britischen und im europäischen Kontext die Gemüter erhitzten. Die Beispiele reichen von Fragen der Staatsverschuldung bis zu übergeordneten Problemen der Herausbildung moderner Staatlichkeit in all ihren Aspekten. Insbesondere Donald Winch (1978; 1996) arbeitet die Bedeutung zeitbedingter Problemstellungen für das Verständnis dessen heraus, was als die Essenz des Smithschen Werks auch für das 21. Jahrhundert gelten kann.

Originalität. Smith knüpft – wie sollte es anders sein – in vielen Punkten an ökonomischen und wirtschaftspolitischen Überlegungen an, die zu seiner Zeit vorhanden sind. Weder im Bereich der Philosophie noch der Ökonomie ist Smiths Werk total revolutionär oder radikal innovativ. Auch politisch ist er kein Umstürzler. Das Wort *improvement* ist für ihn eindeutig positiv besetzt, wohingegen vom *spirit of innovation* selten ohne Warnung vor Übertreibungen die Rede ist.

Gerade wenn man die Anmerkungen zur angeblich mangelnden Originalität Smiths in Schumpeters *History of Economic Analysis* (1954, 184) vor Augen hat, verdient ein Punkt betont zu werden: Das meiste, was von Smith gelehrt wird, wurde im Einzelnen schon vorher irgendwo geschrieben oder gesagt. Indes: In seinen Argumenten und Modellskizzen formuliert Smith oft jene prägnante, auch heute noch gut verständliche Passage, die sie zum *locus classicus* macht.

Vor allem aber fügt er einzelne Teile zu einem System zusammen, das von der Preis- und Verteilungstheorie bis zu historisch-systematisch entfalteter Institutionentheorie reicht. Die verschiedenen Schichten der Theorie werden durch übergreifende Konzepte integriert: Stichworte sind Arbeitsteilung, Dynamik der Spezialisierung und *unintended consequences*. Schließlich wird das, was aus all dem abzuleiten ist, noch im Hinblick auf die Implikationen für die *science of the legislator* gebündelt. Smith entwickelt dabei Prinzipien, die über den Tag hinaus Bestand haben: Was er über die Rolle des Staates, über die einzelnen Staatsaufgaben und über die Grundsätze der Besteuerung zu sagen hat, klingt auch heute noch modern.

Last but not least beherrscht Smith eine Kunst wie kaum ein anderer: Er fügt provokante Ideen und Überlegungen auf eine Art in das Gesamtsystem seiner *science of the legislator* ein, sodass die neuen Ideen nicht auf den Status origineller Spekulationen begrenzt bleiben. Letzteres Schicksal war etwa der berühmten, skandalträchtigen *Bienenfabel* des Bernard Mandeville (1705) widerfahren, welche den für Smith zentralen Gedanken der *unintended consequences* antizipiert: „Der Allerschlechteste sogar – für das Gemeinwohl tätig war", hatte Mandeville dort gereimt. „The worst in all the multitude – did something for the common good." Smith verabscheut skandalträchtige Publizität. Er sorgt sich darum, dass das Publikum Neues auch gut verdauen kann. Denn er zielt auf eine seriöse, politisch-gesellschaftlich anschlussfähige *science of the legislator*. Neue Ideen sind wirkungsvoller, wenn sie nicht bloß als Provokationen wahrgenommen werden. Nur dann können sie zur Grundlage praktischer Reformen werden. Dass sie dennoch ihrer Pointe nicht verlustig gehen, darin liegt die Genialität Smiths.

Der Erfolg des Smithschen Werks beruht darauf, dass es an Bekanntes anknüpft und durch problem- und kontextorientierte Modifikation, Moderation, Neukombination und Systematisierung einen theoretischen Ansatz und eine wirtschaftspolitische Vision von großer Reichweite und Wirkung hervorbringt.

Ökonomik und Gesellschaftstheorie

Smiths Werk ist konzipiert als *Gesamtsystem der Wissenschaften von Mensch, Gesellschaft und Wirtschaft*. Im Kontext dieses Gesamtsystems verfolgt Smith verschiedene theoretische und wirtschaftspolitische Anliegen. Die Zentralperspektive ist durch das Programm seines Freundes David Hume vorgegeben: die wissenschaftliche Erklärung *aller* Phänomene, die in menschlichen Gesellschaften eine Rolle spielen, also von Sprache, Rhetorik und Literatur, von Moral, Sitte und Religion, von Wissenschaft und Forschung, von Krieg und Frieden – vor allem aber von Wirtschaft, Politik und gesellschaftlichen Institutionen. All dies soll aufgrund weniger einleuchtender Prinzipien erklärt werden, ohne Rekurs auf irgendwelche geheimnisvollen übernatürlichen Kräfte.

Das Gesamtwerk umspannt ein breites Spektrum. Es reicht von philosophischen Grundlagenfragen bis hin zu konkreten Problemen der Besteuerung oder der Finanzierung von Infrastruktureinrichtungen. Wesentliche Interessensgebiete Smiths gehen über Ökonomie und Ethik, die Gegenstandsbereiche der beiden Hauptwerke, hinaus. Sie betreffen die Grundvoraussetzungen von Theorien, aber auch von anderen Produkten des menschlichen Geistes: Smith beschäftigt sich intensiv mit Sprache, Rhetorik und Wissenschaftstheorie. Zentrale Problemstellungen hierbei sind die psychologischen Voraussetzungen von Genese, Erwerb und Organisation von Wissen sowie die kommunikativen Voraussetzungen des Wissenstransfers.

In diesen Kontext ist auch Smiths vielgepriesener Essay zur *Geschichte der Astronomie* zu stellen. Das Thema dieser Abhandlung mag aus sozial- und wirtschaftswissenschaftlicher Perspektive auf den ersten Blick abseitig erscheinen. Indes: Die *Geschichte der Astronomie* ist für Smith das Vehikel für geistreiche Betrachtungen über die Rolle von Wissenschaft im Leben menschlicher Gesellschaften, über die Entwicklungsdynamik, die Eigenlogik und die Mechanismen, die in der *Wissenschaft als gesellschaftlichem Subsystem* eine Rolle spielen. Sogar Schumpeter, ansonsten alles andere als ein Bewunderer Smiths, lobt dieses Werk über die Maßen, zumal es in der Tat gerade für die Probleme der Sozial- und Wirtschaftswissenschaften treffliche und auch für heutige Leser erhellende Einsichten enthält. Es wurde mit Smiths ausdrücklicher Erlaubnis 1795, zusammen mit einigen kleineren Abhandlungen zu philosophischen Themen, postum publiziert (*Essays on Philosophical Subjects*).

Der Zugang zu den einzelnen Teilen der imposanten Architektur Smithscher Gesellschaftstheorie wird durch didaktische Prinzipien erleichtert, die Smith allem Anschein nach gezielt befolgt. Seine Werke sind in selbständig lesbare, meist gefällig dargebotene und mit vielen Beispielen garnierte Teile mit leserfreundlicher Untergliederung zerlegt. Seine Beschäftigung mit Rhetorik und „literarischen Darstellungsformen“ – also damit, was man heute wohl mit Wörtern wie „Kommunikationsstrategie“ bezeichnen würde – trägt auch mit Blick auf die Organisation seines eigenen Werks Früchte. Von seinen ersten Vorlesungen als junger Mann in Edinburgh bis in seine späten Tage beschäftigt er sich intensiv mit Fragen der Darstellung. Überlegungen zu den Voraussetzungen und

Kunstgriffen wirkungsvoller Darstellung und *persuasion* tauchen an vielen Stellen im Gesamtwerk auf, nicht nur in den thematisch einschlägigen *Lectures on Rhetoric and Belles Lettres (LRBL).*

Politische Ökonomie. Smith setzt im *WN* – von Problemen der Ethik im Übergang zur Moderne her kommend – einen Meilenstein in der Entwicklung der Politischen Ökonomie als eigenständiger Disziplin. Er steckt die Potentiale der Politischen Ökonomie im größeren Rahmen einer umfassenden Gesellschaftstheorie als Fach ab und systematisiert vorhandene Einsichten. Die neue Disziplin gewinnt Konturen als Fach mit Gegenstandsbereich, Methoden und besonderer Politikrelevanz.

So enthält der *WN* einerseits einen Fundus von Ideen, Konzepten und Modellskizzen, an denen sich spätere Generationen von Wirtschaftstheoretikern abarbeiten sollten. Andererseits bietet er die ordnungspolitische Vision des „Systems der natürlichen Freiheit" *(system of natural liberty).* Der *WN* verdeutlicht, dass in Marktgesellschaften, zunächst in der *commercial society* des 18. Jahrhunderts und später in der kapitalistischen Marktwirtschaft, die Politische Ökonomie zum Kern der *science of the legislator* wird; ein Kern, ohne den wohlmeinende und auf den ersten Blick vernünftige Reformen unwirksam bleiben oder gar das Gegenteil dessen bewirken, was beabsichtigt ist. Dass Smith zum zentralen Protagonisten des ökonomischen Liberalismus wird, hängt damit zusammen, dass er schonungslose Kritik des herrschenden Merkantilsystems und der herrschenden Klassen mit zeitgemäßen konstruktiven Perspektiven zu verbinden weiß.

Der *WN* ist ein Werk, dessen Adressat in erster Linie *the statesman*, die politische Öffentlichkeit ist, nicht das akademische bzw. studentische Publikum. Dementsprechend ist der *WN* auch dann mit Gewinn zu lesen, wenn man nicht das Geringste von Smiths philosophischen Grundlagen kennt. Es finden sich kaum Querverweise zur *TMS.* Smith ist darauf bedacht, dass auch jene aus der Lektüre Gewinn und Orientierung zu ziehen vermögen, die mehr an der Oberfläche bleiben. Dies kann man ihm kaum zum Vorwurf machen. Dass sich dabei indes fatale Missverständnisse ergeben können, versteht sich fast von selbst. Alles hat seinen Preis, sogar der Erfolg didaktisch effektiver Darstellungen.

Ethik. Die *TMS* ist zunächst als Bestandteil einer umfassenden Theorie menschlicher Gesellschaften zu verstehen. Und auch sie besteht aus vergleichsweise leicht fasslichen und gut verdaubaren Happen – gut verdaubar nicht nur im Vergleich zu schwierigen und spröden Hauptwerken der neuzeitlichen Philosophie, wie jenen eines Immanuel Kant oder dem grandiosen *Treatise* Humes

(1739/40). Immer wieder finden sich prägnante Sentenzen, erhellende Einsichten, lebenskluge Kommentare, einleuchtende Maximen und nicht zuletzt Geschichten aus Smiths reichem klassischem Bildungsfundus. All dies bildet und erfreut auch Leser, welche das Gesamtsystem (noch) nicht kennen. Deshalb findet die *TMS* bei Nicht-Philosophen immer wieder Anklang. Dabei ist offenkundig, dass etwa das für die *TMS* zentrale Konzept der *Sympathie* nicht selten gründlich missverstanden wird. Der von Smith beschriebene psychologische Mechanismus der Sympathie ist nicht mit Altruismus gleichzusetzen und steht insbesondere nicht im Widerspruch zur im *WN* betonten Rolle des Eigeninteresses in wirtschaftlichen Angelegenheiten.

WN und *TMS* sind vielschichtige Werke. Ihre tiefer liegenden Schichten und wechselseitigen Bezüge erschließen sich umso mehr, je besser man Smiths Philosophie und Gesellschaftstheorie und den historischen Kontext ihrer Problemstellungen berücksichtigt.

Jene Vielschichtigkeit macht es auch verständlich, dass die Literatur zur Smith-Interpretation Bibliotheken füllt. Autoren von Rang und Namen streiten seit 200 Jahren darum, wie Smith zu verstehen sei. Dazu trug auch der schon angedeutete Umstand bei, dass die Gesamtarchitektur von Smiths Wissenschaft von Mensch, Gesellschaft und Wirtschaft nur zum Teil in publizierter Form vorlag. Erst im Laufe des 20. Jahrhunderts konnten – nicht zuletzt durch Manuskriptfunde der bereits erwähnten *LRBL* und *LJ* – vorhandene Informationen über Smiths Publikationsprojekte und zeitgenössische Bezugnahmen auf Smith zu einem einigermaßen verlässlichen Gesamtbild des Smithschen Gedankenbaus zusammengefügt werden.

Smiths Gesamtwerk weist auch in der Chronologie seiner Entstehung eine innere Logik auf. Die zeitlich am Anfang stehenden Reflexionen zu Rhetorik und literarischen Darstellungsformen, die wissenschaftstheoretischen Überlegungen in der *Geschichte der Astronomie* sind die Grundlagen seines sorgfältig reflektierten Zugangs zu Darstellung und Methode in der *TMS*, besonders aber im *WN*. Allerdings hängen seine beiden Hauptwerke nicht in jenem starken Sinn systematisch zusammen, dass etwa die Morallehre der *TMS* als notwendige Fundierung der Ökonomik des *WN* anzusehen wäre. Sie steht jedoch dazu nicht im Widerspruch im Sinne von Inkohärenz oder Inkonsistenz. Vielmehr entwickelt Smith aus seinen Arbeiten zu Ethik, Wissenschaftstheorie und Rhetorik einleuchtende theoriestrategische Prinzipien für ein modernes sozialtheoretisches Forschungsprogramm seiner Epoche. Diese lauten: Priorität für die systematische Entwicklung der Politischen Ökonomie einschließlich der institutionellen und rechtlichen Rahmenbedingungen. Außerdem werden sowohl rhetorische Figuren als auch die Logik der Erklärung quer durch das Gesamtwerk in verändertem Problemkontext aufgenommen, so etwa die *invisible hand* und die *unintended consequences.*

Wie ist nun jene Syntheseleistung, die Smith als Ökonom und als Gesellschaftstheoretiker, als Staatstheoretiker und Rechtsphilosoph leistet, insgesamt zu würdigen? Welche Stellung nimmt darin die Herausbildung der Politischen Ökonomie als Disziplin ein? In Smiths Gesamtwerk als einer Gesellschaftstheorie der Moderne werden Bezüge zwischen ethischen, institutionentheoretischen und ökonomischen Argumentationssträngen sichtbar. Eine Besonderheit dieser Theorie besteht aber in den vielfältigen Einflüssen ökonomischer Logik. Die These etwa, der Handel mache die Menschen ehrlicher und die Politik vernünftiger und friedfertiger, ist vor Smith wohlbekannt. Dass die Ausdehnung von Marktbeziehungen und komplexitätssteigernde wirtschaftliche Dynamiken vorteilhafte Wirkungen auf andere Teilsysteme entfalten können, wird etwa bei Montesquieu und James Steuart sinngemäß argumentiert. Smith diskutiert die Potentiale und Ambivalenzen dieser Wechselbeziehungen und Dynamiken in einer Weise, die seine Vorgänger an Reichhaltigkeit und Relevanz übertrifft. *Vor allem* aber gewinnt bei Smith die *Logik der zugrundeliegenden Mechanismen* (etwa Mechanismen kumulativer Verursachung) an Bedeutung gegenüber spezifischen Thesen, die damit (unter bestimmten zusätzlichen Annahmen!) gestützt werden können.

Nichtintendierte Konsequenzen

Entscheidende Bedeutung erlangen bei Smith jene Mechanismen, welche *nichtintendierte Konsequenzen individuellen Handelns* verstehbar machen. Anregen lässt er sich hierbei nicht zuletzt von Bernard Mandeville. Diese Anregungen arbeitet er systematisch im Kontext der Schottischen Aufklärung aus. Dabei entideologisiert er diese Mechanismen ein Stück weit und macht sie zu einem analytischen Werkzeug moderner Sozialwissenschaft. Freilich sind sie auch weiterhin als Versatzstücke interessengeleiteter Ideologien zu gebrauchen. Die Rhetorik der *unintended consequences* und der *Invisible Hand* sollte im 19. Jahrhundert zweifelhafte Erfolge feiern, etwa als Legitimationsinstrument für die extrem ungleiche Verteilung des Wohlstands – mit fließenden Grenzen zwischen quasi-religiöser Überhöhung, Zynismus und Ironie (vgl. Ross 1995, 417). Im Buch *Unintended Consequences* (Conard 2012), verfasst von einem Partner Mitt Romneys bei *Bain Capital,* scheint solches wieder aufzuleben.

Unintended consequences und die Schottische Aufklärung. Auf einen verkürzenden Nenner gebracht, ist ein Hauptanliegen der Schottischen Aufklärung wie folgt zu charakterisieren: Wie die Aufklärung insgesamt, weist sie der Wissenschaft eine Rolle darin zu, alten Aberglauben und überkommene Privilegien zu kritisieren und Fortschritt in Wirtschaft und Gesellschaft zu fördern. In Distanz zur französischen Aufklärung ist sie jedoch kritisch gegenüber allzu umfassenden politischen Umwälzungen und rationalistischen Reformkonzepten. Diese Distanz wird bei den einen (z.B. Hume) mehr durch philosophisch begründete Skepsis gegenüber der Leistungsfähigkeit der Vernunft, bei den anderen (z.B. Lord Kames) mehr durch die Betonung von *Common sense* bzw. praxisgebundenem Alltagswissen motiviert. Gemeinsam ist den Denkern der Schottischen Aufklärung die Betonung der menschlichen Natur in ihren empirisch beobachtbaren Erscheinungsformen als Grundlage der Human- und Sozialwissenschaften. Daraus ergibt sich das Interesse an Bedingungen menschlicher Soziabilität.

Diese schließen insbesondere in großen Gesellschaften die Mechanismen nichtintendierter Konsequenzen menschlichen Handelns ein.

Nichtintendierte Konsequenzen. Hierbei geht es um Wechselwirkungen bzw. Mechanismen positiver und negativer Rückkopplung, aufgrund derer gesellschaftliche Zustände nicht einfach als Summe von Einzelhandlungen aufzufassen sind. Je nach Situation kann etwa die erfolgreiche Verfolgung individueller Interessen ungeplante/unvorhergesehene soziale Vorteile zeitigen; oder aber es kann das Ergebnis für die Gesellschaft und folglich auch für jeden einzelnen Akteur desaströs sein: ein soziales Dilemma.

Die Suche nach den Bedingungen sozial vorteilhafter nichtintendierter Konsequenzen mündet im Weiteren in die Suche nach den Voraussetzungen selbstregulierender sozio-ökonomischer Prozesse. Die Schotten entdeckten in der *natürlichen Entwicklung von Gesellschaften* die Logik spontaner, selbstregulierender Prozesse. Die Herausbildung und die Rolle komplexer sozio-ökonomischer Institutionen und Strukturen werden auf dieser Basis erklärt. Dazu gehört ein Kernstück der Smithschen Theorie, der Prozess der Arbeitsteilung.

Komplexe Institutionen und soziale Strukturen sind demnach als ungeplante Konsequenzen menschlichen Handelns zu verstehen. Sie entstehen *durch menschliches Handeln, aber nicht auf der Basis eines planerischen Entwurfs* – als „the result of human action, but not the execution of any human design", wie Adam Ferguson (1767, 187) in einer unsterblichen Formulierung feststellt.

Solche Erklärungen werden heute oft als *Invisible Hand*-Erklärung bezeichnet, beruhend auf *Invisible Hand*-Mechanismen bzw. *Invisible Hand*-Prozessen. Die Metapher der Unsichtbaren Hand kommt in Smiths Werk insgesamt nur dreimal vor, sollte aber dennoch zu seinem Markenzeichen werden. Dies ist insofern gerechtfertigt, als Smith entsprechende Mechanismen in vielen anderen Zusammenhängen ohne Verweis auf die berühmte Metapher erörtert.

Philosophisch-theologische Bezüge. Bernard Mandeville (1705) hatte die Logik der ungeplanten Konsequenzen *(unintended consequences)* individuellen Handelns in der *Bienenfabel* provokativ zugespitzt: Laster und Luxus gereichen zum öffentlichen Vorteil, sofern ihre destruktiven Potentiale durch rechtsförmig begrenzte „gute Regierung" im Zaum gehalten werden. *Private vice – publick benefit* lautet Mandevilles entsprechende Devise, die er schon im Untertitel der Bienenfabel unübersehbar annonciert. Ökonomische Wechselwirkungen und Kreislaufzusammenhänge werden in groben, teils karikierenden Strichen als Grund für unbeabsichtigte Konsequenzen individuellen Handelns gedeutet, die zum paradoxen Resultat führen: Luxussucht und Gier, ja sogar Schurkerei und Hinterlist führen zu Prosperität auf gesamtgesellschaftlicher Ebene. Insgesamt bleibt für Moral und Gemeinsinn kein Platz: Im Gedankenexperiment der „ehrlich gewordenen Schurken" malt Mandeville in düsteren Farben jene Stockung des ökonomischen Kreislaufs, die droht, wenn plötzlich allerorten Mäßigung und Moral einkehren – eine Vorwegnahme des Keynesschen Spar-Paradoxons mit moralisierender Tönung.

Originalität, Witz und Einsicht in die Logik der ungeplanten Konsequenzen sind Mandeville nicht abzusprechen. Für Smiths Lehrer Hutcheson war Mandeville ein bevorzugter Reibebaum, galt es für jenen gemäßigten Presbyterianer doch, die von Mandeville etablierte *Verknüpfung* der Logik vorteilhafter Selbstregulierung mit moralischem Zynismus zu widerlegen. Hutcheson versucht zu zeigen, dass im Gegenteil *Benevolenz* (Wohlwollen) für ein hohes Maß an vorteilhafter sozialer Selbstregulation notwendig ist.

Auch wenn Smith Hutcheson hierin nicht folgt, bei Mandeville mag er keinesfalls stehen bleiben. Denn was wären die Nutzanwendungen im Sinne einer *science of the legislator?* Und selbst wenn es Nutzanwendungen gäbe: Wird ihre Aufnahme durch politische Eliten nicht durch jenes Säurebad des Zynismus verhindert, das kaum einer der Werte überlebt, auf denen akzeptierte Ordnungsvorstellungen gründen? Der zentrale Grund, Mandeville *und* Hutcheson hinter sich zu lassen, findet sich für Smith indes in den theoretischen Defiziten jener Autoren. Smith stellt die für seine Theorie wichtigen *Invisible Hand*-Mechanismen ausführlicher dar als Mandeville in seiner Modellkarikatur des Bienenstocks. Er entwickelt entsprechende Ideen systematisch weiter und bringt sie in Beziehung zu einer Theorie moderner Institutionen und ihrer Entwicklung – ja einer Theorie der Entwicklung der modernen Gesellschaft überhaupt.

Smith und die Unsichtbare Hand. Bei Smith werden *Invisible hand*-Mechanismen zu einem Konzept, das in vielen verschiedenen Kontexten als Methode der Erklärung systematisch Anwendung findet. Somit wird eine Trennung möglich: hier die allgemeine *Logik der nichtintendierten Konsequenzen,* dort besondere Verhaltensannahmen, Handlungskontexte und die spezifischen, überraschenden Konklusionen einer speziellen *Invisible Hand*-Erklärungshypothese, die auf besonderen Prämissen beruht.

Für die Interpretation der übergeordneten Botschaften, die Smith aus *Invisible Hand*-Mechanismen ableitet, ist eine Bemerkung zum philosophischen Kontext solcher Mechanismen vonnöten. Dessen Berücksichtigung erlaubt auch einen kritischen Blick auf Ideologien, welche die Rhetorik der *Invisible Hand* aufgreifen. Entsprechende Mechanismen können in ganz verschiedene Weltbilder eingefügt werden, etwa in optimistische, deistische bzw. stoische Weltbilder, denen die Vorstellung der Harmonie aller wahren Werte zugrunde liegt. Aber auch in pessimistische, welche von der Gefallenheit des Menschen ausgehen, die er aus eigener Kraft nicht zu überwinden vermag. Letzteres ist etwa Mandevilles Hintergrund. Der vorhin zitierte Ferguson wiederum verbindet die Logik der *unintended consequences* mit der Betonung möglicher Fortschrittskrisen: Diesen muss mit einer Stärkung bürgerlich-humanistischer Tugenden unter der Ägide republikanischer Ideale begegnet werden. Ansonsten droht moralisch-politische Degeneration.

Bei Smith sind stoische und deistische Einflüsse unverkennbar (vgl. Sturn 1991). Bei Mandevilles Kreislauftheorie der Sünde steht moralischer Rigorismus im Hintergrund, wie er im Jansenismus gepflegt wurde. Man mag an die List eines bösen Dämons denken, der die Dinge so eingerichtet hat, dass die Welt unentrinnbar im Laster (*private vice*) verstrickt ist, welches sich zudem gerne scheinheiliger Tarnung bedient. In seinem Bienenstock der Spitzbuben gibt es keine Veranlassung, aus dem Kreislauf von Sünde und Scheinheiligkeit hinauszuoptieren, denn es gedeihen dort alle prächtig. Nur göttliche Gnade bietet einen Ausweg. Smiths philosophischer Rahmen ist hingegen eine überwiegend gütige List der Natur, die Fortschritt ermöglicht, der jedoch auch seine Tücken hat. Die Verfolgung des Eigeninteresses, mitunter sogar systematisch wirksame individuelle Fehler, Schwächen und Täuschungen, können zur langfristigen Dynamik der ganzen Gesellschaft beitragen. Indes ist Eigeninteresse nicht mit Sünde gleichzusetzen, sondern gehört im Rahmen entsprechender Balancen zur menschlichen Natur.

Die gütige List der Natur wirkt bei Smith nicht ungebrochen. Fortschritt ist mit Gefährdungen, Ambivalenzen und Verzerrungen verbunden und bedarf ethischer und politischer Korrektive. Genereller Fortschrittspessimismus ist indes Smiths Sache nicht. Er ist bei aller Skepsis in seiner vom Sog des Fortschritts und der Aufklärung erfassten Epoche auf der Höhe seiner Zeit. Die Ambivalenzen des Fortschritts begründen vielmehr, dass der Mensch ständig herausgefordert ist, seine natürlichen Fähigkeiten auch auf der Ebene des Umgangs mit diesen Ambivalenzen zu entfalten – auch auf kollektiv-politischer Ebene. Denn es entspricht nicht der menschlichen Natur, die Hände in den Schoß zu legen und sich auf die Unsichtbare Hand zu verlassen, welche alles zum Besten ordnet – oder auch nicht.

Auch gilt keineswegs immer (in jedem Kontext und für alle sozialen Klassen), dass die Verfolgung des Eigeninteresses das Gemeinwohl befördert. Im Gegenteil: Bestimmte soziale Klassen, pikanterweise speziell die unternehmerischen Protagonisten des Fortschritts, haben sogar systematisch gemeinwohlschädliche Interessen: *the wretched spirit of monopoly*. Wir kommen darauf zurück!

Dies alles ist wichtig für die grundlegende Ausrichtung von Smiths *science of the legislator*. Wie steht es im Hinblick auf die Frage, inwiefern Menschen ihre Institutionen und gesellschaftlichen Strukturen bewusst zum Besseren beeinflussen können? Smith ist ein gemäßigter Reformist, dessen primärer Adressatenkreis eine bildungsbeflissene und an *improvements* interessierte, vornehmlich landbesitzende Elite ist. Gleichzeitig sympathisiert er jedoch mit berechtigten Anliegen der Arbeiterschaft, deren teils prekäre Rolle im Prozess der Modernisierung und Arbeitsteilung er (vorher)sieht.

Smith bietet weder ein Pamphlet für radikales *Laissez-faire* noch eine Anleitung für andere *Big-Bang*-Reformen, die am Reißbrett entworfen und in einem politischen Kraftakt umgesetzt werden, noch für technokratische Politikberatung, die Wirtschaftspolitik nach dem Muster ingenieurswissenschaftlicher Anwendung der Naturwissenschaften betreibt. Denn solche wirtschaftspolitischen Ansätze sind ihm zufolge nicht in der Lage, in der Praxis Verbesserungen zu bewirken. Da sie die Eigenlogik der natürlichen Ordnungen und die komplexen Muster der *unintended consequences* zu wenig im Blick haben und alles vom theoretischen Reißbrett her zu gestalten trachten, richten sie am Ende Konfusion und Unordnung an.

Rein rückwärtsgewandter Konservatismus oder die Verherrlichung der Mächte des Status quo entsprechen dem Geist der Smithschen Aufklärung ebensowenig wie Revolution oder technokratische Schocktherapie. Schottisches Denken betont vielmehr die praktischen Grenzen der Planbarkeit auf gesamtgesellschaftlicher Ebene und die Bedeutung historisch gewachsener Institutionen, ohne letztere absolut zu setzen. Und Smith weiß im Besonderen zu differenzieren zwischen der Problematik der Aufhebung alter Volksrechte im Zeichen brachialer, absolutistischer Modernisierung und Kritik an hergebrachter Privilegienwirtschaft. Ein Schuss Skepsis, *Common sense* und die theoretische Auseinandersetzung mit der Eigendynamik gewachsener Institutionen als ungeplantes Produkt menschlichen Handelns sind hierbei wichtige Ingredienzien.

Smith, der Bewunderer Voltaires, kombiniert die Lehre von der ungeplanten Entstehung sozialer Phänomene also *nicht* mit der Annahme, diese ungeplante Entwicklung führe immer zur besten aller möglichen Welten. Wie wir gerade im Kapitel über den *WN* sehen werden, zeitigt die Dynamik der *Marktgesellschaft* mehr Spannungen, Widersprüche und Gefährdungen, als eifrigen Parteigängern lieb sein kann. Der *Providentialismus*, die optimistische Vision einer gütigen Vorsehung, wie sie einen Lord Kames, Smiths frühen Förderer, inspiriert hatte, überlebt in Smiths großer Synthese in doppelbödigen Formulierungen. Humes empirieorientierter „naturalism“ hinterlässt unübersehbare Spuren. Auch dessen skeptische Haltung lässt Smith nicht unbeeindruckt.

Hume zufolge bringt der natürliche Lauf der Dinge auch Irrläufer hervor: Die Evolution produziert fallweise Unnützes. Smiths Perspektive ist, dass Institutionen im Entwicklungsprozess obsolet werden – aber seine Vorstellungen institutioneller Evolution implizieren keineswegs historische Unvermeidlichkeit. Und auch wenn Smith an drei Stellen seines Werks den Providentialismus mit der Metapher der *Unsichtbaren Hand* in Erinnerung ruft, so liegt bei ihm die Betonung gerade darauf, dass die fraglichen Phänomene *nicht-mysteriöse* (sondern analytisch sichtbar zu machende!) Ursachen haben. In der Erforschung der spezifischen Konstellation von Bedingungen, unter denen jene Ursachen unerwartete Effekte zeitigen, besteht der Fortschritt der Wissenschaft.

Unintended consequences und göttliche Vorsehung. Inwiefern das Konzept der *unintended consequences* bei Smith theologisch im Sinne deistischer oder theistischer Bezüge aufgeladen ist, wird bis heute kontrovers diskutiert. Oslington (2012), der theologische Bezüge stark macht, argumentiert, dass letztere *nicht* mit Smiths kritisch-wissenschaftlichem *(naturalist)* Erklärungsansatz in Widerspruch stünden. Wie die von Oslington kritisierten Autoren, die

Smiths *naturalism* in den Vordergrund stellen und/oder den rhetorischen Charakter von Smiths providentialistischen Metaphern betonen, liest er Smith *nicht* als naiven (oder ideologischen) Protagonisten einer alles harmonisierenden Vorsehung (vgl. Viner 1927; Raphael 1985; 2007; Haakonssen 1981; Fleischacker 2004; Aspromourgos 2009).

Markt, Politik, Moral. Smith lehrt, dass der Markt hinsichtlich gesamtwirtschaftlich effizienter Abstimmung individueller Handlungen die Politik entlastet. Dadurch wird sie in der Marktgesellschaft erst für Aufgaben befähigt, die ihr angesichts moderner Arbeitsteilungsdynamik neu zuwachsen.

Und die Moral, die Gerechtigkeit? Sie sind im Gegensatz zu Mandevilles Ansicht („Für Tugend hat's – in großen Staaten nicht viel Platz") *auf ganz bestimmten Ebenen* für die gedeihliche Entwicklung der Gesellschaft notwendig wie eh und je. Beispielsweise zählt für Smith eine ungebildete, unmoralisch-arrogante Elite zu den größten Gefahren für eine gedeihliche Entwicklung der Gesellschaft. Vergessen wir nicht: Er widmete Jahre seines Lebens der Erziehung elitären Nachwuchses.

Smith ist keinesfalls so zu lesen, als ob er einen *Freibrief für Laster und Verschwendung* ausstellen würde. Ein solcher Freibrief wäre im schottisch-presbyterianischen Kontext übel aufgenommen worden; er wäre von der Funktionselite, die Smith als Adressat seiner intellektuellen Bemühungen im Auge hat, und die von der Idee der *improvements* umgetrieben war, als wenig einleuchtende und unbrauchbare Übertreibung angesehen worden.

Schon Smiths Analyse und Kontextualisierung moralischer Werte irritiert Teile seines Umfelds. Gebildeten Zeitgenossen entgeht die von Smith keineswegs geleugnete Bedeutung Mandevilles für sein Denken nicht. Lord Kames meint etwa, Smith bewege sich womöglich allzu weit in Richtung jener gefährlichen Abgründe, für die Mandeville steht. Insgesamt aber zeigt Smiths Wirkungsgeschichte, dass ihm ein meisterhafter Balanceakt konstruktiver Innovation für einen Adressatenkreis gelungen ist, der zwar *improvements* durch begrenzte Neuerungen schätzt, nicht aber die Umwertung aller Werte oder gar Revolution. Smith wird in relevanten Milieus ernst genommen. Für eine Elite, die auf erblichem Landbesitz beruht, findet Smith alles andere als schmeichelhafte Worte. Aber die Entwicklung, ja Erziehung einer „natürlichen" landbesitzenden Aristokratie ist ihm ein Anliegen, denn nur aus ihren Kreisen ist Führungspersonal zu rekrutieren, das sich ums öffentliche Interesse kümmert (*WN* III.iv.24; IV.ii.21; V.i.a.41; V.ii.f.6).

Ungeplante Konsequenzen und Reformen in einer komplexen, nicht-idealen Welt. Bei Smith kommt der systematischen Erfassung ungeplanter Konsequenzen individueller Handlungen eine Schlüsselrolle zu. Mandevilles These, wonach Gier, Hinterlist und Schurkerei gesamtwirtschaftlich vorteilhaft seien, taugt nicht als Grundlage für Theorie und Politik der *Marktgesellschaft.* Sie ist ebenso steril wie Spekulationen, die stets die beste aller möglichen Welten in kosmischer Harmonie diagnostizieren. Aus solchen ideologischen Engführungen befreien Smith und Hume die Logik der *Invisible Hand*-Mechanismen. Bei Smith werden sie geradezu maßgeschneidert für eine Reformpolitik (*improvement*) in einer nicht-idealen Welt und im Rahmen des Systems der natürlichen Freiheit.

Essays und Lectures

In einem Brief an den Duc de la Rochefoucauld 1785 (*Corr.* 286 f.) erwähnt Smith Materialien für zwei unvollendete Publikationsprojekte, die er 1790 verbrennen lassen wird: eine *Philosophical History of all the different branches of literature, of Philosophy, Poetry and Eloquence* und eine *theory and History of Law and Government.* Teile des ersteren dürften inhaltlich etwa jenen Manuskripten entsprechen, die in die *Lectures on Rhetoric and Belles Lettres* (*LRBL*) Eingang gefunden haben. Teile des letzteren dürften thematisch die *Lectures on Jurisprudence* (*LJ*) abgedeckt haben.

Auf Basis der *LJ* und der *LRBL* bedauert der moderne Leser, welch interessantes Material ihm durch Smiths heute schwer verständliche publizistische Zurückhaltung entzogen ist. Die im Wesentlichen auf Vorlesungsmitschriften basierenden *LRBL* wurden erst 1963 von John M. Lothian publiziert, der 1958 auch die in der Glasgow Edition als A-Manuskript bezeichnete Mitschrift der *LJ* fand, während Edwin Cannan schon 1896 das jetzt als B-Manuskript figurierende Konvolut herausgegeben hatte.

Es ist unmöglich, auf dem hier zur Verfügung stehenden Raum Smiths kleinere Werke angemessen zu würdigen und ihren Inhalt zu resümieren. Wir müssen uns darauf beschränken, ihre jeweilige Bedeutung für Smiths Gesamtwerk schlaglichtartig zu umreißen.

Schon die beiden ersten Publikationen Smiths aus dem Jahr 1755 in der *Edinburgh Review* (abgedruckt in *EPS*) enthalten richtungsweisende Passagen. Es handelt sich um einen Besprechungsaufsatz zum *Dictionary* Samuel Johnsons und einen langen programmatischen „Brief“, der in eine Diskussion von Rousseaus *Abhandlung über die Ungleichheit unter den Menschen* mündet. Beide Schriften sind interessant, weil sie Smiths Forschungsperspektive deutlich zum Ausdruck bringen: *Die Human- und Sozialwissenschaften sind Teil der modernen Wissenschaft und sollten nach systematisch organisiertem Aufbau streben.* Französisches Denken betrachtet er diesbezüglich als vorbildlich, trotz gravierender inhaltlicher Kritik an berühmten Franzosen von Descartes bis Rousseau. Gemessenes Lob für Johnsons *Dictionary* ist folgerichtig mit Kritik am Aufbau des Werks durchsetzt, das einer zweckmäßigen theoretischen Struktur ermangle.

Lectures on Rhetoric and Belles Lettres und *History of Astronomy.* Diese Schriften führen das eben skizzierte wissenschaftliche Programm weiter. Ihre Ursprünge liegen in Smiths früher Vorlesungstätigkeit. Dabei entfalten sie methodologische und didaktische Grundprinzipien, die im gesamten weiteren Werk präsent sind. Schon in den *LRBL* begegnet uns Smith als Systematiker, der sich mit Konsequenz an einem großen Ziel abarbeitet: den Grundzügen einer modernen Wissenschaft von Mensch, Gesellschaft und Wirtschaft. Hauptmotiv ist eine Kritik an der Rhetorik im herkömmlichen Sinn mit ihrer Betonung von Sprachfiguren und Stiltypen. Der Darstellungsweise des Aristoteles werden die Vorzüge der „Newtonian method“ gegenübergestellt, die „vastly more ingenious and for that reason more engaging“ sei. Denn es bereite uns Vergnügen, scheinbar unerklärliche Phänomene auf das Wirken eines einfachen Prinzips zurückgeführt zu sehen (*LRBL* ii.134). Für die *deliberative eloquence* im Wettstreit der Ideen gelte es zudem, die Vorurteile des Publikums in Rechnung zu stellen. Sei jenes etwa *gegen* eine „Proposition“ eingenommen, die man zu belegen beabsichtigt, so sei es ungünstig, diese gleich zu Beginn auf den Tisch zu legen. Vielmehr solle man – entsprechend der Sokratischen Methode – mit einer unverfänglichen These beginnen und dann Schritt für Schritt zeigen, dass scheinbar kontroverse Thesen genauso gelten wie die unverfängliche.

In der postum publizierten *History of Astronomy* – es gibt klare Indizien, dass sie *vor 1758* verfasst wurde – betont Smith Aspekte, welche gerade auch für den Umgang mit der heutigen, im Wesentlichen modelltheoretisch aufgebauten Ökonomik von kaum zu überschätzender Bedeutung sind. Wie bei allen anderen von Smith erörterten Phänomenen des sozialen Lebens (von der Sprache über die Moral bis zum marktförmigen Tausch) beginnt Smiths Darstellung mit einer Einordnung in die Praxis menschlichen Lebens insgesamt – im Hinblick auf primäre Funktionen, Motivationslagen und ungeplante Effekte. Die Entwicklung von Theorien *(systems)*, ja der Wissenschaft überhaupt, entspringt nicht einem Nutzenkalkül, sondern dem menschlichen Bedürfnis, Unerklärliches, Unerwartetes, scheinbar Wundersames zu verstehen. In diesem Kontext ist in *Astronomy* (iii.2) von der *Unsichtbaren Hand* Jupiters die Rede. Die Frühzeit der heidnischen Antike habe ebenso wie der Polytheismus der „Wilden" besondere Naturereignisse (z.B. Orkane) dem Wirken solcher unsichtbaren Hände zugeschrieben, wohingegen „normale" Ereignisse wie das Sinken schwerer Körper aus deren eigener Natur erklärt wurden. Wissenschaften machen nun jene Phänomene systematisch erklärbar, die *prima facie* keiner Regel zu folgen scheinen. Allfälliger wirtschaftlicher Nutzen solcher Erklärungen fällt gegebenenfalls als ungeplanter Effekt an, ist aber (noch) kein unmittelbares Motiv für die Suche nach solchen Erklärungen.

Smith behandelt vier „Systeme" der Astronomie, die mit den Namen Ptolemäus, Kopernikus, Descartes und Newton verbunden sind. In der historischen Abfolge dieser Systeme ist ein Fortschritt zu beobachten. Dieser besteht darin, die Phänomene auf der Basis einer immer geringeren Zahl von Prinzipien zu erklären, bis schließlich „one great connecting principle" gefunden wird, auf dessen Basis alle „seemingly disjointed phaenomena" miteinander verknüpft und in einen einzigen Strang von Erklärungen eingefügt werden. Die Systeme der Wissenschaft sind als „imaginary machines" zu betrachten: Wie bei den aus dem Alltag bekannten Maschinen besteht Fortschritt im Wesentlichen darin, die Systeme immer einfacher und damit eleganter zu machen. Die Maschinen-Analogie verwendet Smith übrigens auch im Hinblick auf die Entwicklung der Sprache und der Rhetorik, um entsprechende historische Prozesse der *Vereinfachung* theoretisch zu rekonstruieren.

Auf welche Weise dies mit echtem, bedeutendem Fortschritt verknüpft sein kann, demonstriert Smith immer wieder an dem von ihm bewunderten Newtonschen System. Dennoch tun wir gut daran, sogar zu diesem bewunderungswürdigen System kritische Distanz zu bewahren: Wir sprächen oft so, betont Smith (*Astronomie* iv.76), als ob jenes System schon die Realität wäre. Dabei sind Systeme *immer* „Erfindungen unserer Imagination", „imaginary machines".

Indes bleibt Smiths kritische Position nicht bei einem sterilen Skeptizismus stehen. Smiths Gegenmittel gegen drohende Fallstricke einer Verabsolutierung von „systems" sind *zum einen* die eben angedeutete kritische Reflexion: Newton habe die Mechanik nicht nur entwickelt, sondern auch ihre „imperfections" aufgezeigt, lobt Smith (vgl. auch Hume, 1778, Kapitel lxxi). *Zum andern* betont er die Empirie. Smiths (wiederholt zitiertes) Paradebeispiel für drohende Fallstricke theoretischen Fortschritts ist Descartes' Modell der Bewegung schwerer Körper. Jenes Modell ist eine Zeitlang sehr erfolgreich, da es das Bedürfnis nach kohärenten Erklärungen besser als das kopernikanische System zu befriedigen scheint. Allerdings ist Descartes' „fallacious system" eine reine Fiktion; es enthält „vielleicht kein einziges wahres Wort" (*LRBL* ii.134). Descartes' wissenschaftliche Todsünde bestehe darin, nicht nur selbst keine astronomischen Beobachtungen gemacht, sondern auch die schon vorliegende Evidenz eines Johannes Kepler und Tycho Brahe allzu oberflächlich berücksichtigt zu haben.

Zwischenfazit: „Systeme" machen disjunkte Phänomene und komplexe Zusammenhänge verstehbar; sie sind indes nicht mit „der Wirklichkeit" gleichzusetzen oder als die ganze und letztgültige Wahrheit zu betrachten.

Solche Überlegungen werden von Smith in der *TMS* auf andere Bereiche übertragen. Das *desire of persuading*, laut Smith „eines der stärksten natürlichen Begehren" (*TMS* VII.iv.25), führt am ehesten zum Ziel, indem beim Adressaten die ebenso natürliche *love of system* befriedigt wird (*TMS* IV.i.11): Im Bereich der Wissenschaft wie auch der Politik überzeugt man laut Smith am ehesten mittels eines wohlgeordneten Systems, welches komplexe Interdependenzen möglichst anhand eines einzigen Prinzips erklärt.

Die besondere Relevanz dieser Erörterungen für Smiths Verständnis von Politik und angewandter Ökonomik wird deutlich, wenn man zwei Stellen aus der *TMS* V und VII im Zusammenhang mit dem eben Skizzierten liest. Daraus lässt sich schließen, dass für Smith die Probleme von Fehlentwicklungen à la Descartes in den Sozialwissenschaften auf der einen Seite weniger groß, auf der anderen aber größer sind als in der Astronomie. Sie sind weniger groß, insofern in den Sozialwissenschaften die *Alltagserfahrung* ein zwar schwaches, aber doch ein Korrektiv darstellt. In den Sozialwissenschaften müssten deswegen sogar grundfalsche Theorien (Mandeville wird als Beispiel genannt) normalerweise *ein Korn Wahrheit* enthalten, um glaubwürdig zu sein. Die pure Fiktion werde nicht durchgehen. Auf der Ebene der *praktischen Anwendung* können jedoch die sozialwissenschaftlichen Systeme mehr Unheil anrichten – und zwar gar nicht in erster Linie aufgrund ihrer Fehlerhaftigkeit: Mandevilles Theorie beispielsweise hat laut Smith kaum Schaden angerichtet, obwohl sie grundfalsch ist. Probleme entstehen eher dann, wenn ein System in kurzschlüssiger Weise zur Gestaltung praktischer Politik (als Blaupause für die Planung von Big-Bang-Reformen) verwendet wird. Dies ist besonders bei Monarchen mit absoluter Macht gefährlich und kann in die Katastrophe führen. Denn in den Sozial- und Wirtschaftswissenschaften sind Systeme notwendigerweise in besonderem Maß *unterkomplex:* Sie können nie die Vielgestaltigkeit der Antriebe und Mechanismen des sozialen Lebens und deren Relevanz in einer konkreten historischen Situation voll erfassen. Smith (*TMS* VI.ii) leitet daraus Ideen zur theoriegestützten Politikberatung ab, auf die wir noch zurückkommen werden.

Die skizzierten Probleme bedeuten für Smith nicht, dass man auf Systeme in Politik und Wissenschaft verzichten sollte oder könnte. Auf der Ebene der Theoriebildung plädiert er dafür, die Empirie in geeigneter Weise einzubeziehen. Dies bedeutet für ihn im Bereich der Gesellschaftstheorie in erster Linie ein starkes Interesse an der *Geschichte* der verschiedenen Phänomene, die mit dem Zusammenleben von Menschen in Gesellschaften verbunden sind. Auf der Ebene der politischen Anwendung ist zu überlegen, wie mit den Grenzen und Vereinfachungen solcher Systeme umzugehen ist.

Aber nicht nur im Hinblick auf Anwendungskontexte reflektiert er deren Grenzen und Probleme. Je mehr man Smith im Zusammenhang liest, umso deutlicher wird es, dass Smith nicht selten mit Modellskizzen jongliert, deren begrenzter Stellenwert ihm klar ist. Dies ist auch an den Stellen der Fall, an denen die berühmte Metapher der Unsichtbaren Hand auftaucht. Für Smiths Haltung zu systematischen Modellierungen ist im Übrigen ein Hinweis nützlich, den wir Stewart (*EPS Account*, 321) verdanken. In geselliger Konversation scheint Smith mit modellhaften Karikaturen auch auf ganz anderen Ebenen einen spielerischen Umgang gepflogen zu haben. Smith liebte es, Fragestellungen – oder auch Menschen – anhand einer „kühnen und meisterhaften Karikatur" in einem sich zufällig ergebenden, mitunter auch parteiischen Blickwinkel zu erörtern. Diese Karikaturen waren, so Stewart, „too systematic": Sie waren ausdrucksvoll und lebendig – unter Verzicht auf die Diskussion aller für eine Gesamtbeurteilung relevanten Aspekte und Dimensionen.

Um letzteres bemüht sich Smith allerdings – Stewart hebt es an gleicher Stelle hervor – in seinem wissenschaftlichen Werk, und zwar typischerweise sowohl auf der Ebene der Analyse einzelner Problemstellungen wie auch in der groß angelegten Architektur seines Gesamtwerks.

Modelle und ihr Stellenwert für die Wissenschaft. Smith entwickelt in *Astronomy*, aber auch in anderen Werken ein tiefes Verständnis des didaktischen, ästhetischen, heuristischen und wissenschaftlichen Stellenwerts von *systems* – also von theoretischen Konstrukten, die eine Vielfalt von Erscheinungen und Wechselwirkungen in einen logisch nachvollziehbaren Zusammenhang bringen und mit möglichst einfachen Bewegungsprinzipien erklären. *Love of system* behandelt er in der *TMS* als Motiv, das auf Eigenheiten des menschlichen kognitiven Apparats zurückgeht. Smith entwickelt und nutzt Systeme, Modelle und Modellskizzen insbesondere in seiner ökonomischen Theoriebildung.

Lectures on Jurisprudence. Zwei Manuskripte sind zugänglich: Eine tageweise datierte studentische Vorlesungsmitschrift aus 1762/63 wird als *LJ* (A) bezeichnet. *LJ* (B), datiert mit 1766, also nach Beendigung von Smiths Vorlesungstätigkeit, hat eher den Charakter eines in Schriftform ausgearbeiteten Manuskripts, das seinerseits als Grundgerüst für eine Vorlesung hätte dienen können. Darüber hinaus existieren auch Aufzeichnungen eines Hörers aus den 1750er Jahren über Vorlesungen ähnlichen Inhalts.

Die *LJ* sind aus verschiedenen Perspektiven interessant: Zunächst gewinnen wir einen Eindruck davon, wie Smith jene Lücke in seinem publizierten Werk schließt, die zwischen *TMS* (Theorie moralischer Normen und ethischer Motive) und *WN* (Politische Ökonomie) klafft, nämlich den für ihn so wichtigen Bereich *präziser, institutionell durchgesetzter Rechte und Normen.* Bezüge zur Thematik des *WN* als auch zur *TMS* werden deutlich. So wird das Konzept des *Impartial Spectators* im Kontext rechtlicher Normen und Sanktionen angewendet.

An der Geschichte des ökonomischen Denkens Interessierte können den Entwicklungsprozess des Ökonomen Smith vor seiner Frankreichreise und der Begegnung mit der Physiokratie verfolgen. Die in den zwei als *LJ* publizierten Vorlesungsmitschriften behandelten ökonomischen Themen belegen jedenfalls (wie auch ein Manuskript zur Arbeitsteilung aus den 1750er Jahren), dass Smith nicht erst seit seiner Begegnung mit den französischen Physiokraten in Paris Interesse an Ökonomie hat.

Wer an der Geschichte des politischen Denkens interessiert ist, wird seine Aufmerksamkeit auf die Zurückweisung der Kontrakttheorie des Staates und Smiths alternative Erklärung lenken. Wichtiger noch sind die Implikationen der *LJ* für die immer noch umstrittene Frage, wie Smith das Verhältnis von Privatwirtschaft und öffentlicher Ordnung sieht. Ein auf den ersten Blick unspektakulärer Unterschied in der Anordnung des Inhalts zwischen den beiden Versionen A und B führt zum Interessantesten, was die *LJ* im Hinblick auf *die* Schlüsselfrage zu bieten haben: In welchem Verhältnis stehen die Institutionen von Privateigentum, Markt und Staat? In den *LJ* (B, 11) findet sich hierzu eine entscheidende Stelle: Eigentum und Staat *(government)* hängen in hohem Maß wechselseitig voneinander ab, sagt Smith. Und weiter: „the state of property must always vary with the form of government." In diesem Zusammenhang räsoniert er über die angemessene Struktur einer Rechts- und Staatstheorie: Die *civilians* (kontinentaleuropäische Rechtstheoretiker) begännen ihre Darstellung mit dem Staat und behandelten im Anschluss das Eigentum und andere Rechte. „Andere" (dazu gehören u. a. Hutcheson und Smith selbst in früheren Versionen der *Lectures*) gingen umgekehrt vor. Alles in allem sei die von den *civilians* gewählte Struktur vorzuziehen.

Dies alles ist deshalb interessant, weil es eine bemerkenswerte Entwicklung in Smiths Denken im Hinblick auf die Basisinstitutionen moderner Gesellschaften erkennen lässt: Smiths Überlegungen entwickeln sich quer zu den beiden wichtigen britischen Traditionen und offenbaren seine Sicht der Beziehung zwischen öffentlichem und privatem Sektor in modernen Gesellschaften. Jene britischen Traditionen sind stark durch Konzepte geprägt, in welchen diese Beziehung im Wesentlichen jeweils *eine* Richtung aufweist: Bei *Locke* ist der Staat im Prinzip nur ein Instrument zur besseren Durchsetzung privater Eigentumsrechte, deren Inhalt und Reichweite unabhängig von Politik und Staat bestimmt werden. Bei *Hobbes* hingegen sind private Eigentumsrechte ein Instrument zur besseren Umsetzung einer politischen Aufgabe, nämlich der Friedenssicherung in der Gesellschaft. *Smiths* Idee der Interdependenz von Staat und Eigentum – das Grundmotiv erinnert an entsprechende Überlegungen Kants – steht in Zusammenhang mit jenen Stellen im *WN* V, wo Smith dem öffentlichen Sektor eine integrative Rolle im Kontext einer durch Märkte und Preise vermittelten Arbeitsteilungsdynamik zuweist. Die sich wandelnde funktionale Rolle des Staats ist systematisches Ergebnis von Prozessen, denen jene Interdependenz zu Grunde liegt.

Staat und Privateigentum. Smiths Überlegungen zu Staat und Recht in den *LJ* (B) entsprechen Vorstellungen von der funktionalen Komplementarität von Markt und öffentlichen Institutionen im Entwicklungsprozess, wie sie sonst eher in kontinentaleuropäischen Traditionen zu finden sind.

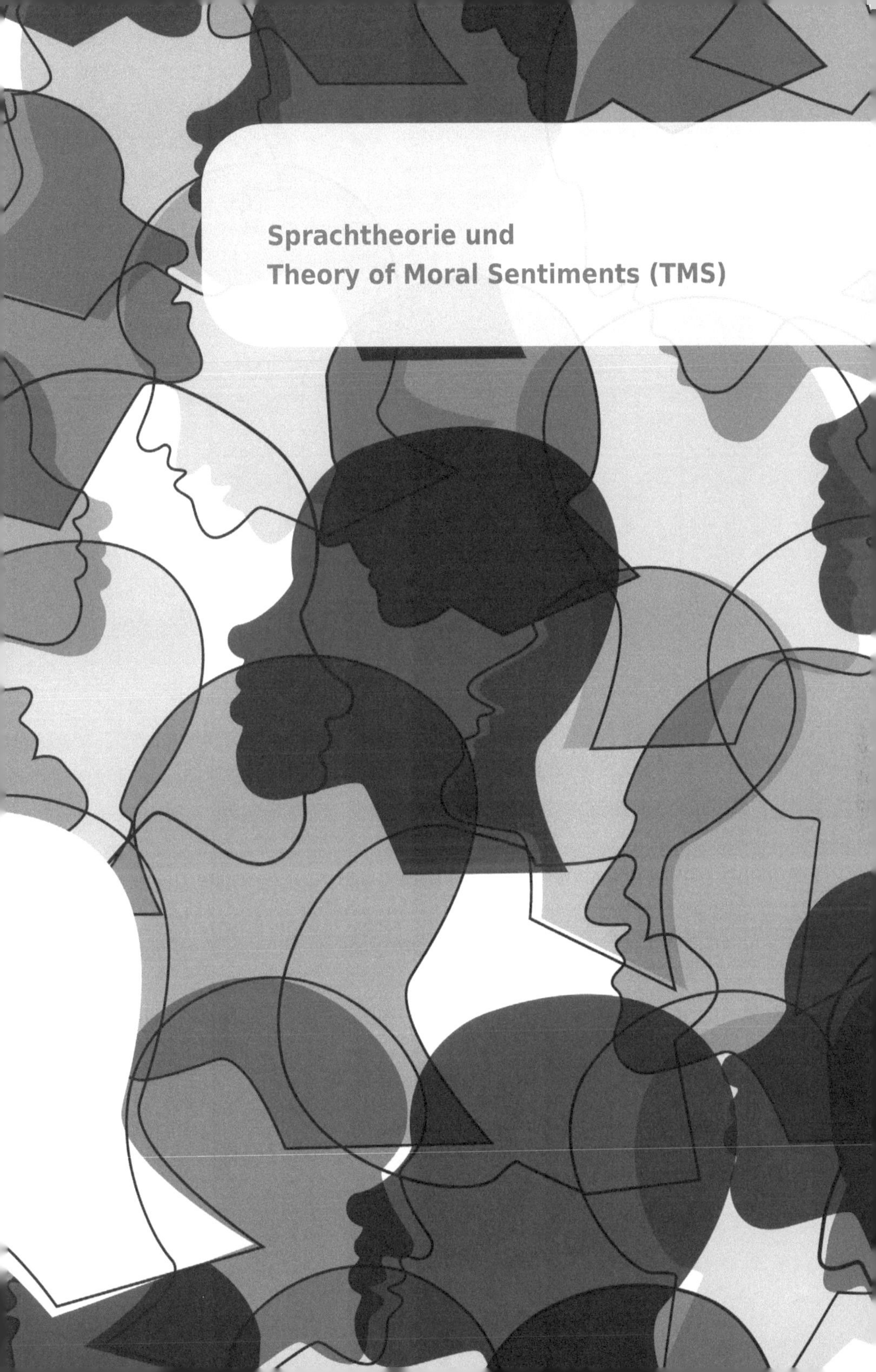
Sprachtheorie und
Theory of Moral Sentiments (TMS)

Prolog: Eine „philosophical history" sprachlicher Verständigung

Die *Considerations on the First Formation of Languages* behandeln wir in diesem Abschnitt zusammen mit der *TMS*. Dies trägt der Bedeutung von sprachlicher Verständigung für Smiths Moraltheorie Rechnung, die Smith veranlasst hat, die *Considerations* ab der 3. Auflage (1767) in die Ausgaben der *TMS* aufzunehmen. Vivienne Browns (1994) Charakterisierung der *TMS* als „dialogisch" trifft insofern zu, als moralische Urteilsbildung als subtiler Abstimmungsprozess vorgestellt wird, worin die situative Angemessenheit verschiedener moralischer Gefühle diskursiv erwogen wird. Moralische Urteile können Akteure *foro interno* bilden – aber der Prozess der Urteilsbildung ist keinesfalls als monologisches Abwägen auf Basis einer einheitlichen Wertskala zu verstehen.

Die *Considerations* dürften ebenso wie die schon erwähnten Arbeiten zur Rhetorik auf Smiths Edinburgher Vorlesungen der späten 1740er Jahre zurückgehen. Sie werden erstmals 1761 publiziert. Im Kontext der Smithschen Gesellschaftstheorie sind sie auf verschiedenen Ebenen interessant. Erstens wird schon in den Überlegungen zur Entwicklung der Sprache die Logik der *unintended consequences* sichtbar. Zweitens tritt das Prinzip von Zerlegung und (Neu-)Kombination zutage, dem wir auch in den Passagen zur Arbeitsteilung im *WN* wieder begegnen werden: Moderne Sprachen sind laut Smith eher analytisch-kombinatorisch, die alten eher synthetisch. Diese funktional erklärbare moderne Entwicklung der Sprachen ist mit einem *Verlust an sprachlicher Schönheit* verbunden. Hier finden wir ein weiteres wiederkehrendes Motiv Smiths: Die *Ambivalenz und Dialektik des Fortschritts.*

Schließlich wird auch deutlich, wie früh Smith Humes Programm folgt: Die Sprachtheorie ist Teil des großen Projekts der *wissenschaftlichen Erklärung aller Aspekte des sozialen Lebens der Menschen.* Hierbei treffen wir in den *Considerations* auf einen für Smith und Hume charakteristischen methodischen Zugang. Dugald Stewart bezeichnet ihn mit dem Begriff *conjectural history.* Diese Bezeichnung ist heute in Teilen der Sekundärliteratur üblich. Smith selbst spricht in Briefen gelegentlich von *philosophical history.* (*Philosophy* ist für Smith Wissenschaft schlechthin.) *Philosophical history* ist sozialtheoretisch durchdrungene Geschichte. Die systematische Darstellung historischer Prozesse wirkt dabei selbst theoriebildend.

Philosophical history als Gesellschaftstheorie. Stewart betont die Nähe Smiths zu Humes *natural history* und die Ähnlichkeit mit der französischen *histoire raisonnée*. Schon bei Hume tritt das theoriebildende Element deutlich hervor: In seinen *Dialogen über natürliche Religion* finden sich etwa erste Ideen evolutorischer Selektionsprozesse. *Philosophical history* eröffnet die Möglichkeit, komplexe Phänomene des sozialen Lebens zu verstehen, über deren faktische Entstehungsursachen es kaum historische Evidenz im üblichen Sinn gibt. Der Entstehungsprozess ist nicht oder nur bruchstückhaft durch Fakten dokumentiert. Dies betrifft Phänomene, die im sozialen Leben aller Völker eine nicht wegzudenkende Rolle spielen, also Sprache, moralische Normen und die Religion. Generell kann – so die Auffassung von Smith und Hume – eine theoretisch fundierte Entwicklungsgeschichte weiter führen, die aufzeigt, wie komplexe Phänomene durch *natürliche* Ursachen *hätten hervorgebracht werden können.*

Forschungsprogramme einer *natural* oder *philosophical history* stehen mit dem Motiv der *unintended consequences* in Verbindung, welches die spontane, ungeplante Entstehung von Normen, Institutionen, sozialen Strukturen in den Mittelpunkt rückt und mitunter als evolutorischen Prozess fasst. So wird der Prozess der Sprachentwicklung aus dem Umgang mit zunächst einfachen und begrenzten, im Lauf der Zeit aber zunehmend weiter reichenden Verständigungsbedürfnissen erklärt.

Von Smiths großangelegten Projekten, Staat, Recht und literarische Darstellungsformen mittels *philosophical histories* auszuleuchten, sind nur die schon erwähnten Fragmente erhalten. *WN* III enthält eine *philosophical history* der Epochen vom Untergang des Römischen Reiches bis zum Aufkommen von Städten, Fernhandel und der Erosion feudaler Machtstrukturen. Ungeplante Rückwirkungen institutioneller Arrangements und Motivkonstellationen auf sozio-ökonomische Entwicklung und institutionelle Transformationen werden modellhaft demonstriert. Ein Glanzstück ist die in *WN* III.iv erzählte Geschichte jener *great revolution* marktgetriebener Modernisierung, die schrittweise als unbeabsichtigte Folge der törichten „Eitelkeit" großer Feudaleigentümer eingeleitet wird, die ihre Überschüsse vermehrt für auf Märkten erworbene Statusgüter verprassen. Damit wird das Gleichgewicht der Feudalgesellschaft – beruhend auf erblichem Bodenbesitz – gestört und der Übergang zur Marktgesellschaft eingeläutet.

In jenen Passagen wird die theoretische Dimension historischen Räsonierens deutlich. Es geht darum, institutionelle Arrangements in ihren historischen Entstehungsbedingungen, Funktionen, Vorzügen, Defiziten, Eigendynamiken verständlich zu machen. Dies schließt Wechselwirkungen zwischen dem ökonomischen und dem politischen System ein. Historisch vorgefundene Systeme werden skizziert, um anschließend Problemlösungspotentiale neuerer Systeme angesichts neu entstandener Herausforderungen herauszuarbeiten. Dies gilt für Probleme der Wissenschaft ebenso wie für Probleme der Praxis von Wirtschaft und Gesellschaft.

Moral im Zeitalter der Modernisierung

Smith begegnet dem *spirit of innovation* nicht mit unkritischer Begeisterung. Jenes Neue, das die *Marktgesellschaft* ständig hervorbringt, erzeugt besondere Herausforderungen. Diese aktiv zu bewältigen, liegt zwar in der menschlichen Natur: Neugier und Handeln (im Doppelsinne), nicht Passivität und Resignation sind deren Prinzipien. Wenn aber Neuerungen uferlos ins Kraut schießen, verlieren Menschen und Gesellschaften Maß, Mitte und Gleichgewicht.

In *einer* Sphäre erzeugt der Schub von Herausforderungen, welchen Aufklärung, Wissenschaft, *Marktgesellschaft* – in einem Wort: gesellschaftliche *Modernisierung* – mit sich bringen, besonders tiefreichende Spannungen. Es ist dies die Sphäre der *Moral.* Viele Fragen stehen zu Smiths Zeit im Raum: Zerstört die Ausbreitung von Kommerz die Moral? Oder ist Kommerz sogar einer aufgeklärten Moralität zuträglich, die den Verkehr der Menschen in großen Gesellschaften (und nicht nur in Kleingruppen) zu moderieren vermag? Hemmt zuviel Tugend gar das Wirtschaftswachstum, wie Mandevilles Bienenfabel suggeriert? Wie steht es um die Beziehung von Moral und jenem Eigeninteresse, welches der Motor kommerzieller Entwicklungen ist? Welche Rolle spielt die Religion in der Ausbildung moralischer Normen? Und schließlich: Woran appelliert der moderne Mensch, wenn er an die Moral appelliert? An die Vernunft? An das Gefühl, die *sentiments*? Und wird Moral überhaupt noch ein wirksames Motiv für die Menschen darstellen, wenn sie erst einmal als soziales Phänomen (wie andere soziale Phänomene) wissenschaftlich erklärt und in ihren Funktionen verstehbar wird?

Hume (1739/40) hatte mit seinem Programm der „application of experimental philosophy to moral subjects“ einen Ansatz vorgelegt, der manche dieser offenen Fragen elegant zu beantworten erlaubt, andere aber in umso größerer Schärfe aufwirft. Die *TMS* ist vor dem Hintergrund dieses Humeschen Programms zu lesen. Aber sie befriedigt in höherem Maße das Bedürfnis nach „Lösungen“. Verglichen mit Humes Hauptwerken ist sie ein versöhnliches Buch;

eines, das zwar Spannungen aufzeigt, aber auch Perspektiven der Vermittlung anbietet. Schließlich ist sie ein zeitgemäßes Buch: Bei aller Umsicht und Mäßigung ist *TMS* nicht nur das Buch eines Aufklärers im Jahrhundert der Aufklärung, sondern auch eines Reformers. (Dem skeptischen Hume werden hingegen politisch konservative Tendenzen nachgesagt.) Eines gemäßigten Reformers allerdings, der sieht, dass die zweitbesten oder drittbesten Reformen angesichts der realen Beschränkungen oft mehr bringen als die „erstbesten": „When he cannot establish the right", schreibt er in *TMS* VI.ii.2.16 vom idealen Reformer, „he will not disdain to ameliorate the wrong". Wenn er nicht das beste „system of laws" etablieren kann, so wird er nach dem Vorbild Solons „endeavour to establish the best that people can bear."

> Die *TMS* ist ein eloquentes und ansprechendes Buch. Es ist gewürzt mit ethisch lehrreichen Episoden aus der Geschichte. Mit lebensnah gezeichneten Beispielen von Tugenden und Lastern illustriert, bietet es auch heute noch vielerlei Anregungen, Einsichten und gute Lektüre.

Erfolg und Bedeutung der TMS

Das Werk in seiner Zeit. Im Juli 1759 erstattet David Hume seinem Freund Smith einen ausführlichen brieflichen Bericht über die positive Aufnahme der *TMS* in London (*Corr.* 42 ff.). Zu letzterer trägt Hume selbst in freundschaftlicher Loyalität viel bei, indem er das Buch an Meinungsbildner und Multiplikatoren versendet. Dennoch ist der Brief doppelbödig und mit Ironie gespickt. Er berichtet nicht nur vom vorteilhaften Urteil diverser gebildeter und prominenter Zeitgenossen, sondern auch von solchen, auf deren Urteilskraft er nicht viel gibt: Sogar drei Bischöfe hätten das Buch bestellt, lässt Hume seinen Freund wissen. Das seien schlechte Nachrichten, schlussfolgert der Autor eines Erstlingswerks, des epochalen *Treatise of Human Nature* (1739/40), das kaum Zuspruch beim Publikum gefunden hatte. Denn der populäre Erfolg sei gewiss ein schlechtes Vorzeichen für seine Aufnahme bei ernsthaften Männern der Wissenschaft.

TMS wird alsbald prominent rezensiert, so von Edmund Burke und in einem anonymen Abstract in der *Critical Review* (1759). Es wird vermutet, dessen Autor sei Hume selbst. Der Abstract lobt die *TMS*, weil sie der „practice of our modern naturalists" folge und „every moment ... fact and experiment" berücksichtige. Alles in allem stellt er eine treffliche Werbung für Smiths Erstlingswerk dar. Aber er geht auch in dezenter Weise auf jene Aspekte der *TMS* ein, die quer zum Programm einer *experimental moral philosophy* liegen.

Der Abstract ist ein Meisterstück, das inhaltliche Treffsicherheit durch eine freundlich-ironische Kommentierung des spezifisch Smithschen Ringens um schwierige Verbindungen ergänzt: der Analyse sozialer Institutionen einschließlich der Moral auf der Basis kausaler Mechanismen einerseits und andererseits *final causes*, mit denen Smith an neuralgischen Stellen die Religion, den *great Superintendent of the Universe*, ins Spiel bringt. So lobt der Abstract die „strikte Beachtung", welche in der *TMS* überall den Prinzipien der Religion zuteil werde.

Die Formulierungen des Abstracts sind jedenfalls eines Hume würdig – mag dieser große Ironiker nun der Autor sein oder nicht. Bei aller Freundlichkeit wird ein fundamentales Problem des *TMS* messerscharf erfasst: Mit dem *TMS* will Smith letztlich – auch im Anschluss an den „unvergesslichen" Hutcheson, der seine Professur im Anschluss an eine Karriere als presbyterianischer Kleriker der gemäßigt-aufgeklärten Richtung erlangt hatte – auf eine Art *Quadratur des Kreises* hinaus. Einerseits will Smith eine sozialtheoretisch-psychologisch fundierte Ethik bieten, die den Ansprüchen moderner *Naturalists* wie Hume gerecht wird. Andererseits ist er dennoch um eine Sicht auf die Moral bemüht, welche nicht bei jener – in gewisser Weise allzu kühlen – Analyse stehen bleibt. Diese ist insofern allzu kühl, als sie das zu untergraben droht, wozu Moral eigentlich gebraucht wird: nämlich in kritischen Entscheidungssituationen menschlichem Handeln Richtung und Charakter zu geben. Wie können wir überhaupt noch hinreichend starke Motive haben, moralisch zu handeln, wenn die Moral entzaubert und in ihren Entstehungsursachen und Funktionen wissenschaftlich erklärt ist? Dieses Problem stellt sich in umso größerer Schärfe, als *ein* Ausweg zur Festigung des Status moralischer Imperative verbaut ist, den manche Aufklärer außerhalb Schottlands weisen: die rationale Begründung. Nicht nur Hume hatte ja mit größter Schärfe Versuche als unwissenschaftlich zurückgewiesen, den Status moralischer Motive durch rationale *Begründung* zu festigen.

Wie dem auch sei: Zur Zeit ihres Erscheinens trifft die *TMS* einen Nerv im Hinblick darauf, wie eine in Modernisierung begriffene Gesellschaft mit den Spannungen und Herausforderungen umgeht, die aus den neuen wissenschaftlichen Weltbildern und neuen mentalen Modellen entstehen. Ein Charles Townshend (wir sind ihm im ersten Abschnitt als Stiefvater des Herzogs von Buccleuch schon begegnet) ist derart angetan vom Schwung des Werks, dass er keine Kosten scheut, um Smith als Tutor zu gewinnen.

Für die erwähnte Quadratur des Kreises allerdings kann Smith letztlich keine Lösung bieten – weil es hierfür keine Lösung gibt, wie jene über 200 Jahre gezeigt haben, in denen Marktexpansion und Prozesse der schöpferischen Zerstörung, Wissenschaft, Rationalisierung und die Dialektik der Aufklärung, mit einem Wort: *die Moderne,* die geschichtlichen Abläufe prägten. Eine Welt, die gegen alle Wahrscheinlichkeiten an der Peripherie eines politisch fragmentierten Kontinents, nämlich in Schottland, „erfunden" wurde, wie dies der Titel eines populären Buchs nicht ohne ein Körnchen Wahrheit verkündet: *How the Scots Invented the Modern World* (Herman 2001).

In der 2. Auflage geht Smith auf Kritik von Zeitgenossen ein. Die 6. Auflage von 1790 bringt substantielle Modifikationen und Erweiterungen. Insbesondere der völlig neu eingefügte Teil VI enthält Passagen, die zu den meistzitierten des Gesamtwerks gehören. Sie geben zum einen Aufschluss über Smiths Sicht der Bedingungen der Stabilität der Gesellschaft, der Reichweite aufgeklärter Reformen und der Herausforderungen der *conditio humana* im Übergang zur Moderne. Ferner enthält die im Teil VI nach antikem Vorbild entfaltete Charakterlehre (man denke an Theophrasts Charaktere) ein verdichtetes Panorama der differenzierten *verhaltenstheoretischen Ansätze* Smiths.

Ethik und Ökonomik. Über den Zusammenhang von Ökonomik und Ethik im Werk Smiths wurde viel gerätselt: Im 19. Jahrhundert vertraten prominente Ökonomen wie Karl Knies die These, die beiden Hauptwerke Smiths, der *TMS* und der *WN*, beruhten auf unterschiedlichen, ja widersprüchlichen Verhaltensannahmen. Ein entsprechender Wandel in den Auffassungen wurde auf die „materialistischen" Einflüsse zurückgeführt, welchen er während seiner Frankreich-Reise ausgesetzt war.

Dass diese „Umschwungtheorie" unhaltbar ist, erkannte schon August Oncken in seinem vielzitierten Aufsatz über „Das Adam Smith-Problem" (1898). Zwar lernte Smith in der Tat einiges von den französischen Physiokraten, aber gerade die späteren Auflagen der *TMS* belegen, dass er weder seine sozialpsychologischen Auffassungen zur „Sympathie" noch seine Ethik insgesamt revidiert. Im Gegenteil: Die Hinzufügungen machen die differenzierten verhaltenstheoretischen Ansätze noch klarer. Sie machen aber auch noch deutlicher, weswegen für den Philosophen Smith die Politische Ökonomie (und nicht die Ethik) Kern der *science of the legislator* ist.

Smith lotet im *WN* ausführlich das theoriestrategische Potential des Eigeninteresses aus, benützt aber sowohl im *WN* als auch in der *TMS* ein reiches Repertoire an Hypothesen über Motive, psychologische Bewertungsmechanismen, kognitive Beschränkungen und Verzerrungen. Immer wieder reflektiert er mögliche Fehler, die aus der verständlichen Neigung der „Philosophen" entstehen, alle Erscheinungen mit möglichst wenigen „Prinzipien" zu erklären.

Konzentriert man sich auf jene Aspekte der *TMS*, die Anknüpfungspunkte zur Politischen Ökonomie bieten, dann sind die Überlegungen Smiths zu Form und Reichweite aufgeklärter Politik ebenso an vorderster Stelle zu nennen wie das in der *TMS* dargebotene Panorama menschlichen Verhaltens. Der Hauptgrund, weswegen die *TMS* heute von vielen Ökonomen geschätzt wird, sind die erwähnten verhaltenstheoretischen Ansätze. Nicht nur in Teil VI der *TMS* finden sich viele Stellen, wo individuelle Verhaltensdispositionen und sozialpsychologische Mechanismen thematisiert werden. *„Adam Smith, behavioural economist"* (Ashraf, Camerer und Loewenstein 2005) ist ein Aufsatz betitelt, der diesen Aspekt deshalb in zuspitzender Übertreibung in Erinnerung ruft und mit aktuellen Forschungsansätzen und Befunden der experimentellen Ökonomik in Verbindung bringt.

Als Vorreiter der Verhaltensökonomik kann Smith nicht nur deshalb gelten, weil er bestimmte – heute verhaltensökonomisch erfasste und empirisch gut dokumentierte – Regelmäßigkeiten antizipiert: So finden wir bei ihm *(avant la lettre)* Verlustaversion und *Overconfidence* als Quelle von Verzerrungen. Fairness *(sense of justice)*, Pflichtgefühl *(sense of duty)*, Wohltätigkeit und Reziprozität (*TMS* II.ii.1.10) erscheinen als handlungsleitende Prinzipien.

Von forschungsstrategischer Bedeutung nicht nur für die Verhaltensökonomik ist sodann jene „duale" Konzeption menschlichen Handelns, welche in den Smithschen Begriffen von Leidenschaft *(passion)* und Selbstkontrolle/Selbstbeherrschung *(self-command)*, von Sympathie und Unparteiischem Beobachter, angelegt ist. Heutige Ökonomen sprechen in diesem Zusammenhang von Metapräferenzen bzw. Präferenzen höherer Ordnung. Auch die von Kenneth Arrow den „individuellen Präferenzen" gegenübergestellten „individuellen Werte" entsprechen dem Prinzip einer dualen Konzeption, ebenso die *merit wants* Richard Musgraves. Verhaltensökonomen bringen diese Dualität auf den Begriff, indem sie zwischen dem „Planer" und dem „Doer" unterscheiden. Sie erforschen Regularitäten und Widersprüche, welche den von Smith diagnostizierten systematischen Verzerrungen unserer Einschätzungen ähnlich sind. Dazu gehört bei Smith und Hume (1739/40 III.ii.7) die Rolle von „Distanz" i.w.S. als Element der objektivierenden Korrektur von Einschätzungen.

In der *TMS* werden also unterschiedliche Arten systematischer Verzerrungen von Einschätzungen und von Selbsttäuschung erörtert. Hinzu kommen Momente wie Gewohnheit, Brauch, Mode und Zufall. Die „korrumpierenden", aber auch dynamisierenden Effekte von Statuspräferenzen werden ebenso erörtert wie eine Einteilung der „Leidenschaften" in pro-soziale, anti-soziale und rein Ich-bezogene.

Smith, der Verhaltensökonom. Die verhaltensökonomischen Fundstellen aus *TMS* (ein Teil ist bei Ashraf, Camerer und Loewenstein 2005 übersichtlich dokumentiert) sind nicht das Resultat von ad-hoc-Überlegungen oder zufälliger Eingebungen. Vielmehr sind sie das Ergebnis des von Smith verfolgten methodischen Zugangs und Frucht jenes Forschungsprogramms, das Hume und Smith gemeinsam ist. In dessen Kontext verfolgt Smith das Ziel, *alle* Erscheinungsformen moralisch kodierter Handlungsorientierungen und -motive aus grundlegenden Antrieben, kognitiven Konditionierungen, sozialpsychologischen Mechanismen und Kommunikationsbedingungen heraus zu erklären – und *in ihren Funktionen für das menschliche Zusammenleben verstehbar* zu machen. Dies entspricht jenem Programm der Demystifizierung komplexer sozialer Phänomene wie der Moral im Rahmen dessen, was Hume *experimental philosophy* nennt.

Sympathie und Unparteiischer Beobachter

Nun zu einigen Spezifika der Smithschen Moraltheorie. Wie wird die Wirkungsweise der unterschiedlichen Tugenden und die Stabilität von Normen erklärt? Hierfür kommt der *Sympathie* eine zentrale Rolle zu. Die *Sympathie*, das Mitfühlen mit Freuden und Leiden anderer, wird als Grundelement menschlicher Verständigung eingeführt. Smith macht dessen unabweisbare Evidenz in den *ersten Zeilen der TMS* plausibel. Sympathie ist für sich genommen noch keine moralische Kategorie. Smith verwendet sie etwa auch zur Erklärung der Stabilität von Status- und Vermögensungleichheit: Menschen tendieren dazu, besonders mit den Reichen und Mächtigen zu sympathisieren. Dies kommt für Smith einer Verzerrung (*corruption*) des moralischen Gefühlshaushalts gleich, welche die erwähnte Stabilisierungsfunktion hat. Sympathie enthält jedoch auch Potentiale zur Gegenseitigkeit *(mutual sympathy)*. Im Weiteren ist darin die Fähigkeit zu einer Art der moralischen Bewertung angelegt, die positionsbedingte Verzerrungen überwindet und nicht auf partiale Sichtweisen und *selfish interests* des Einzelnen fixiert ist: der Standpunkt des *Impartial Spectator*. Sympathie und den weitergehenden Fähigkeiten zur Überwindung partialer Standpunkte eignet eine grundlegende Rolle in Abstimmungs- und Verständigungsprozessen, die für die Entwicklung sozialer Beziehungsgeflechte wichtig ist.

Sympathie als Mechanismus von Verständigung und Billigung. Smiths Sympathie wirkt eigen- und fremdbezogen. Sie ist Grundlage unseres eigenen Gefühls moralischer Billigung und informiert uns darüber, welches Gefühl andere bei unserer eigenen (Miss-)Billigung einer bestimmten Emotion oder Handlungsweise entwickeln. So lernen wir aufgrund dieser Fähigkeiten allmählich, welche Dosierung und Richtung von Gefühlen in einer bestimmten Situation die Billigung aller finden würde. Daraus ergibt sich die Figur des *unparteiischen Beobachters*, gleichsam als Regulativ für unseren moralischen Gefühlshaushalt.

Somit wird in Smiths *Versuch einer Analyse der Prinzipien, mittels welcher die Menschen naturgemäß das Verhalten und den Charakter ihrer Nächsten und sodann auch ihr eigenes Verhalten und ihren eigenen Charakter beurteilen* (mit diesem Untertitel versieht Smith die *TMS* ab der 4. Auflage!), ein Mechanismus konzeptualisiert. Ein Mechanismus, der zur Ausbildung und Einprägung jener Mischung von Tugenden und Dispositionen führt, die Menschen zum Leben in Gesellschaften befähigt. Im Rahmen der Erklärung dieser komplexen moralischen Phänomene wird die Rolle und Genese der weiter oben erwähnten unterschiedlichen Handlungsdispositionen aus teils elementaren, teils kontextspezifischen Bedingungen menschlicher Soziabilität abgeleitet.

Hieraus entwickelt Smith nun verschiedene Argumentationen. Unter anderem demonstriert er auf der Basis dieses theoretischen Gerüsts die Unhaltbarkeit von ethischen Systemen, welche einseitig ein einziges Prinzip zum Maßstab der (Miss-)Billigung machen und den Mechanismus der (Miss-)Billigung auf einen *einzigen Typus von Tugenden* konzentrieren (vgl. insb. *TMS* VII). Vielmehr sind die systematisch ableitbaren Prinzipien der Billigung vielfältig. So ist Gemeinwohlorientierung nicht in jeder Situation das angemessene Prinzip. Der unparteiische Beobachter sympathisiert je nach Situationstypus mit *verschiedenartigen Tugenden* und Motiven! Daher ist es in Smithscher Perspektive nicht verwunderlich, dass in der Philosophiegeschichte eine ganze Reihe von Tugenden diskutiert wurde. Smith macht deutlich, dass etwa die Stoa für ihn große Bedeutung hat, aber dass die stoische Ethik zu einseitig ist.

Insgesamt scheint es Smith zu gelingen – ausgehend von einem Humeschen Ansatz der *experimental philosophy* – den Kontrahenten seiner Zeit Rollen im groß angelegten, mehrschichtigen Skript der Moraltheorie zuzuweisen: von Mandeville bis Hutcheson und von den Neo-Stoikern bis zu jenen, die *Common Sense* in unseren normativen Ordnungen betonen. Wie Schneewind (1998, 389) feststellt, gibt er sogar der Vernunft eine wichtige, wenn auch subsidiäre Rolle.

Aber keiner dieser Ansätze liefert Smith zufolge ein Master-Prinzip, welches der Komplexität des moralischen Lebens gerecht wird.

In der Praxis gilt es indes, Konsequenzen aus der irreduziblen Pluralität von Tugenden, moralischen Motiven und der Komplexität ethischer Gefühle zu ziehen. Stellt man dies alles in Rechnung, wird Smith zufolge klar, dass Projekte einer wissenschaftlichen Ausarbeitung detailliert kasuistischer moralischer Regelwerke (etwa als praktische Handreichung für den Alltag) theoretische Sackgassen sind. Die Lektüre wohlgeratener philosophisch-ethischer Werke (nicht jedoch der Elaborate steriler Kasuistik) stärkt den Charakter, schärft die moralische Urteilsfähigkeit und ist für die moralische Bildung insbesondere der Jugend von hohem Wert (*TMS* VII.iv.6).

Dieser Gegenstandsbereich wird aber als Forschungsfeld für die moderne Wissenschaft nicht weiter ergiebig sein. Denn die methodischen Prinzipien letzterer fordern gerade die Überwindung jener irreduziblen Pluralität zugunsten eines einheitlichen Erklärungsprinzips. Dieses einheitliche Prinzip gibt es aber nur hinsichtlich der Mechanismen von Sympathie und unparteiischem Beobachter, sozusagen als theoretisches Prinzip auf einer höheren Ebene. Gerade die Anwendung dieses „Master-Prinzips" zeigt auf, dass *auf der Ebene der Handlungsprinzipien* selbst eine irreduzible Pluralität von moralischen Gefühlen bzw. Tugenden erklärbar ist – dass es somit kein Master-Prinzip gibt, das jene Pluralität durch eine Art Abwägungskalkül oder eine eindeutige Wertehierarchie auflösen würde. In Bezug auf die Frage: Was ist in konkreten Handlungssituationen angesichts dieser Pluralität von Handlungsprinzipien zu tun?, erspart es einem die moderne Wissenschaft nicht, in persönliche Charakterbildung und Urteilskraft zu investieren. Sie liefert nicht jenes Master-Prinzip, das wissenschaftlich gestützte Optimierung bei moralisch kodierten Entscheidungen fundieren könnte. Auch die Politik stößt hier an Grenzen. Die Umsetzung einer derart vielfältigen Tugendlehre kann nicht Bestandteil eines politischen Programms sein.

Dennoch muss die Wissenschaft nicht kapitulieren. Denn im Katalog der Tugenden hat *eine* eine Sonderstellung: *Justice* wird wie die anderen Tugenden auf der Basis der Mechanismen von Sympathie und Unparteiischem Beobachter hergeleitet und verortet. In gewisser Weise kann man dies als Pointe der ganzen Darstellung betrachten. *Justice*, die Normen der Gerechtigkeit, zeichnen sich durch folgende Merkmale aus:

1. Sie sind präzise formulierbar.
2. Sie sind institutionell durchsetzbar.
3. Sie sind für das Zusammenleben in großen Gesellschaften unbedingt nötig.
4. In der durch sie definierten Sphäre findet die moderne Wissenschaft ein ertragreiches Betätigungsfeld.

Daraus ergibt sich eine Hauptachse der *TMS*, nämlich die Unterscheidung zweier normativer Sphären, die wie folgt zu charakterisieren sind:

- Präzise, durchsetzbare, unbedingt nötige Normen der Gerechtigkeit *(Justice)*.
- Moralische Normen, die sich auf die anderen Tugenden (wie beispielsweise Wohlwollen, *benevolence*) beziehen.

Die Normen dieser zweiten Kategorie implizieren Urteile, deren normative Komplexität und situationsabhängige Unschärfe eine Affinität zu ästhetischen Urteilen aufweisen. Diese Normen sind daher auch wenig zur rechtsförmigen Durchsetzung geeignet. Für sie gibt es keine einfachen Algorithmen. Ihre Realisierung geschieht durch spontane Übung der entsprechenden Tugenden im Alltag seitens entsprechend sozialisierter Bürger.

Diese Trennung verschiedener normativer Sphären ist zu Smiths Zeit nicht neu: Hume verfolgt mit seiner Unterscheidung von natürlichen und künstlichen Tugenden ähnliche Zwecke. Aber Smith schließt an diese Unterscheidung mehr Konstruktiv-Praktisches an.

Eine Schlussfolgerung, die Smith zieht, betrifft seine eigene Forschungsstrategie im Gefolge der Ethik im engeren Sinn: Wie lässt sich der Bereich der *Justice* praxisrelevant umgrenzen? Welches sind die Bedingungen für die Annäherung der Regeln des positiven Rechts an natürliche Gerechtigkeit *(Jurisprudence)*? Welche Logik eignet jenen Bedingungen, die das Spielfeld des sozialen Austauschs auf der Basis des Rechts strukturieren? Wie ist es um die Möglichkeiten der *Annäherung* der Institutionen/Mechanismen von „police, revenue, and arms“ an die *natürliche* Logik der Ökonomie bestellt? Smith legt zum Abschluss der *TMS* (VII.iv.36f) dar, dass Forschung im Hinblick auf genau diese Fragen – es sind die Fragen von *LJ* und *WN* – jene sind, mit denen er sich in weiteren Werken zu befassen gedenkt. Denn hier verspricht die Anwendung eines von Newton inspirierten sozialwissenschaftlichen Programms ergiebig zu sein. Wissenschaftlich zu behandeln ist die Gerechtigkeit *(Justice)*, deren institutionelle Durchsetzungsmechanismen *(Jurisprudence)* sowie deren politischer Rahmen *(Government)* und schließlich die Eigenlogik der darauf basierenden Austauschprozesse: die *Politische Ökonomie*. Damit beschäftigt er sich in der Folge systematisch und mit großer Konsequenz.

In der Ethik hingegen haben die verschiedenen philosophischen Schulen seit der Antike die bedeutenden Prinzipien schon herausgearbeitet – und Smith hat sie im Stil moderner Wissenschaft in eine Ordnung gebracht. Darüber hinaus macht es wenig Sinn, die daraus sichtbar werdende *Unumgänglichkeit* komplexer moralischer Lernprozesse mit kasuistischer Pseudo-Präzision zu „verwissenschaftlichen".

Dennoch lässt sich über diese Sphäre einiges sagen. Zum einen stellt sich die Frage: *Wie* wird Moral praktisch realisiert? Wie können wir dazu beitragen, dass die Welt besser und tugendhafter wird? Wie schon skizziert, ist dies im Wesentlichen eine Frage von Erziehungs- und sozialen Lernprozessen. Zum andern ist die Frage nach dem *Wo* von Belang, als nach dem sozialen Ort der Umsetzung. Es ist oft betont worden (Streminger 1995), dass die Übung dieser eingeprägten Tugenden bei Hume und Smith primär im sozialen Nahbereich von Familie, Freundschaft und anderen Formationen der Meso-Ebene stattfinde (wohingegen *Justice* die sozialen Beziehungen in der anonymen Großgesellschaft reguliere). Dies ist richtig, bedarf allerdings einer wesentlichen Ergänzung: Smith betont in besonderem Maß auch die Tugenden des *statesman*, seine Urteilskraft, die politische Moral, den *public spirit*. In der Smith-Literatur wird nicht immer die Tatsache gewürdigt, dass der in den späten 1780ern völlig neu verfasste Teil VI der *TMS* stark auf jenes Profil individueller Tugenden und Tüchtigkeiten ausgerichtet ist, welches der *statesman* mitbringen sollte, um den komplexen Regulierungsaufgaben moderner Politik gerecht zu werden. Wenn der regulatorische Rahmen dynamischer Marktwirtschaften tatsächlich nur aus wenigen einfachen und konstanten Normen der *Justice* bestünde (Privateigentum und Vertragsrecht), dann wären die Tugenden des *statesman* wohl entbehrlich. Aber sowohl die eigensinnigen „kleinen Subsysteme" großer heterogener Gesellschaften (die nicht nach der Manier von Schachfiguren herumgeschoben werden können) als auch bestimmte delikate Regulierungsaufgaben bewirken, dass die Politik kein simples Geschäft ist. Beispielsweise gibt es wichtige Grenzfälle, welche Verteilungspolitik und die Tugend der Wohltätigkeit *(beneficence)* in den Bereich öffentlicher Aufgaben rücken (*TMS* II.ii.1.)

Im Übrigen kann man annehmen, dass entsprechende Maximen auch Smiths Tätigkeit als Tutor des Herzogs von Buccleuch prägten, der ja für eine politische

Karriere vorgesehen war. Die immer wieder vorgetragene Ansicht, Smith habe eine Moraltheorie nur für den sozialen Nahbereich geschrieben, ist aber nicht nur wegen der Betonung der Tugenden des *statesman* zu eng (vgl. Rothschild 2010).

Gesamtwürdigung: Die Quadratur des Kreises

Die *TMS* bietet auf zumindest drei Ebenen ein erstaunliches Maß an Integration:

1. Smith schafft es, konträren Positionen, etwa jenen Mandevilles und Hutchesons, Substanzielles abzugewinnen.
2. Seine Ethik zeigt mit Mitteln der Wissenschaft eine ganz bestimmte Grenze von Ethik als Wissenschaft.
3. Smith verfolgt das wissenschaftliche Projekt der Demystifizierung von Moralität, stellt gleichzeitig ein System vor, das ankämpft gegen die „Melancholie" der Entzauberung, die „endless misery" einer „fatherless world" (*TMS* VI.ii.3.2).

Smith sieht die Folgen der Entzauberung durch die Wissenschaft, Rationalisierung und Modernisierung als problematisch an. Dies erkennt man nicht am deutlichsten an jenen Stellen, wo er die Religion explizit ins Spiel bringt, wie in *TMS* III.v über die Rolle der Religion bei der Einprägung des Pflichtgefühls. Vielmehr sind es Stellen wie jene in *TMS* VI, wo er von der Trostlosigkeit einer „vaterlosen Welt" spricht. Diese Schreckensvision schreibt er zunächst Denkern wie Hutcheson zu, aber seine eindringlichen Worte legen nahe, dass dies auch für ihn ein ernsthaftes Problem ist.

Was den von Smith getroffenen Nerv seiner Zeit anbelangt, von dem oben die Rede war, ist festzuhalten: Zum einen gelingt Smith wohl besser, was schon Hutcheson und andere angestrebt hatten: die Versöhnung moderner Wissenschaft mit jenen hergebrachten Ordnungen, deren völliges Verschwinden sich auch aufgeklärte Zeitgenossen nicht vorstellen mochten. Zum andern gibt er jenen Herausforderungen, für die Max Webers Wort von der Entzauberung steht, eine positiv-konstruktive Perspektive. Elemente einer solchen Perspektive sind bei Hume zwar sichtbar, werden aber nicht besonders betont. Sie kann so zusammengefasst werden: *Auch die normativen Orientierungen und Bindungen unterliegen einem Modernisierungsprozess, der als Ausdifferenzierungsprozess zu begreifen ist.* Und zwar entstehen unterschiedliche – auch unterschiedlich institutionalisierte – normative Sphären. Diese Unterscheidung und der damit verbundene Ausdifferenzierungsprozess *bleiben für die Moderne relevant*, was immer man von den Details der Smithschen Ethik halten mag. Die durch Humes Skeptizismus und Mandevilles Zynismus ausgelösten Irritationen sind dagegen eher Wetterleuchten im Vorfeld der Gewitter, die im Gefolge jener Entzauberung noch kommen sollten.

Last but not least erschließt Smith aus der Systematik der *TMS* das damalige Gebot der Stunde, das Desiderat der Epoche: die wissenschaftliche Systematisierung der Arbeiten zu den Eigengesetzlichkeiten und den politischen Grundlagen von Märkten, die in den 1760er Jahren vorlagen – man denke nur an Petty, Locke, Cantillon, Hume, James Steuart und die Physiokratie. Smith bringt gute Voraussetzungen für dieses Projekt mit. Sein umfassendes Repertoire als Theoretiker ist eine Grundvoraussetzung für ein derart weitreichendes Unterfangen. Sein weiter Horizont, der Kontakt mit Politikern und die als Professor entwickelten Ansätze zur Systematisierung des Stoffs helfen Smith, die verschiedenen Ebenen von Gesellschaftstheorie und Politischer Ökonomie gedanklich zu ordnen und im Hinblick auf wirtschaftspolitische Probleme zu verorten. Die zentrale Perspektive des *WN*, der Entwicklungsprozess der modernen Welt (festgemacht an Begriffen wie Tausch, Arbeitsteilung, Spezialisierung, Dynamik) ist ebensowenig ohne diese Grundlagen denkbar wie die daraus abgeleitete Wirtschaftspolitik. Smiths Beschäftigung mit Rhetorik und Darstellungsformen hilft, das Ganze in dramaturgisch ansprechender Form zu präsentieren. Insgesamt entsteht so ein Werk, das den Konservativen Burke ebenso inspiriert wie den Progressiven Paine – und diese ideologische Polyvalenz wirkt bis heute.

Wealth of Nations

Ist eine Gerte zu stark in eine Richtung gebogen,
... so muss man sie, um sie gerade zu machen,
ebenso stark in die andere Richtung biegen.

(WN IV.ix.4)

Das erstmals 1776 und dann bis zu Smiths Tod im Jahre 1790 in vier weiteren Auflagen erscheinende Werk *An Inquiry into the Nature and Causes of the Wealth of Nations* ist zahlreichen Kommentatoren zufolge geradezu das Gründungsmanifest jener neuen wissenschaftlichen Disziplin, die sich anschickte, einen ehrenvollen Platz im Rund der alten einzunehmen – der Politischen Ökonomie. Smith war ein äußerst belesener Mann, der alles, was ihm im konsultierten umfänglichen Schrifttum nützlich und wertvoll erschien, mental archivierte, um es dann in sein eigenes Werk einfließen zu lassen. Ihm ist deshalb ein Mangel an Originalität vorgeworfen worden, aber der Vorwurf trägt nicht. Zum einen finden sich bei Smith neue und genauere Fassungen bereits bekannter Ideen und Einsichten. Zum anderen rekonfiguriert und kombiniert er vorgefundene Ideen und Konzepte in neuartiger Weise, verbindet sie mit den eigenen und treibt die Nutzung des in ihnen enthaltenen Erklärungspotentials in einer beeindruckenden Gesamtschau der modernen Gesellschaft, ihrer Entstehung und Entwicklung, ein gutes Stück voran. Innovationen in Wirtschaftstheorie und -praxis bestehen gemäß Joseph A. Schumpeter (1912) zum überwiegenden Teil aus „neuen Kombinationen" bereits bekannter Wissenspartikel – und so muss Smith in diesem Sinne als innovativer Geist gelten, obgleich ihm Schumpeter (1954) dies nicht zubilligen wollte. (Vgl. zum Folgenden u. a. auch Aspromourgos, 2009, Kurz, 1990, Schefold, 1981 und Streissler, 1999.)

Inhalt und Struktur des WN

Was aber nun leistet der *WN*? Er entwickelt eine genuin *dynamische* Sicht von Wirtschaft und Gesellschaft. Die Dynamik gehorcht dem *Prinzip kumulativer und zirkulärer Verursachung* (ein Begriff, den Gunnar Myrdal geprägt hat). Das wirtschaftliche Wachstum ist ein sich selbst tragender Prozess: Die Akkumulation von Kapital führt zu einer Ausweitung der Märkte; diese ermöglicht die Vertiefung der gesellschaftlichen Arbeitsteilung und bewirkt einen Anstieg der Arbeitsproduktivität; mit ihr steigen die unternehmerischen Profite und sonstigen Einkommen; dies bewirkt eine Zunahme der Ersparnisse und Investitionen und damit eine weitere Kapitalakkumulation; und so fort.

Das ökonomische System ist *evolutorisch.* Smith zielt auf nichts weniger ab als auf die Erarbeitung einer ökonomischen Theorie der Geschichte. Ausgangspunkt seiner Konstruktion ist eine empirische Anthropologie, eine Vorstellung davon, was der Mensch ist, will und kann. Eine gütige „Vorsehung" habe ihn mit Anlagen und Motiven ausgestattet, die ihn nolens volens auf Vergesellschaftung, Kooperation und Wettbewerb, wirtschaftliche Entwicklung und Wachstum hin konditionieren. So wie in der *TMS* die Fähigkeit des Menschen zur *Sympathie* die Wurzel ist, von der die weitere Betrachtung ihren Ausgang nimmt, ist es im *WN* „die Neigung der menschlichen Natur, zueinander in Beziehung zu treten, miteinander zu handeln und zu tauschen" (*WN* I.ii.1). Diese Neigung, so der nach letzten Gründen suchende Smith, sei wahrscheinlich „die notwendige Folge des Denk- und Sprachvermögens", welches den Menschen von allen anderen Lebewesen unterscheidet (*WN* I.ii.2).

Arbeitsteilung. Die fragliche Neigung ist Smith zufolge die Keimzelle gesellschaftlicher und wirtschaftlicher Entwicklung. Sie ist die Ursache der Arbeitsteilung, einem voranschreitenden gesellschaftlicher Prozess und einer nie versiegenden Quelle wachsenden individuellen und kollektiven Wohlstands. Arbeitsteilung ist Smiths Schlüsselbegriff für technische, organisatorische und sonstige Fortschritte. Weiter entwickelte Gesellschaften weisen einen höheren Grad an gesellschaftlicher Arbeitsteilung auf. Die Entwicklung der Wirtschaft verlangt folglich eine sich immer weiter vertiefende und verbreiternde Arbeitsteilung – zunächst innerhalb einzelner Betriebe, dann zwischen Betrieben, Geschäftszweigen und Regionen und schließlich ganzen Nationen und Kontinenten. Smith ist ein glühender Befürworter des Freihandels, vorausgesetzt dieser ist allseits vorteilhaft. Welche Art der Wirtschaftspolitik ist ihm förderlich, welche behindert ihn? Denn obzwar die Arbeitsteilung „ursprünglich nicht das Werk menschlicher Weisheit" (*WN* I.ii.1) war, sondern sich naturwüchsig ergeben habe – ein Verständnis der Bedingungen, die sie beschleunigen oder verlangsamen, sei von allergrößtem Nutzen: Es erlaube jene Gesetze, Institutionen und wirtschaftspolitischen Maßnahmen zu identifizieren, die der Arbeitsteilung und wirtschaftlichen Entwicklung förderlich sind. Erst dann werde das „einfache und klare System der natürlichen Freiheit" begreiflich – einfach und klar als Frucht eines gründlichen sozialwissenschaftlichen Studiums.

Wirtschaftliches Wachstum. Die entwicklungs- und wachstumstheoretische Perspektive seines Werks spricht Smith gleich eingangs des *WN* an und er betont, dass der Reichtum einer Nation zu allererst das Produkt der geleisteten *Arbeit* ist und von der *Produktivität* der Arbeiter abhängt. Er lehnt sowohl die merkantilistische Vorstellung von der Produktivität des Geldes als auch die physiokratische von der alleinigen Produktivität des Bodens ab und rückt stattdessen – wie vor ihm David Hume – die Arbeit ins Zentrum der Betrachtung. Um die Politische Ökonomie gleichsam zu einem grundlegenden Blickwechsel zu zwingen, biegt er die Gerte „stark in die andere Richtung". Der erste Satz des *WN* gibt die fragliche Richtung an: „Die Arbeit, die ein Volk jährlich leistet, schafft die Mittel, um es ursprünglich mit all den lebensnotwendigen Gütern und Annehmlichkeiten zu versorgen, die es alljährlich konsumiert und die stets entweder im unmittelbaren Ertrag dieser Arbeit oder in dem bestehen, was für deren Ertrag von anderen Völkern gekauft wird" (*WN* 1).

Reichtum als mittelbares Ziel der Entwicklung. Reichtum definiert Smith als *Stromgröße*, als das Produkt der Arbeit eines Jahres, womit er der modernen volkswirtschaftlichen Gesamtrechnung den Weg weist. In Abhängigkeit von der Größe dieses Produkts (Y) relativ zur Gesamtbevölkerung (B) ist ein Volk reich oder arm (*WN* 2). *Das durchschnittliche reale Pro-Kopf-Einkommen Y/B ist Smiths Maß für den Wohlstand einer Nation*. Dieses Verhältnis werde überall durch zwei Umstände bestimmt: „erstens durch die Geschicklichkeit, Fertigkeit und Umsicht", mit denen die Arbeitskräfte ihre Arbeit verrichten, und „zweitens durch das Zahlenverhältnis zwischen denjenigen, die einer nützlichen Arbeit nachgehen, und denjenigen, die dies nicht tun" (*WN* 3). Reichtum ist ein Mittel zum Zweck – einem besseren Leben.

Bezeichnen wir mit L die Zahl der „nützlich" beziehungsweise „produktiv" Beschäftigten, so gilt offenbar

$$Y/B = (Y/L)(L/B) \text{ bzw. } e = yh,$$

mit $e = Y/B$, $y = Y/L$ und $h = L/B$. Während jedoch der Anteil der produktiv Beschäftigten an der Gesamtbevölkerung h im rein hypothetischen Extremfall maximal gleich Eins werden kann, also eine obere Schranke aufweist, sei für die Produktivität der nützlich Beschäftigten y keine derartige Grenze bekannt oder vorstellbar. Die Aufmerksamkeit habe sich daher vor allem auf „die Ursachen der Entwicklung der Arbeitsproduktivität" y zu richten (*WN* 5). Bei Konstanz von h und in Wachstumsraten ausgedrückt gilt nämlich:

$$\Delta e/e = \Delta y/y.$$

Das Pro-Kopf-Einkommen ist in diesem Fall proportional der Arbeitsproduktivität und wächst mit der gleichen Rate wie diese. Die Ursache des Reichtums einer Nation ist damit bereits nach wenigen Seiten des *WN* identifiziert. Was bestimmt den Anstieg der Arbeitsproduktivität?

Dies ist die eine Hauptfrage des *WN*. Die beiden anderen lauten: Wie verteilt sich das Produkt auf die drei Gruppen oder „Klassen" von Akteuren, die sehr unterschiedliche Rollen und wirtschaftliche Funktionen im System innehaben – den Arbeitern, den Grundeigentümern und den Geld-, Handels- und Industriekapitalisten? Und schließlich: Welche Rolle spielt die Art der Verwendung des Reichtums (Konsum, Ersparnis, Investition) für dessen weitere Steigerung? Smith geht es um die Ergründung der aufs Engste miteinander verwobenen *Gesetze der*

- *Produktion,*
- *Verteilung und*
- *Verwendung*

des gesellschaftlichen Reichtums und damit den Ursachen für dessen Steigerung, Stagnation oder Rückgang.

Gesellschaftliche Klassen. Seine Sicht der drei Klassen der Gesellschaft fasst Smith wie folgt zusammen. Er fragt insbesondere: Wie verhalten sich die Interessen der Klassen zueinander und zu dem, was er das „Allgemeininteresse" oder „Interesse der Gesellschaft" nennt? Dieses besteht seines Erachtens neben der Sicherung des Friedens und der Verteidigung des Landes in einem steigenden Pro-Kopf-Einkommen. Gegensätze zwischen und innerhalb von Klassen sind ein treibendes Moment der Entwicklung. Sie erzeugen Spannungen, die Veränderungen herbeiführen, welche neue Spannungen verursachen usw.

Da Smith zufolge mit der „Verbesserung der gesellschaftlichen Verhältnisse" die reale Bodenrente zu steigen tendiert, ist das Interesse der Bodeneigentümer „eng und untrennbar mit dem allgemeinen Interesse der Gesellschaft verbunden. Was immer das eine fördert oder gefährdet, fördert oder gefährdet notwendigerweise das andere" (*WN* I.xi.p.8).[1] Bei der Erörterung wirtschaftspolitischer Maßnahmen, folgert Smith, könnten die Grundherren, sofern sie die Übereinstimmung ihrer Interessen mit denjenigen der Gesellschaft insgesamt verstehen würden, mit ihren Argumenten nie in die Irre führen. An diesem Verständnis allerdings hapere es. Der Umstand, dass ihnen ihr Einkommen „weder Arbeit noch Sorge kostet, sondern ihnen gleichsam von allein … zufällt", mache sie

1 Unter Verweis auf die *Corn Laws* sollte Ricardo später schärfsten Protest gegen Smiths Auffassung einlegen: Durch das Verbot bzw. die Erschwerung des Imports von Getreide nach England seien die dortigen Grundrenten gestiegen, Profitrate, Lohnsätze und Wachstumsrate aber gesunken. Wie wir sehen werden, widerspricht Smith seiner oben zitierten Auffassung im Fortgang seines Werks.

träge, bequem, unwissend und „unfähig zu der geistigen Anstrengung, die notwendig wäre, um die Folgen einer staatlichen Maßnahme vorherzusehen und zu verstehen“ (*WN* I.xi.p.8). Tatsächlich ist Smiths Urteil über diese Klasse sogar noch eine Spur harscher. Tradierten feudalen Lebensformen verhaftet, verprassten die Grundherren ihr Einkommen und sparten es nicht. Sie trügen damit nichts zum ökonomischen und gesellschaftlichen Fortschritt bei, zögen aber in parasitärer Weise Nutzen aus ihm: „sie ernten, wo sie nie gesät haben“ (*WN* I.vi.8).

Das Interesse der zweiten Klasse – der sich abrackernden Armen (*the labouring poor*) (*WN* II.i.1), der Arbeiter – „ist ebenso eng mit dem Interesse der Gesellschaft verbunden“ (*WN* I.xi.p.9), denn auch die Löhne steigen im Zuge der Entwicklung und des Wachstums der Wirtschaft (und sinken bei wirtschaftlichem Niedergang). Smith setzt hinzu: „Aber obwohl das Interesse des Arbeiters eng mit dem der Gesellschaft zusammenhängt, vermag er weder dieses Interesse zu verstehen noch dessen Zusammenhang mit seinem eigenen zu erfassen. Seine Lage lässt ihm keine Zeit, sich das nötige Wissen anzueignen, und seine Bildung und Gewohnheiten sind üblicherweise so, dass er zu einem Urteil auch dann unfähig wäre, wenn er all dieses Wissen hätte.“ Smiths pessimistische Sicht mündet in die Feststellung: „In öffentlichen Beratungen wird daher seine Stimme wenig gehört und noch weniger beachtet, außer bei ganz bestimmten Gelegenheiten, wenn ihn seine Arbeitgeber in seinen Klagen aneifern, bestärken und unterstützen – nicht für seine, sondern für ihre eigenen und besonderen Zwecke“ (*WN* I.xi.p.9). Die Arbeiter seien ständig der Gefahr der Manipulation ausgesetzt.

Smith lässt keinen Zweifel daran: Nur wenn sich die Lage der Arbeiter und ihrer Familien verbessert, könne von gesellschaftlichem Fortschritt gesprochen werden (*WN* I.viii.36). Dies aber sei dann der Fall, wenn die Arbeiter das Einzige, das sie zum Kauf anzubieten haben, ihr Arbeitsvermögen (*WN* II.i.1), auch tatsächlich und zu guten Bedingungen verkaufen können. In einer an John Locke erinnernden Passage heißt es: „Weil das Eigentum jedes Menschen an seiner eigenen Arbeitskraft ursprüngliche Grundlage allen anderen Eigentums ist, ist es auch vor allem anderen heilig und unverletzlich. Das Erbe eines armen Mannes liegt in der Kraft und Geschicklichkeit seiner Hände; und ihn daran zu hindern, diese Kraft und Geschicklichkeit so zu gebrauchen, wie er es, ohne seine Nachbarn zu schädigen, für richtig hält, ist eine eindeutige Verletzung dieses heiligsten Eigentumsrechtes“ (*WN* I.x.c.12).

Schließlich die Klasse derjenigen, „die vom Profit leben“ (*WN* I.xi.p.10), auch *Masters* genannt. Die wirtschaftliche Dynamik wird von den Geld-, Handels- und Industriekapitalisten geprägt. Sie sind die Hefe im Teig der Gesellschaft und treiben die Entwicklung voran. Ihre Willensstärke, Tatkraft und ihr Wagemut seien zu bewundern. Aber, gibt Smith zu bedenken, ihr Interesse stehe „nicht in der gleichen Beziehung zum allgemeinen Interesse der Gesellschaft“, wie das der beiden anderen Klassen (*WN* I.xi.p.10). Dies folge daraus, dass im Lauf der Entwicklung die Profitrate (aus noch zu behandelnden Gründen) zu fallen, die Lohn- und Rentsätze aber zu steigen tendierten.

Dies ist ein seltsames Kriterium zur Beurteilung des Zusammenhangs von Allgemein- und Partikularinteresse. Würde Smith nicht auf die Profit*rate*, das heißt den Profit je Kapitaleinheit, sondern auf die Profit*masse* je Kapitaleigner abstellen, das heißt auf das Gesamteinkommen der Kapitaleigner pro Kopf, so wie im Fall der beiden anderen Klassen, so käme er wahrscheinlich zu einem anderen Urteil. Denn eine fallende Rate ist mit einer steigenden Masse vereinbar (vgl. *WN* I.ix.11). Aber selbst wenn die Einkommen aller drei Klassen steigen sollten, es verbleibt, wie Smith im *WN* ein ums andere Mal verdeutlicht, der Verteilungskonflikt sowohl zwischen ihnen als auch innerhalb einer jeden Klasse.

Smiths Urteil über die aufstrebende Klasse der Kaufleute und Fabrikherren ist ambivalent. Einerseits konzediert er ihnen, ihre eigenen Interessen besser zu kennen und zu verstehen als die Grundherren oder erst recht die Arbeiter die ihren. Schließlich seien sie ihrer Lebtag damit beschäftigt, „Pläne und Projekte“ zu schmieden, was den Verstand schärfe. Sie hätten daher einen Vorteil bei der Vertretung ihrer eigenen Interessen. „Doch das Interesse der Verkäufer in einem beliebigen Handels- oder Gewerbezweig“, wendet Smith scharf ein, „ist in mancher Hinsicht immer verschieden von dem der Allgemeinheit, ja diesem entgegengesetzt. *Den Markt zu erweitern und den Wettbewerb einzuschränken liegt immer im Interesse der Verkäufer.* Eine Erweiterung des Marktes mag dem Allgemeininteresse oft genug entgegenkommen, die Einschränkung des Wettbewerbs jedoch muss immer gegen dieses Interesse verstoßen.“ Und: „Jeder Vorschlag einer neuen Vorschrift oder Maßnahme im Handel, der von dieser Klasse kommt, sollte stets mit großer Vorsicht angehört werden und nie ohne lange und sorgfältige Prüfung – nicht nur mit gewissenhaftester, sondern mit argwöhnischer Aufmerksamkeit – angenommen werden.“ Denn, heißt es weiter, „er kommt von einer Klasse von Personen, deren Interesse niemals genau das gleiche wie das Allgemeininteresse ist, Personen, die in der Regel ein Interesse haben, die Allgemeinheit zu täuschen und unter Druck zu setzen, und sie dementsprechend auch bei vielen Gelegenheiten sowohl getäuscht als auch unter Druck gesetzt haben“ (*WN* I.xi.p.10). Wie Buch IV zeigen wird, verkörpert das Smith verhasste Merkantilsystem die Interessen der Kaufleute und Händler: Es opfert das Interesse der Vielen dem Partikularinteresse einiger Weniger.

Langfristige Tendenz des Systems. Wie angedeutet, ist die langfristige Tendenz einer sich entwickelnden Wirtschaft Smith zufolge durch steigende Reallöhne, steigende Grundrenten und eine fallende Profitrate gekennzeichnet. Die Demiurgen des Wandels und wachsender Prosperität – Pächter, Fabrikherren, Händler und Geldkapitaleigner – sind, säkular gesehen, die Opfer des von ihnen inszenierten Prozesses, nicht absolut, aber relativ: ihre Profiteinkommen werden zwar steigen, aber pro rata des investierten Kapitals werden sie fallen. Gewisse nichtintendierte Konsequenzen ihres eigensüchtigen Tuns sind zum Vorteil der Arbeiter und Grundherren. Während aber die „nützlichen und produktiven Arbeiter" (*WN* I.6) den Prozess tragen, sind die Grundeigentümer rein passiv: Ohne Arbeit, Anstrengung und Sorge fällt ihnen in den Schoß, was die beiden anderen Klassen bewerkstelligen. Der Moralphilosoph Smith ist nicht gut auf die Grundherren zu sprechen. Die Vorsehung meint es zu gut mit ihnen.

Bei fallender Profitrate stellt sich die Frage nach den Folgen für die Geschwindigkeit, mit der Kapital akkumuliert wird und die Märkte weiter expandieren. Gemäß der in der späteren Literatur „klassisch" genannten Vorstellung ist die Rate der Kapitalakkumulation, $g = \Delta K/K$, mit K als Kapitalstock, direkt proportional der Profitrate, $r = P/K$, mit r als Profitrate und P als Profitsumme, das heißt

$$g = \Delta K/K = a(P/K) = ar.$$

Hierbei ist $a = S/P = \Delta K/P$ die Akkumulationsquote, das ist der Anteil der Profite, der gespart alias investiert, das heißt akkumuliert wird. Mit fallender Profitrate würde bei konstanter Akkumulationsquote die Akkumulationsrate fallen und damit die wirtschaftliche Dynamik allmählich an Kraft verlieren. Aber Smith geht nicht von einer konstanten Akkumulationsquote a aus, sondern hält es offenbar für wahrscheinlich, dass aus einer wachsenden Profitsumme ein immer größerer Teil der Kapitalakkumulation zugeführt wird, ohne den Konsum der Kapitaleigner einzuschränken (vgl. *WN* I.xi.11 und *WN* II). Dies bedeutet auf den ersten Blick, dass der Fall der Profitrate durch den Anstieg der Akkumulationsquote mehr oder weniger kompensiert wird, so dass die Akkumulationsrate nicht oder nur geringfügig fällt. Der zweite Blick ergibt jedoch, dass die Gründe für eine zunächst noch hohe Akkumulationstätigkeit zugleich jene sind, die – akzeptiert man die Smithsche Begründung für den Fall der Profitrate – diesen Fall beschleunigen. Irgendwann wird mit der Profitrate auch die Akkumulationsrate fallen (Gehrke, 1990; Negishi 1993).

Die Unsichtbare Hand. Keine Metapher Smiths ist so bekannt wie jene von der „Unsichtbaren Hand", und keine ist so gründlich missverstanden und irreführend verwendet worden. Ihm werden Auffassungen angedichtet, die er nie vertreten hat. So schreibt z. B. Schotter (1985, 2), Smith habe behauptet, nichts weiter als Selbstsucht („selfishness") sei nötig, um optimale gesellschaftliche Resultate zu erzielen. Bei Arrow und Hahn (1971, 4) liest man, der Wettbewerbsmechanismus allein bewirke eine optimale Allokation der Ressourcen, und Acemoglu (2009, 8) identifiziert Smiths Unsichtbare Hand mit dem Ersten Theorem der Wohlfahrtstheorie. Die Sache ist indes ungleich komplizierter und auch interessanter.

An der Stelle, an der Smith in der *TMS* die Unsichtbare Hand ins Spiel bringt, kommt er auf die „Vorsehung" (*providence*) zu sprechen (*TMS*, 304). Sie habe die Armen nicht vergessen, sondern dafür gesorgt, dass auch sie am „wirklichen Glück des menschlichen Lebens" teilhaben können – kaum weniger als die Reichen, denen die Begrenztheit des Magens Schranke für Konsum und Genuss ist. Sollte die Vorsehung im *WN* keine Rolle spielen? Dort wird die Unsichtbare Hand ein einziges Mal explizit erwähnt – in Buch IV im Zusammenhang mit einer Erörterung der relativen Vorteilhaftigkeit der Anlage von Kapital in verschiedenen Wirtschaftszweigen. Smith wiederholt seine Beobachtung, dass im Fernhandel eine höhere Verzinsung des Kapitaleinsatzes winke als im heimischen Handel, dass aber auch das Risiko größer und die Sicherheit des Kapitaleinsatzes kleiner seien. Das Risiko steige mit der Entfernung zur Heimat überproportional an, aber, wie wir an früherer Stelle (*WN* I.x.b33-34) vernommen haben, die dort zu erzielende Profitrate gleiche diesen Anstieg nicht voll aus. Berücksichtige der Investor beides, Ertragserwartung und Risiko, dann komme er angesichts einer *risikoaversen Grundhaltung* zum Ergebnis, dass die Anlage im heimischen Handel derjenigen im Fernhandel vorzuziehen ist, vorausgesetzt, er erzielt dort auf die Dauer und im Durchschnitt eine nur geringfügig niedrigere Kapitalverzinsung (*WN* IV.ii.5). Das Motiv der Sicherheit und Selbstverteidigung spielt im *WN* eine große Rolle: „*defence is more important than opulence*" (*WN* IV.ii.30), heißt es ganz allgemein an anderer Stelle. In Verfolgung seines von Sicherheitsüberlegungen gezügelten Eigeninteresses befördere der Investor damit, ohne es zu wissen und zu wollen, das Interesse der Gesellschaft.

Die fragliche Passage lautet: „Da also jeder einzelne danach trachtet, sein Kapital möglichst im heimischen Gewerbe einzusetzen, und dieses Gewerbe so auszurichten, daß die größte Wertschöpfung erfolgt, arbeitet jeder einzelne notwendigerweise darauf hin, das jährliche Volkseinkommen möglichst groß zu machen. Im Allgemeinen hat er tatsächlich weder die Absicht, das allgemeine Interesse zu fördern, noch weiß er, wie sehr er es fördert. Wenn er das heimische Gewerbe dem ausländischen vorzieht, geht es ihm nur um seine eigene Sicherheit; und wenn er dieses Gewerbe so lenkt, daß die größte Wertschöpfung erfolgt, geht es ihm nur um seinen eigenen Vorteil, und dabei wird er, wie in vielen anderen Fällen auch, von einer unsichtbaren Hand geleitet, einem Zweck zu dienen, der nicht in seiner Absicht lag. Indem er sein eigenes Interesse verfolgt, fördert er häufig *(frequently)* das der Gesellschaft wirksamer, als wenn er sich wirklich vornimmt, es zu fördern" (*WN* IV.ii.9).

Man beachte: *Er fördert das Interesse der Gesellschaft nicht immer, sondern nur „häufig" besser, als wenn er die Absicht hat, es zu fördern, aber auch im zweiten Fall gelingt es ihm – weniger häufig als im ersten –, es zu fördern.* Selbstsucht allein zeitigt Smith zufolge demnach entgegen einer weitverbreiteten Fehlmeinung ganz gewiss keine gesellschaftlich optimalen Resultate.

Angesichts Smiths unmissverständlicher Aussage ist zu fragen, wie es dazu kommen konnte, dass er in der Wirtschaftswissenschaft fast ausnahmslos derart irreführend wiedergegeben wird.

Unsichtbare Hand. Die Vorsehung habe den Menschen nicht nur mit Eigeninteresse und einem begrenzten Magen ausgestattet, sondern auch mit Risikoaversion und dem Bedürfnis nach Sicherheit. Ihre Unsichtbare Hand sorge für die auf den ersten Blick wundersame, aber mit Hilfe der Politischen Ökonomie zu erklärende Übersetzung eigeninteressierten Verhaltens in vielen Fällen in die Förderung des Gemeinwohls. Der eigeninteressierte Einzelne ist diesbezüglich ein wichtiger Erfüllungsgehilfe der *Providence* – so der schottische Enträtseler des Schöpfungsplans. Ein anderer Erfüllungsgehilfe ist, wie sich zeigen wird, der solide Prinzipien verfechtende Staatsmann.

Struktur des WN. Die fünf Bücher des *WN* geben dem neuen Fach der Politischen Ökonomie für längere Zeit Methode, Inhalt und Struktur vor.

- Buch I befasst sich mit der Produktion, den unmittelbaren Gründen für die Steigerung der Produktivität der Arbeit in Gestalt zunehmender Arbeitsteilung sowie den Gründen für die Verteilung des sich ergebenden Produkts auf die drei Klassen der Gesellschaft in Form von Lohn, Profit und Zins sowie Grundrente und das die Einkommensverteilung stützende System der relativen Preise. In diesem Buch entwickelt Smith sein wirtschaftstheoretisches Koordinatensystem, das ihm in den folgenden Kapiteln als Maß bei der Beurteilung anderer wirtschaftstheoretischer Vorstellungen und von Gesetzen, Institutionen und Wirtschaftspolitiken gute Dienste leistet.

- Buch II wendet sich der Verwendung des gesellschaftlichen Reichtums zu und weist die Akkumulation von Kapital sowie die damit einhergehende Ausdehnung der Märkte als mittelbare Ursache der Produktivitätssteigerung aus. Die Anhäufung von Kapital setzt Spar- alias Investitionstätigkeit voraus, und so singt Smith denn das Hohelied auf die Frugalität. Darin sollte beinahe die gesamte Zunft der Ökonomen nach ihm einstimmen – mit allerdings bedeutenden Ausnahmen, darunter Karl Marx, Joseph A. Schumpeter und John Maynard Keynes. Mit der Akkumulation von Kapital ändert sich die Struktur von Wirtschaft und Gesellschaft. Smith misst die historische Entwicklung am *natürlichen Gang der Dinge*. Darunter versteht er eine ideale, kontrafaktische Entwicklung, wie sie ohne eine verfehlte Wirtschaftspolitik eingetreten wäre.
- Buch III gilt bedeutenden Etappen der Wirtschafts- und Sozialgeschichte, dem Einfluss von Gesetzen und Institutionen und insbesondere der Arbeitsteilung zwischen Stadt und Land.
- Buch IV ist einer kritischen Auseinandersetzung mit alternativen Lehren und deren Auswirkungen „auf die Staatsführung der Fürsten und souveränen Staaten“ (*WN* 8) gewidmet. Smith behandelt ausführlich das von ihm als Irrlehre eingestufte „Kommerz-“ oder „Merkantilsystem“ und dessen wirtschaftspolitische Empfehlungen (Exportförderung und Importerschwernis) sowie das „Agrikultursystem“ der Physiokraten. Dieses sei zwar auch fehlerhaft, aber die Grundorientierung darin stimme – entspricht sie doch der des eigenen Systems. Tatsächlich trägt sich Smith eine Zeitlang mit dem Gedanken, den *WN* dem Haupt der physiokratischen Schule, François Quesnay, zu widmen.
- In Buch V schließlich entwickelt Smith seine Vorstellung von den legitimen Staatsaufgaben und ihrer Finanzierung, stellt seine berühmten Grundsätze der Besteuerung vor und äussert sich über die Folgen und Gefahren der Verschuldung der öffentlichen Hand.

Arbeitsteilung und Produktivitätswachstum

Smiths Untersuchung der Bedingungen, Formen und Folgen der Arbeitsteilung enthält wenig Neues. Neu sind jedoch die ganz außergewöhnliche Bedeutung, die er der Arbeitsteilung als Kraftquelle der Entwicklung zuschreibt, und ihre forschungsstrategische Erhöhung zum natürlichen Ausgangspunkt und Fundament seiner Gesellschaftstheorie und Geschichtserklärung.

Freie Konkurrenz. Wer wirtschaftliche (aber auch soziale und kulturelle) Entwicklung verstehen will, müsse die Arbeitsteilung verstehen und das sich mit ihr unabweislich ergebende Problem der Koordination wirtschaftlicher Aktivitäten. Er müsse verstehen, dass diese Koordination mittels unterschiedlicher Mechanismen erfolgen kann – von staatlicher Planung und Lenkung bis hin zu einem System interdependenter Märkte bei *freier Konkurrenz* der Akteure, das heißt der *Abwesenheit nennenswerter Markteintritts- und Marktaustrittsschranken.* Um Vor- wie Nachteile der alternativen Koordinationsmechanismen zu verstehen, müsse er sich Klarheit über den Prozess der Preisbildung auf Märkten verschaffen, der Art und Weise, wie gegebene gesellschaftliche Machtverhältnisse in Einkommensverteilung und relativen Preisen zum Ausdruck kommen. Und er müsse dem bereits angesprochenen Umstand Rechnung tragen, dass zweckgerichtetes menschliches Tun im Allgemeinen nicht nur, wenn überhaupt, die intendierten Konsequenzen zeitigt, sondern daneben auch nichtintendierte, solche, die vom handelnden Subjekt weder vorhergesehen worden sind noch überhaupt hätten vorhergesehen werden können. Was aber vom handelnden, in den wirtschaftlichen Alltag verstrickten Subjekt nicht erwartet werden kann, darf, ja muss man vom Vertreter der neuen wissenschaftlichen Disziplin, der Politischen Ökonomie, erwarten – die Entwicklung einer Vorstellung darüber, wie intendierte und nichtintendierte Effekte sich miteinander verschlingen, einander durchkreuzen, wechselseitig abschwächen oder verstärken, weitere Effekte zeitigen usw. Die neue Disziplin zieht ihre Berechtigung nur daraus, dass sie zu einem besseren Verständnis der Welt beiträgt und das Meer der Finsternis und des Aberglaubens in Bezug auf wirtschaftliche und gesellschaftliche Sachverhalte zurückdrängt. In Abhängigkeit davon, wie gut sie dies leistet, wird sie sich Reputation erwerben. Den ausstehenden Beweis ihrer Nützlichkeit für den Staatsmann und Wirtschaftspolitiker will Smith erbringen.

Arbeitsteilung, so Smith, sei zwar nicht die einzige, wohl aber die „bedeutendste" Quelle der Steigerung der Arbeitsproduktivität (*WN* I.i.1). Mit dem berühmten Beispiel einer Stecknadelmanufaktur (*WN* I.i.3) weist er auf die produktivitätssteigernde Wirkung der Arbeitsteilung innerhalb eines Betriebes hin. Die innerbetriebliche Arbeitsteilung sei jedoch vielfach nur eine Vorstufe zur zwischenbetrieblichen, das heißt der Aufspaltung einer Industrie in eine immer größere Zahl von Branchen und Sparten. Allerdings seien die verschiedenen Wirtschaftszweige der Arbeitsteilung sehr unterschiedlich leicht zugänglich: der Industrie am leichtesten, der Landwirtschaft am schwersten. Infolgedessen könne „die Entwicklung der Arbeitsproduktivität in diesem Erwerbszweig nicht immer mit deren Entwicklung in der gewerblichen Produktion Schritt halten" (*WN* I.i.4).[2]

Arbeitsteilung und Produktivitätssteigerung. Es seien vor allem drei Umstände, die für den Anstieg der Arbeitsproduktivität infolge der Arbeitsteilung verantwortlich sind: „*erstens* die Steigerung der Fertigkeit jedes einzelnen Arbeiters; *zweitens* die Ersparnis an Zeit, die gewöhnlich beim Wechsel von einer Art der Arbeit zur anderen verlorengeht; und *letztens* die Erfindung einer großen Anzahl von Maschinen, die die Arbeit erleichtern und verkürzen und es ermöglichen, dass ein Mann die Arbeit von vielen tut" (*WN* I.i.5).

Der erste Umstand ist in seiner Wirkung begrenzt, denn Spezialisierungsgewinne sind nur in einem gewissen Ausmaß möglich. Der zweite Umstand ist von weit größerer ökonomischer und gesellschaftlicher Bedeutung, als man auf den ersten Blick sieht. Man spart Zeit, die man ansonsten beim Wechsel von einer Tätigkeit zu einer anderen benötigt. Implizit ist damit aber auch eine bessere Nutzung der Arbeitsmittel (Werkzeuge, Maschinen, Nutztiere usw.) angesprochen: Der Auslastungsgrad des fixen oder dauerhaften Kapitals erhöht sich, dessen Leerzeiten nehmen ab. In dem Maße, in dem im Zuge der Entwicklung immer mehr dauerhaftes und teures Kapital pro Arbeitskraft zum Einsatz kommt, gewinnt das fragliche Moment an Bedeutung. Aber für Smith noch wichtiger und erst in Buch V behandelt, verringern sich infolge der Arbeitsteilung die Ausbildungskosten der Arbeitskräfte. Un- bzw. angelernte Arbeitskräfte treten vermehrt an die Stelle von ausgebildeten Fachkräften – es kommt zur Entwertung alter Fähigkeiten und Fertigkeiten –, schließlich ersetzt billige Kinderarbeit die Arbeit von Erwachsenen. Die berufsvorbereitenden Lehrzeiten werden kürzer.

Die von Smith befürchtete, das Humankapital auf breiter Front entwertende Entwicklung kennzeichnet tatsächlich die frühe Phase des Industrialisierungsprozesses. Hierbei handelt es sich der Smithschen Einschätzung zufolge um die bedeutendste negative Begleiterscheinung der Arbeitsteilung, die über eine beträchtliche soziale Sprengkraft verfügt. Um ihr zu begegnen, schlägt Smith insbesondere die Einführung einer verpflichtenden elementaren Schulausbildung vor (vgl. *WN* V.i.f-g).

---

2 Smith schreibt vor der Zeit der sogenannten dritten agrikulturellen Revolution. Mit der Erfindung der Phosphatdüngung durch Justus von Liebig und dessen Agrikulturchemie sowie der einsetzenden Industrialisierung der Landwirtschaft kam es dort zu gewaltigen Produktivitätsfortschritten, von denen Smith (oder Thomas Robert Malthus) nichts ahnen konnte.

Der wichtigste Umstand ist jedoch der dritte. Er verweist explizit auf einen bedeutenden Fall kumulativer Verursachung, für den kein Ende absehbar ist. Auf die Arbeitsteilung, betont Smith, gehe „ursprünglich die Erfindung all jener Maschinen zurück, welche die Arbeit so sehr erleichtern und verkürzen". Die Arbeitsteilung führe zur ungeteilten Aufmerksamkeit des Arbeiters auf ein einziges einfaches Ziel und sporne seinen Erfindungsgeist an, um sich sein Schicksal zu erleichtern. Und so waren die ersten Maschinen, spekuliert Smith, „ursprünglich die Erfindung einfacher Arbeiter" (*WN* I.i.8). Mittels eines sozialromantischen Beispiels, in dem ein Knabe, um sich die Arbeit zu ersparen und mit seinen Kameraden spielen zu können, eine „der größten Verbesserungen" an einer Dampfmaschine erfindet, sucht Smith seine These zu erhärten. Wie dem auch sei: *Der Prozess der Arbeitsteilung ist zugleich ein Prozess der Mechanisierung der Produktion, der sukzessiven Ersetzung von Arbeits- durch Maschinenkraft.*

Quantity of science. Ein höchst bedeutendes, von Smith hervorgehobenes Moment der zunehmenden Teilung der gesellschaftlichen Arbeit ist die Entstehung und das Wachstum eines Sektors, den wir heute *Forschung und Entwicklung* (*F&E*) nennen. Interessanterweise spricht Smith ausdrücklich von der einer Gesellschaft zur Verfügung stehenden „*quantity of science*" (*WN* I.i.9) als der wirklichen Grundlage ihrer Produktivkraft und ihres Wohlstands. Als integraler Bestandteil des Prozesses der Arbeitsteilung bildeten sich im Laufe der Entwicklung neue Gewerbe heraus, so das der „Maschinenbauer" und jenes „der Wissenschaftler (*philosophers or men of speculation*), die von Berufs wegen nicht handeln, sondern alles beobachten und deshalb oft imstande sind, die Kräfte entferntester und einander ganz unähnlicher Dinge miteinander in Verbindung zu bringen. Mit dem Fortschritt der Gesellschaft wird die Wissenschaft wie jede andere Tätigkeit das hauptsächliche oder ausschließliche Gewerbe und Geschäft einer besonderen Klasse von Leuten" (*WN* I.i.9). Und dieses Gewerbe spaltet sich seinerseits – einem unaufhörlich in Zellteilung und Mutation begriffenen Organismus vergleichbar – im Verlauf der Zeit selbst immer weiter auf.

Grundlage des Reichtums einer Nation: die zur Anwendung kommende „quantity of science". Zur Beschreibung des Wissensfortschritts verwendet Smith die *kombinatorische Metapher* und Autoren von Marx (1894) über Schumpeter (1912) bis hin zu Martin Weitzman (1998) sollten ihm darin folgen: *Neues Wissen entsteht durch die Rekonfiguration und neue Kombination alter Wissenspartikel.* Dieser Prozess ist, wie man heute sagt, *pfadabhängig* und kann in Anlehnung an René Descartes und Johann Amos Comenius auch als ein immer neue Äste und Zweige austreibender Wissensbaum veranschaulicht werden.

Arbeitsteilung führt – wohlgemerkt „in einer gut regierten Gesellschaft"! – zu allgemeinem Wohlstand, „der sich bis in die untersten Volksschichten erstreckt" (*WN* I.i.10). Die „vereinigte Arbeit einer großen Zahl von Arbeitern" ist hochproduktiv. In der fortgeschrittenen Gesellschaft ist jedes Produkt das Ergebnis einer großen Vielfalt von Arbeiten unterschiedlichen Typs. Diese werden zeitlich gestaffelt verrichtet und reichen von der Förderung und dem Transport von Rohstoffen über die Erzeugung von Werkzeugen verschiedenster Art sowie die Erstellung von Zwischenprodukten über verschiedene Fertigungsstufen hinweg bis hin zur Arbeit auf der letzten Produktionsstufe.[3] Smith zufolge ist jedes Produkt auf eine Reihe *datierter Arbeitsmengen* reduzierbar.

Wissensfragmentierung. Arbeitsteilung geht mit Wissensfragmentierung einher und bewirkt in einem „zivilisierten Land" die Abhängigkeit eines Jeden, selbst des „Anspruchlosesten", von vielen Anderen (*WN* I.i.11). Ein immer feiner gesponnenes Netzwerk von Interdependenzen zwischen Menschen bildet die Grundlage der Gesellschaft. Dieses Netzwerk ist nur dann tragfähig, wenn die gewaltige Aufgabe der Koordination der verschiedenen Privatarbeiten gelingt. Während zahlreiche Autoren der Ansicht waren, dass es hierzu notwendigerweise der strengen und lenkenden Hand des Souveräns bedürfe, kann Smith zufolge die Koordinationsleistung (von noch zu behandelnden Ausnahmen abgesehen) Märkten überlassen werden. Als Beleg nennt er den Reichtum europäischer Nationen. So übertreffe die Lebenshaltung eines europäischen Fürsten die eines „arbeitsamen und sparsamen Landmanns nicht immer so weit, wie dessen Lebenshaltung die so manchen afrikanischen Königs, der unumschränkter Herr über Leib und Leben zehntausend nackter Wilder ist" (*WN* I.i.11).

Tausch. Die wechselseitigen Abhängigkeiten der Menschen voneinander führten zu *Tauschbeziehungen* zwischen ihnen. Der Mensch sei von Natur aus ein gesellschaftliches Wesen, er brauche „so gut wie unausgesetzt die Hilfe seiner Mitmenschen, und diese würde er vergeblich nur von deren Wohlwollen erwarten" (*WN* I.ii.2). Der Einzelne, belehrt einen der schottische Moralphilosoph und Ökonom in einer der am häufigsten zitierten Passagen des *WN*, „wird eher Erfolg haben, wenn er die Eigenliebe seiner Mitmenschen zu seinen

3 Angeregt von Smith haben die österreichischen Ökonomen Carl Menger (1871) und Eugen von Böhm-Bawerk (1884) den Prozess der Zivilisation als das Einschlagen immer längerer „Produktionsumwege" begriffen – der Erzeugung einer immer größeren Zahl von Zwischenprodukten, bis schließlich das gewünschte Endprodukt „ausreift". Dieser Prozess sei „mehrergiebig", das heißt er steigert das Produktionsergebnis pro Arbeitstunde.

Gunsten wecken und ihnen zeigen kann, dass es zu ihrem eigenen Vorteil ist, das zu tun, was er von ihnen haben will." Er fährt fort: „Wer immer einem anderen einen Handel irgendeiner Art vorschlägt, verfährt auf diese Weise. Gib mir, was ich will, und du wirst das bekommen, was du willst, ist der Sinn jeden solchen Vorschlags; und auf diese Weise erlangen wir voneinander die meisten jener guten Dienste, auf die wir angewiesen sind. Nicht vom Wohlwollen des Metzgers, Brauers oder Bäckers erwarten wir unsere Mahlzeit, sondern von deren Bedachtnahme auf ihr eigenes Interesse. Wir wenden uns nicht an ihre Menschenliebe, sondern an ihre Eigenliebe, und sprechen ihnen nie von unseren eigenen Bedürfnissen, sondern von ihren Vorteilen" (*WN* I.ii.2).

System der natürlichen Freiheit. Dieses System, so die zentrale Botschaft Smiths, braucht sich nicht auf das Wohlwollen, die *benevolence*, zu verlassen, weil es den Egoismus der Einzelnen in einer Weise zur Wirkung bringt, die auf verwickelten Pfaden der Gesellschaft insgesamt zum Vorteil gereicht. Allerdings ist die Gültigkeit dieser Aussage an eine häufig übersehene, aber entscheidende Bedingung geknüpft, die Edwin Cannan (1929, 333) wie folgt formuliert: „Die Wirkungsweise des Eigeninteresses ist nicht wegen einer natürlichen Übereinstimmung zwischen dem Eigeninteresse eines jeden Einzelnen und dem für alle Guten segensreich, sondern weil menschliche Institutionen idealiter so eingerichtet sind, dass sie das Eigeninteresse dazu zwingen, in Richtungen zu wirken, in denen sie segensreich sind."[4]

Sozialisation, Begabung, Talent. Der als Teil seiner anthropologischen Ausstattung ausgewiesene Hang des Menschen zu Handel und Tausch sei der „ursprüngliche Anlass zur Arbeitsteilung" (*WN* I.ii.3) und führe – sofern er nicht von gesellschaftlichen Institutionen beeinträchtigt wird – zur Spezialisierung der Menschen nach Neigung, Begabung und natürlichen Fähigkeiten. Aber, wirft Smith ein, „die Unterschiede in den natürlichen Anlagen verschiedener Menschen sind in Wirklichkeit viel geringer, als uns bewusst ist". Der Grund für die schiefe Optik sei darin zu sehen, dass „die ganz unterschiedlichen Befähi-

4 Eine ähnliche Auffassung hatte bereits Hume ([1742] 1988, 19) vertreten: „Hier ist also ein hinlänglicher Ansporn in jedem Staat, mit dem größten Eifer jene Formalien und Institutionen zu erhalten, mit denen die Freiheit gewahrt, dem Gemeinwohl gedient und Habsucht und Ehrgeiz einzelner Männer kontrolliert und gestraft werden." Friedrich August von Hayek paraphrasiert sie wie folgt: „Frieden, Freiheit und Gerechtigkeit erwartet er [Hume] nicht von der Tugend der Menschen, sondern von den Institutionen, die 'vermochten, daß es selbst im Interesse schlechter Menschen lag, im Sinne des allgemeinen Wohls zu handeln'" (Hayek 1963, 248).

gungen, die Menschen verschiedener Berufe voneinander zu unterscheiden scheint, sobald sie einmal zur Reife gelangt sind, in vielen Fällen nicht so sehr die Ursache als vielmehr die Wirkung der Arbeitsteilung sind". So entstehe zum Beispiel der Unterschied zwischen Wissenschaftler (*philosopher*) und Lastträger „nicht so sehr aus der Natur als vielmehr aus Lebensweise, Gewohnheit und Erziehung" (*WN* I.ii.4). Ob auf natürlichen Anlagen beruhend oder sich aus Erziehung und Spezialisierung ergebend, Menschen seien einander vor allem dann von Nutzen, wenn ihr Wissen und Können verschiedenartig ist. Mittels Handel und Tausch werden ihre mannigfaltigen Fähigkeiten „gewissermaßen zu einem gemeinsamen Vorrat gemacht, aus dem jeder einzelne nach Bedarf einen beliebigen Teil der Erzeugnisse der Begabungen anderer Menschen kaufen kann" (*WN* I.ii.5).

Das Ausmaß der Arbeitsteilung werde durch die *Größe des Marktes* begrenzt. Arbeitsteilige Produktion bedeutet, dass der Einzelne mehr von einer Sache produziert, als er selbst benötigt. Findet er Absatz für seinen Produktionsüberschuss? Dies hängt von der Reichweite des Marktes und vom existierenden Kommunikations- und Transportwesen ab.

Markt, Koordination, Wert und Geld

Ist die Arbeitsteilung durchwegs eingeführt, „so lebt jeder vom Tausch, wird also gewissermaßen zum Kaufmann, und die Gesellschaft selbst wird zu einer richtigen *kommerziellen Gesellschaft*" (*WN* I.iv.1).

Geld. Die Entfaltung der *commercial society* oder *society of shopkeepers* werde vor der Einführung eines *allgemeinen Tauschmittels*, des Geldes, erschwert, da sich nur selten zwei Händler begegnen, die jeweils genau am Überschussprodukt des anderen interessiert sind. Geld erleichtert über die Verringerung der Informations- und Transaktionskosten den Tausch. Frühe Formen des Geldes, wie Vieh, Salz oder Muscheln wurden aufgrund „unwiderleglicher Gründe" schließlich von Metallen abgelöst (*WN* I.iv.4): Diese sind leicht aufzubewahren, haltbar und beliebig teilbar. In Bezug auf Güte und Feingehalt der Metalle sei es jedoch zu allerlei Betrügereien gekommen, die den Handel behinderten. Die Einrichtung von „öffentlichen Anstalten" wie Münzen und geprägtem Geld sollten Abhilfe schaffen (*WN* I.iv.7). Auf das Problem der *Marktregulierung* stoßen wir im *WN* ein ums andere Mal. Der Markt als solcher ist nicht *eo ipso* gut und seine Regulierung nicht *eo ipso* schädlich, auf gute Regulierung kommt es an.

Allerdings hätten seit alters her Fürsten und souveräne Staaten „die tatsächliche Menge des ursprünglich in ihren Münzen enthaltenen Metalls schrittweise verringert“, um sich zu entschulden. (Im deutschen Schrifttum ist von „Kippen und Wippen“ die Rede.) „Derartige Operationen erwiesen sich immer als günstig für den Schuldner und ruinös für den Gläubiger und riefen mitunter größere und allgemeinere Umwälzungen in den Vermögen von Privatpersonen hervor, als ein ganz großes öffentliches Unglück sie hätte bewirken können“ (*WN* I.iv.10).

Ein immer größerer Teil der erzeugten Güter gerate im Lauf der Entwicklung in den Sog der geldvermittelten Logik der *Warenproduktion* und werde über interdependente Märkte gehandelt – die Güter werden zu „commodities“. *Kommodifizierung* und *Monetarisierung* der Wirtschaft nehmen zu. Was aber bestimmt den Geldwert der Waren und deren relative Preise?

Gebrauchswert und Tauschwert. Smith unterscheidet zwei Bedeutungen des Wortes Wert: den „Gebrauchswert“ einer Sache, ihren *value in use*, das heißt ihre nützlichen Eigenschaften, und ihren „Tauschwert“, den *value in exchange*, das heißt die Fähigkeit, mittels einer Sache andere Sachen erwerben zu können. In unmittelbarer Folge spricht Smith ein Problem an, welches als *„klassisches Wertparadoxon“* in die Literatur eingegangen ist: „Die Dinge, die den größten Gebrauchswert haben, haben oft geringen oder gar keinen Tauschwert; und umgekehrt haben diejenigen, die den größten Tauschwert haben, geringen oder keinen Gebrauchswert. Nichts ist nützlicher als Wasser: Doch läßt sich dafür kaum etwas kaufen; kaum etwas ist im Tausch dafür zu haben. Umgekehrt hat ein Diamant kaum einen Gebrauchswert; aber oft ist eine sehr große Menge anderer Güter im Tausch dafür zu haben“ (*WN* I.iv.13).

Im Widerspruch zur Behauptung seiner Kritiker hat Smith keine Schwierigkeit, den beschriebenen Sachverhalt zu erklären: Es sind die unterschiedlich hohen Kosten der Erlangung der verschiedenen Waren, hier von Wasser und Diamant, welche ihre relativen Preise bestimmen. Wasser ist in Schottland relativ leicht zu bekommen, ein Diamant (einer bestimmten Art und Güte) indes nur nach hohen Explorations-, Förder- und sonstigen Kosten. Der Gebrauchswert des Diamanten ist gering: Er hat im Wesentlichen nur die Funktion, andere zu beeindrucken und so der Eitelkeit des Trägers zu schmeicheln.

Markt- und natürliche Preise. Es folgt eine wichtige Unterscheidung: jene zwischen dem *Marktpreis* einer Sache und ihrem *natürlichen Preis.* Bei ersterem handelt es sich um den aktuellen Preis, wie er an einem bestimmten Ort zu einer bestimmten Zeit beobachtbar ist. Er hängt von einer Vielzahl von Einflussfaktoren ab, permanenten wie temporären, systematischen wie zufälligen, und ist der theoretischen Analyse nicht wirklich zugänglich. Anders der natürliche Preis, der nur die permanenten und systematischen und damit analysierbaren Faktoren widerspiegelt. Allerdings wäre ein Wissen um ihn von geringem Interesse, gäbe es nicht Grund zur Annahme, dass der Marktpreis ständig die Tendenz hat, um das natürliche Niveau zu oszillieren und sich nicht allzu weit davon zu entfernen. Nur dann würde man sich mit einer Konzentration auf die natürlichen Preise nicht allzu sehr von der zu erklärenden Wirklichkeit entfernen. Bevor wir uns dem Mechanismus – der Konkurrenz – zuwenden, der diese Tendenz zur Annäherung bewirkt, ist zu klären, wie Smith zufolge die natürlichen Preise bestimmt sind (vgl. auch Kurz 1976; Schefold 1981; Kurz und Salvadori 1995). Er behandelt die Frage mit Blick auf drei aufeinander folgende Stadien der gesellschaftlichen Entwicklung.

Früher und primitiver Zustand der Gesellschaft. Im ersten Stadium, dem „frühen und primitiven Zustand der Gesellschaft“ (*WN* I.vi.1), gibt es noch keine produzierten Produktionsmittel oder Kapital in nennenswertem Umfang, und auch Grund und Boden sind noch nicht privat angeeignet (wie zum Beispiel infolge des „Enclosure movement“ in England seit etwa der Mitte des 15. Jahrhunderts, wo allgemein nutzbares Gemeindeland privatisiert wurde). Es ist eine Gesellschaft von Sammlern und Jägern. In ihr „dürfte das Verhältnis zwischen den zur Beschaffung der verschiedenen Gegenstände nötigen Arbeitsmengen der einzige Umstand sein, der deren wechselseitigen Austausch bestimmen kann“ (*WN* I.vi.1). Benötigt man „üblicherweise“ doppelt soviel Zeit, um einen Biber zu erlegen, wie ein Rotwild, dann ist ein Biber zwei Stück Rotwild wert, vorausgesetzt, die beiden Arten von Arbeit sind nicht unterschiedlich schwer oder gefährlich oder benötigen ein unterschiedliches Maß an Geschicklichkeit oder geistigem Aufwand. Andernfalls sind unterschiedliche Arbeiten unterschiedlich zu bewerten. Dies ist Thema von Smiths Theorie der Lohndifferentiale (*WN* I.x).

In diesem Stadium gilt demnach die Arbeitsmengentheorie des Werts oder *Arbeitswerttheorie*, und „der ganze Ertrag der Arbeit“ gehört dem Arbeiter (*WN* I.vi.4). Werden l_i Stunden an Arbeit zur Erzeugung einer Einheit von Gut *i* benötigt und l_j Stunden zur Erzeugung einer Einheit von Gut *j*, dann gilt für das Preisverhältnis der beiden Güter, p_i/p_j,

$$p_i/p_j = l_i/l_j.$$

Produktion und die Rolle des Kapitals. Im zweiten Stadium hat sich „in den Händen bestimmter Personen ein Vorrat oder Kapital angehäuft“, mit dem sie „fleißige Leute beschäftigen, die sie mit Materialien und Unterhaltsmitteln ausstatten, um einen Gewinn aus dem Verkauf von deren Arbeitsertrag zu ziehen, also von dem, was deren Arbeit den Materialien an Wert hinzufügt" (*WN* I.vi.5).

Smith geht an dieser Stelle nicht auf die sogenannte „ursprüngliche Akkumulation" ein, das heißt die Frage, woher das in wenigen Händen konzentrierte Kapital stammt – aus Raub, Eroberung oder Ersparnis. In Buch II behandelt er dann vorrangig den Fall der Ersparnis (und Investition) als Quelle des Kapitals, denn dieser ist der einzige, der mit den Grundätzen von Gleichheit, Freiheit und Gerechtigkeit zu vereinbaren ist. Damit es jedoch zu einer nennenswerten Anhäufung von Produktions- und Unterhaltsmitteln kommen konnte, musste in der primitiven Gesellschaft bereits ein Überschussprodukt, ein *Surplus*, über das hinaus erzeugt werden, was periodisch an Unterhaltsmitteln verbraucht worden ist.

Die Bedeutung eines Surplus für positive Profite kann unter Rückgriff auf eine Piero Sraffa (1960) zu verdankende Reformulierung des klassischen Ansatzes in der Wert- und Verteilungstheorie veranschaulicht werden (vgl. auch Kurz, 1976). Wir betrachten zunächst des Kontrasts halber eine Ökonomie ohne Surplus. Angenommen, diese besteht aus zwei Sektoren, in denen die Waren a (z.B. Korn) und b (z.B. Werkzeug bzw. Whisky) erzeugt werden. Es seien A und B die Bruttoproduktionsmengen der beiden Waren und A_a bzw. B_a die Mengen der beiden Waren, die als Produktions- bzw. als Subsistenzmittel in der Erzeugung von A verbraucht werden, und A_b bzw. B_b die entsprechenden Mengen in der Erzeugung von B.[5] Die Inputs müssen am Beginn der Produktionsperiode (z.B. ein Jahr) verfügbar sein, die Outputs ergeben sich an deren Ende. Die beiden Prozesse können wir kurz schreiben als $(A_a, B_a) \rightarrow A$ und $(A_b, B_b) \rightarrow B$. Eine notwendige Bedingung für die Reproduktion der Ökonomie und das Auftreten von Profiten ist offenbar, dass von keiner der beiden Waren weniger erzeugt wird, als von ihr insgesamt in der Ökonomie verbraucht wird, das heißt es muss gelten: $A \geq A_a + A_b$ und $B \geq B_a + B_b$. Gesetzt, die Ökonomie kann gerade soviel erzeugen, wie sie verbraucht; es gelten also die strengen Gleichheitszeichen, wie im folgenden numerischen Beispiel. Der die Ware a erzeugende Sektor weise folgenden Prozess auf: $(10, 12) \rightarrow 18$; für den die Ware b erzeugenden Sektor gelte: $(8, 4) \rightarrow 16$. Von Ware a werden 10 + 8

5 Wir werden bei der Behandlung der Bücher II und IV des *WN* weiter unten sehen, dass Smith zufolge die Landwirtschaft (Sektor a) zwar Rohstoffe und Unterhaltsmittel an die Industrie (Sektor b) liefert, diese bemerkenswerterweise aber keine als Produktionsmittel eingesetzte Fertigprodukte (z.B. Pflüge) an die Landwirtschaft. Auf diesen für die Deutung des Smithschen Werks äußerst bedeutenden Unterschied kommen wir weiter unten zurück. In diesem Fall ist die Menge B_a und eventuell auch die Menge B_b gleich Null. Dies wäre der Fall bei aus Korn gebranntem Whisky, einem Konsumgut des gehobenen Bedarfs. Der Leser wird die Implikationen dieser Änderung ohne große Schwierigkeiten selbst ergründen können.

Einheiten verbraucht und ebenso viele erzeugt; von Ware *b* werden 12 + 4 Einheiten verbraucht und ebenso viele erzeugt. Damit das System Jahr für Jahr sich unter gegebenen Bedingungen reproduzieren kann, muss für die Preise der beiden Waren, p_a und p_b, offenbar gelten, dass sie die gesamten Produktionskosten decken, nicht mehr und nicht weniger:

$$10p_a + 12p_b = 18p_a$$

$$8p_a + 4p_b = 16p_b$$

Die beiden Gleichungen sind offenbar nicht unabhängig voneinander. Messen wir, einem Vorschlag Smiths folgend (*WN* I.v.15), alle Wertgrößen des Systems in Einheiten von Korn (Produkt *a*), setzen also dessen Preis gleich Eins ($p_a = 1$).[6] Dann erhalten wir entweder aus der ersten oder aus der zweiten der beiden Gleichungen den sich ergebenden Preis für Ware *b*: $p_b = 8/12 = 2/3$. Das heißt, eine Einheit der Ware *b* ist 2/3 Einheiten der Ware *a* wert. Dann und nur dann, wenn *dieses* Preisverhältnis sich tatsächlich auf den Märkten einspielt, kann sich das System reibungslos reproduzieren. Smith spricht auch von „notwendigen" Preisen.

Wenden wir uns jetzt dem Fall mit Surplus zu. Im folgenden numerischen Beispiel wird von beiden Waren ein Überschuss erzeugt: $A - (A_a + A_b) > 0$ und $B - (B_a + B_b) > 0$. Unter Bedingungen freier Konkurrenz wird der Surplus als *Profit zu einheitlicher Rate* auf das vorgeschossene *Kapital* (Produktions- und Unterhaltsmittel), *r*, verteilt. Die sich ergebenden Preise müssen nun nicht nur die gesamten Kosten der Produktion, sondern auch den fraglichen Profit decken. Der die Ware *a* erzeugende Sektor weise folgenden Prozess auf: (10, 12) ⟶ 30, der die Ware *b* erzeugende: (8, 4) ⟶ 20. Das Nettoprodukt (der Surplus) besteht demnach aus 30 − (10 + 8) = 12 Einheiten von *a* und 20 − (12 + 4) = 4 Einheiten von *b*. Nehmen wir wieder eine Einheit von *a* als Wertmaß, so lautet das System der „natürlichen" Preise jetzt:

$$(1 + r)(10 + 12p_b) = 30$$

$$(1 + r)(8 + 4\,p_b) = 20p_b$$

Hierbei ist *r* die *allgemeine Profitrate*. Lösen wir die Gleichungen für die Unbekannten *r* und p_b, so erhalten wir

6 „Korn" (als Sammelbegriff für Subsistenzmittel verschiedener Art) besitzt in Smiths System einen besonderen Status: Es geht über die Vergütung der geleisteten Arbeit direkt in die Erzeugung *aller* Waren ein, ist also unverzichtbar (vgl. insbesondere *WN* IV.v.a.23 und Abschnitt „Systeme der Politischen Ökonomie").

$r \approx 0{,}4876$ und $p_b \approx 0{,}847$.

Die allgemeine Profitrate beträgt demnach ungefähr 48,76% und der Preis einer Einheit der Ware *b*, ausgedrückt in Einheiten der Ware *a*, ungefähr 0,847 Einheiten.

Es zeigt sich: 1. Die Existenz von Profit ist an diejenige eines Surplus geknüpft. 2. Je größer (kleiner) die Mengen an Unterhaltsmitteln bzw. die Reallöhne sind, die an die Arbeiter gehen, desto größer (kleiner) sind die Kapitalvorschüsse, desto kleiner (größer) ist der Surplus und in der Folge die Profitrate. Beim Profit handelt es sich Smith zufolge um einen „Abzug vom Arbeitsertrag" (*WN* I.viii.7). Das Verhältnis zwischen Kapitaleigner und Arbeiter sei antagonistisch: „ihre Interessen sind keinesfalls dieselben. Die Arbeiter wünschen soviel wie möglich zu bekommen, die Arbeitgeber, sowenig wie möglich zu geben" (*WN* I.viii.11). 3. Ändert sich der Reallohn, so ändert sich im Allgemeinen nicht nur die Profitrate, sondern auch das Preisverhältnis.

Natürliche Preise. In der Sicht Smiths spiegeln die natürlichen Preise die systematisch und dauerhaft auf die Preise Einfluss nehmenden Faktoren wider: zum einen die aktuell angewandten Produktionsverfahren, zum anderen die Einkommensverteilung als Ausdruck der geltenden Machtbalance zwischen den gesellschaftlichen Klassen.

Wir können das klassische System der natürlichen Preise nun allgemeiner wie folgt formulieren. Wir normieren das System dabei dadurch, dass wir den Bruttooutput einer jeden der *n* Industrien jeweils gleich Eins setzen. Es sei $\mathbf{p}$ der *n*-dimensionale Spaltenvektor der natürlichen Preise dieser Bruttooutputmengen, $\mathbf{A} = [a_{ij}]$ die nxn-Matrix ausschließlich der Produktionsmittelinputs (mit a_{ij} als der Menge des *i*-ten Produkts benötigt zur Erzeugung einer Einheit des *j*-ten), $\mathbf{l} = [l_j]$ der Vektor der direkten Arbeitsinputs (mit l_j als der Menge an Arbeit, die auf der letzten Fertigungsstufe einer Einheit des *j*-ten Produkts benötigt wird) und *w* der Reallohnsatz je Arbeitseinheit, ausgedrückt in Einheiten des Wertmaßes. Der Einfachheit halber unterstellen wir homogene bzw. gleich hoch bezahlte Arbeit. Das System der natürlichen Preise lautet dann

(1) $\mathbf{p} = (1 + r)(\mathbf{Ap} + w\mathbf{l})$.

Würden wir die Preise, was Smith auch vorschlägt (vgl. u. a. *WN* I.v.3 und I.vi.24), in Einheiten „kommandierter Arbeit" (*labour commanded*) messen, so wäre das gleichbedeutend damit, dass wir die obige Gleichung durch *w* dividieren. Das sich ergebende Verhältnis zwischen dem Preis einer Einheit der Ware *i* und dem

Lohnsatz w gibt an, wie viele Arbeitsstunden der Eigentümer einer Einheit der betreffenden Ware für diese erhält. (Der reziproke Wert gibt an, wie viele Stunden der Arbeiter zum herrschenden Lohnsatz arbeiten muss, um sich eine Einheit der Ware leisten zu können.) Wir erhalten so

(2) $\boldsymbol{\pi} = (1 + r)(\mathbf{A}\boldsymbol{\pi} + \mathbf{l})$,

mit $\boldsymbol{\pi} = \mathbf{p}/w$ als dem Vektor der Preise in kommandierter Arbeit.

Smith spricht auch von den in den verschiedenen Waren insgesamt enthaltenen Arbeitsmengen oder *Arbeitswerten*. Bezeichnen wir den Vektor der Arbeitswerte mit $\mathbf{v}$, so ist dieser gleich den in den verbrauchten Produktionsmitteln enthaltenen (oder „indirekten") Arbeitsmengen, $\mathbf{Av}$, sowie der frisch zugeschossenen (oder „direkten") Arbeit, $\mathbf{l}$, das heißt

(3) $\mathbf{v} = \mathbf{Av} + \mathbf{l}$.

Wir können nun einige der bei Smith anzutreffenden Aussagen mittels der Gleichungen (1)-(3) erhärten.

Ein Vergleich von (3) und (2) zeigt sofort, dass die in kommandierter Arbeit ausgedrückten Preise $\boldsymbol{\pi}$ gleich den Arbeitswerten $\mathbf{v}$ sind, wenn die Profitrate r gleich Null ist. Andernfalls gilt $\boldsymbol{\pi} > \mathbf{v}$. Sind die Profite positiv ($r > 0$), so „wird der jährliche Arbeitsertrag immer genügen, um eine viel größere Menge Arbeit zu kaufen oder zu kommandieren, als für dessen Erzeugung, Verarbeitung und Anlieferung auf den Markt erforderlich war" (*WN* I.vi.24). Smith geht einen Schritt weiter und spekuliert, was sich unter geltenden Umständen ergeben würde, wenn der gesamte Überschuss akkumuliert werden würde, das heißt samt und sonders zur Ausdehnung des Kommandos über Arbeit und damit zur Steigerung der Beschäftigung von Arbeitskräften verwendet würde: „Würde die Gesellschaft jährlich alle Arbeit beschäftigen, die sie jährlich kaufen kann, so würde die Arbeitsmenge jedes Jahr stark zunehmen und der Ertrag jedes folgenden Jahres weit größeren Wert haben als der des vorhergehenden" (*WN* I.vi.24). Es wäre dies der Fall *maximalen Wachstums* der Produktion, der aber nirgends eintrete, weil ein „großer Teil" des Überschusses durch die „Müßigen", das heißt: „unproduktiv", konsumiert wird.[7]

7 Ohne allzu große Übertreibung kann gesagt werden, dass die gleiche Grundidee das Wachstumsmodell John von Neumanns (1937) beherrscht; vgl. hierzu Kurz und Salvadori (1993).

Reduktion auf datierte Arbeitsmengen. Ersetzen wir auf der rechten Seite von (1) $\mathbf{p}$ durch den gesamten Ausdruck und wiederholen den Vorgang für jede sich ergebende neue Gleichung, dann erhalten wir nach kleineren Umformungen

$$\mathbf{p} = (1 + r)w\mathbf{l} + (1 + r)^2 w\mathbf{A}\mathbf{l}$$
$$+ (1 + r)^3 w\mathbf{A}^2\mathbf{l} + \ldots + (1 + r)^k w\mathbf{A}^{k-1}\mathbf{l} + \ldots$$

bzw.

$$(4)\ \mathbf{p} = (1 + r)w\mathbf{l}_0 + (1 + r)^2 w\mathbf{l}_1 + (1 + r)^3 w\mathbf{l}_2 + \ldots$$
$$+ (1 + r)^k w\mathbf{l}_{(k-1)} + \ldots,$$

mit $\mathbf{l}_j = \mathbf{A}^{j-1}\mathbf{l}$ ($j = 0, 1, 2, \ldots$) und $\mathbf{l}_0 = \mathbf{l}$. Bei $\mathbf{l}_0$ handelt es sich um die auf der letzten Fertigungsstufe zugeschossene „direkte" Arbeit, bei $\mathbf{l}_1$ um die „indirekte" Arbeit der Vorstufe, die gleich der direkt aufzuwendenden Arbeit ist, die in der Erzeugung der auf der letzten Stufe verbrauchten, aber eine Periode davor erstellten Produktionsmittel zum Einsatz kommt, bei $\mathbf{l}_2$ um die indirekte Arbeit der Vorvorstufe, usw. Die auf der j-ten Stufe gezahlten Löhne $w\mathbf{l}_j$ sind entsprechend mit $(1 + r)^{j+1}$ aufzuzinsen – ein bedeutender Umstand, der Smith wohlbekannt war, wie er im Zusammenhang mit einer Erörterung der Frage der Auswirkungen einer Erhöhung des Lohns bzw. Profits auf die Preise verdeutlicht: „Bei der Erhöhung des Preises der Waren wirkt die Lohnerhöhung in derselben Weise wie der einfache Zinssatz beim Auflaufen einer Schuld. Die Profithöhung wirkt wie Zinseszinsen." Bemerkenswerterweise fügt er hinzu: „Unsere Kaufleute und Gewerbetreibenden klagen viel über die schlechten Wirkungen hoher Löhne: Diese erhöhten die Preise ihrer Güter und minderten dadurch im Inland wie im Ausland deren Absatz. Sie sagen nichts über die schlechten Wirkungen hoher Profite. Sie sind still, wenn es um die verderblichen Wirkungen ihrer eigenen Vorteile geht. Sie klagen nur über die anderer Leute" (*WN* I.ix.24).

Smith ist um Objektivität bemüht. Im öffentlichen Diskurs geäußerte Meinungen, die Sachverhalte verzerren oder Partikularinteressen als Allgemeininteresse ausgeben, greift er schonungslos an. Allerdings wird nicht deutlich, ob ihm der für ein gegebenes System der Produktion sich ergebende *gegenläufige* Zusammenhang von r und w völlig klar war. Steigt (sinkt) w, dann sinkt (steigt) für gegebene $\mathbf{A}$ und $\mathbf{l}$ notwendigerweise r. An anderen Stellen des *WN* hat es den Anschein, als sei Smith dieser Zusammenhang, wie ihn schließlich David Ricardo (1817) definitiv etablieren sollte, irgendwie bewusst, aber letzte Klarheit hierüber erhalten wir nicht. Was schließlich die Abhängigkeit der relativen Preise der Waren von der Einkommensverteilung anbelangt, so verweist Gleichung (4) auf das genaue Aussehen der Sequenz $\mathbf{l}_0$, $\mathbf{l}_1$, $\mathbf{l}_2$ ... Wie die Gleichung zeigt, gibt es jedenfalls keinen Grund zur Annahme, dass der sich ergebende Preisvektor (unabhängig von r) proportional zu den in der Erzeugung der verschiedenen Waren insgesamt aufzuwendenden Arbeitsmengen $(\mathbf{l}_0 + \mathbf{l}_1 + \mathbf{l}_2 + \ldots)$ ist (*WN* I.vi.7). Die Arbeitswerttheorie gilt nicht mehr, jedenfalls nicht mehr streng genommen.[8] Dennoch greift Smith im Verlauf seiner Arbeit immer wieder auf sie zurück (so z. B. in *WN* I.xi.e.26).

Gleichung (4) ist bekannt als *Reduktion der Preise auf datierte Arbeitsmengen*. Sie formalisiert Smiths Behauptung in *WN* I.vi, dass sich alle Preise, einschließlich der Preise der im Zuge der Produktion verbrauchten Kapitalgüter, „entweder unmittelbar oder mittelbar" in die auf den verschiedenen Produktionsstufen gezahlten Löhne und Gewinne zurückführen oder „auflösen" lassen (*WN* I.vi.11).

Produktion und die Rolle des Bodens. Im dritten Stadium schließlich ist „aller Boden eines Landes in Privateigentum" und in wenigen Händen konzentriert (*WN* I.xi). In diesem Stadium „belieben die Grundherren, wie alle anderen Menschen, dort zu ernten, wo sie nie gesät haben, und verlangen sogar für dessen natürlichen Ertrag eine Rente." Der Arbeiter muss nun „dem Grundherrn einen Teil dessen überlassen, was er mit seiner Arbeit entweder sammelt oder erzeugt" – die Pacht alias *Bodenrente* (*WN* I.vi.8). Im einfachsten denkbaren Fall, in dem aller Boden homogen ist und den Grundherrn eine einheitliche Rente von q Einheiten des Wertmaßgutes (Korn) je Hektar abwirft, erhalten wir folgendes System von natürlichen Preisen:

$$(5)\ \mathbf{p} = (1 + r)(\mathbf{A}\mathbf{p} + w\mathbf{l}) + q\mathbf{b}.$$

Hierbei ist unterstellt, dass die Bodenrente ebenso wie der Kapitalprofit als Komponenten reinen Besitzeinkommens am Ende der Produktionsperiode gezahlt werden, der Lohn (der produktiven Arbeitskräfte) jedoch als Teil des vorzuschießenden Kapitals an deren Beginn, und dass $\mathbf{b} = [b_j]$ der n-dimensionale Vektor der Bodeninputs je erzeugter Produkteinheit ist. (Wir werden später sehen, dass Smith die Rente einerseits auf eine Art Bodenmonopol der Grundbesitzer zurückführt, andererseits auf die Knappheit besonders beschaffener oder günstig gelegener Böden (*WN* I.vii.24).) Wir könnten nun in analoger Weise wie zuvor die Preise der verschiedenen Waren in datierte Arbeits- und jetzt auch Bodenmengen auflösen und sähen dann, dass die relativen Preise von der Sequenz $\mathbf{l}_0, \mathbf{l}_1, \mathbf{l}_2, \ldots$, der in analoger Weise gebildeten Sequenz $\mathbf{b}_0, \mathbf{b}_1, \mathbf{b}_2, \ldots$ und dem Reallohnsatz w abhängen. Smith stellt fest: „Je weiter eine bestimmte Ware

8 Wie Ricardo feststellen sollte, gilt sie nur noch in zwei Spezialfällen: (a) dem einer Profitrate von Null ($r = 0$) und (b) jenem mit über alle Produktionszweige hinweg identischen Proportionen von produzierten Produktionsmitteln und direkter Arbeit.

verarbeitet wird, umso größer wird jener Teil des Preises, der zu Lohn und Gewinn wird, im Verhältnis zu dem, der zu Rente wird. Mit fortschreitender Verarbeitung steigt nicht nur die Anzahl der Zahlungen von Profit, sondern es ist auch jeder folgende Profit größer als der vorhergehende, weil das Kapital, aus dem es sich herleitet, immer größer sein muss" (*WN* I.vi.14).[9]

Brutto- vs. Nettoprodukt. Smith schließt seine diesbezügliche Betrachtung mit der Behauptung ab, dass die Preissumme „aller Waren, die zusammen den gesamten jährlichen Ertrag der Arbeit jedes Landes bilden, zusammengenommen in dieselben drei Teile zerfallen und auf verschiedene Einwohner des Landes aufgeteilt werden muss: entweder als Lohn ihrer Arbeit oder als Profit ihres Kapitals oder als Rente ihres Bodens. Lohn, Profit und Rente sind die *drei ursprünglichen Quellen allen Einkommens* ebenso wie allen Tauschwertes" (*WN* I.vi.17).

Ob bloß unglücklich formuliert oder schlicht falsch: Smith ist wegen dieser Passage heftig kritisiert worden. Nicht der Wert des *gesamten Brutto*produkts eines Jahres steht aktuell zur Verteilung an, sondern nur derjenige des *Netto*produkts, das heißt der Wert des ersteren abzüglich des Werts der in seiner Erzeugung ganz oder zum Teil verbrauchten Produktions- und Unterhaltsmittel. Letztere sind das Produkt der in davorliegenden Jahren geleisteten Arbeit und haben bereits damals zur Zahlung von Einkommen geführt.

Konkurrenz und Gravitation der Preise

Wie gesehen, diskutiert Smith die Frage des Zusammenhangs von relativen Preisen und Einkommensverteilung unter den idealtypischen Bedingungen *freier Konkurrenz*, also „dort, wo vollkommene Freiheit herrscht, wo der Händler sein Gewerbe wechseln kann, so oft es ihm beliebt" (*WN* I.vii.6), und der Arbeiter seinen Arbeitsplatz. Hierbei handelt es sich Smith zufolge um einen anzustrebenden Zustand, aber keinen, der bereits in Schottland oder anderswo verwirklicht wäre. Die tatsächliche Lage ist vielmehr durch zahlreiche monopolistische

9 Diese Behauptung ist von österreichischen und dann auch generell von marginalistischen Ökonomen aufgegriffen worden und hat zur Auffassung geführt, dass die Erzeugung von Konsumgütern, die aus dieser Sicht am Ende des Verarbeitungsprozesses stehen, kapitalintensiver ist als die Erzeugung von Kapitalgütern. Wie sich zeigen lässt, ist diese Auffassung jedoch nicht allgemein gültig, was ansatzweise schon daraus ersichtlich ist, dass ein und dasselbe Gut (z. B. Korn) sowohl Kapital- als auch Konsumgut sein kann.

Verzerrungen gekennzeichnet, überwiegend verursacht durch staatliche Eingriffe (Zunftordnung, Regalien, Zölle, Subventionen usw.). Das Problem des „Monopols" benennt Smith zwar in Buch I, aber aus naheliegenden Gründen wendet er sich ihm im Einzelnen erst in den Büchern IV und V zu, wo es um die Auswirkungen des „Merkantilsystems" geht. Der klassische Begriff der freien Konkurrenz ist dabei streng zu scheiden vom späteren neoklassischen des „vollkommenen Wettbewerbs". Letzterer unterstellt, dass auf beiden Marktseiten jeweils unendlich viele Akteure tätig sind. Freie Konkurrenz unterstellt dies nicht. Wichtig ist lediglich der freie Marktzugang.[10] Wir werden dann auch sehen, dass sich Smiths Monopolbegriff deutlich von demjenigen der modernen Theorie unterscheidet.

Dauerhaft wird ein Händler (bzw. Produzent) eine Ware nur dann zu verkaufen bereit sein, wenn er den „natürlichen" oder „normalen" Preis der Ware erzielt. Dabei handelt es sich um jenen Preis, der eine Verzinsung des Kapitals in Höhe der konkurrenzwirtschaftlich einheitlichen Profitrate r abwirft. Die Normalpreisgleichungen (4) und (5) bringen auch Smiths Gegnerschaft gegenüber der landläufigen Meinung zum Ausdruck, Profit sei „nur ein anderer Name für den Lohn einer besonderen Art von Arbeit, der Arbeit der Aufsicht und Leitung." Nichts dergleichen: Profit sei „etwas völlig anderes, wird von ganz anderen Grundsätzen bestimmt und steht in keinem Verhältnis zu Menge, Anstrengung oder geistigem Aufwand dieser vermeintlichen Arbeit der Aufsicht und Leitung. Er wird ganz und gar vom Wert des aufgewendeten Kapitals bestimmt und ist je nach dem Umfang dieses Kapitals größer oder kleiner" (*WN* I.vi.6). Es gilt bezüglich der unter Konkurrenzbedingungen im Gewerbe j erzielten Profitrate r_j ($j = 1, 2, \ldots, n$) demnach dass diese bei freier Konkurrenz tendenziell gleich den in den anderen Gewerben erzielten Profitraten und gleich der allgemeinen Profitrate r ist:

$$\text{Profitrate}_j = \text{Profit}_j \,/\, \text{Eingesetztes Kapital}_j = r_j = r.$$

Profit sei vergleichbar der Teilhabe eines Aktienbesitzers an den ausgeschütteten Gewinnen pro rata des Werts seines Aktienpakets.

Der tendenzielle Ausgleich der Profitraten ist der *zentripetalen* Kraft der Konkurrenz geschuldet. (Auf die von ihr ausgehende zentrifugale Kraft kommen wir später zu sprechen.) Diese verleiht dem System Kohärenz und Ordnung, indem sie das Verhalten der Akteure konditioniert: „Freier und allgemeiner Wettbe-

10 Märkte müssen bestreitbar („contestable") sein. (Die Theorie der „Contestable Markets" hat hierfür abstrakte Bedingungen formuliert.)

werb *zwingt* jeden dazu, sich im Interesse der Selbsterhaltung" um kostenminimierendes Wirtschaften zu bemühen (*WN* I.xi.b.5).[11]

Gravitation der Marktpreise. Was bedeutet dies? Smith erläutert: „Der Marktpreis jeder einzelnen Ware wird durch das Verhältnis zwischen der tatsächlich auf den Markt gebrachten Menge und der Nachfrage derjenigen bestimmt, die bereit sind, den natürlichen Preis der Ware zu bezahlen, also den gesamten Wert von Rente, Arbeitslohn und Profit, die bezahlt werden müssen, um sie dorthin zu bringen." Diese Nachfrage nennt Smith „effektive Nachfrage (*effectual demand*), denn sie reicht aus, um die Anlieferung der Ware auf den Markt zu bewerkstelligen" (*WN* I.viii.8). Angenommen, die Marktzufuhr einer Ware sei größer (kleiner) als die effektive Nachfrage nach ihr, dann wird ihr Marktpreis unter (über) das natürliche Niveau fallen (steigen). Dies aber bedeutet, dass einzelne Preiskomponenten – Lohn, Profit oder Rente – unter (über) ihrem natürlichen Satz zu liegen kommen (*WN* I.vii.13). Dies wiederum führt dazu, dass es im fraglichen Gewerbe zu einem Abzug (Zuzug) von Arbeitskräften, Kapital oder Boden kommt, damit aber zur Verringerung (Vergrößerung) der auf den Markt gebrachten Warenmenge sowie zu deren Anpassung an die effektive Nachfrage. Über die *Mobilität* von Arbeit, Kapital und Boden ändern sich die Produktionsmengen der verschiedenen Waren, die Preise und die Verteilungsvariablen und es kommt zur Bewegung der Marktpreise in Richtung der natürlichen Niveaus: „Der natürliche Preis ist daher gleichsam der Zentralpreis, dem die Preise aller Waren beständig zustreben" (*WN* I.vii.15). Mit Begriffen Sir Isaac Newtons spricht Smith von der „Gravitation" der Preise zu den natürlichen Niveaus und deren „Oszillation" um diese.[12]

Verbesserungen in Technik und Organisation infolge von Innovationen ändern die Attraktoren der Preise und Verteilungsvariablen (*WN* I.vii.33). Smith vertritt dabei die Auffassung, dass sich neues Wissen zwar temporär, nicht aber dauerhaft geheim halten lässt. Die Nutzer neuen Wissens profitieren von den über den neuen (niedrigeren) Niveaus der natürlichen Preise stehenden Marktpreisen und erzielen eine Zeitlang „außerordentliche" oder *Extraprofite*. Der fragliche Fall ist demjenigen eines (temporären) Monopols vergleichbar (*WN* I.vii.26).

11 Marx sollte später ganz in diesem Sinne vom „Zwangsgesetz der Konkurrenz" sprechen.

12 Bei Monopolen hingegen können die Marktpreise durch die Beschränkung der Konkurrenz dauerhaft über den natürlichen Niveaus bleiben und so den Inhabern des Monopols überdurchschnittliche Profite bescheren.

Lohn, Profit und Rente

In *WN* I.viii-xi behandelt Smith zunächst die Bestimmungsgründe der drei „ursprünglichen“ Einkommensarten der kommerziellen Gesellschaft – Lohn für einfache Arbeit, Profit und Grundrente. Danach wendet er sich den Ursachen für dauerhafte Unterschiede in Lohnsätzen und Profitraten zu. Diese sind einerseits dem Wesen der betreffenden Gewerbe geschuldet und andererseits die Folge wirtschaftspolitischer Maßnahmen.

Auffällig ist, welch große Rolle die relative *Macht* der verschiedenen Klassen der Gesellschaft (bzw. von Gruppierungen darin) in Smiths Theorie der Einkommensverteilung spielt. Deren Verhandlungsposition in Auseinandersetzungen um die Verteilung hängt davon ab, wie dringend sie der produktiven Ressourcen bedürfen, die sich im Eigentum der jeweiligen anderen Klassen befinden. Sie hängt damit auch davon ab, ob die Wirtschaft wächst, stagniert oder schrumpft.

Löhne. „Der Ertrag der Arbeit bildet das natürliche Entgelt oder den Lohn der Arbeit“ (*WN* I.viii.1). Der Arbeiter erhalte jedoch nur im frühen und rohen Stadium der Gesellschaft den gesamten Ertrag. In späteren Stadien müsse er ihn sich mit Grundbesitzern und Kapitaleignern teilen: Grundrente und Profit würden vom Ertrag „abgezogen“. Da dieser dann aber größer sei, ist das Realeinkommen des Arbeiters nicht geringer. Zu den Abzügen komme es, da die Arbeiter im Unterschied zu den Grundherren und Kapitaleignern außer ihrer Arbeitskraft nichts besitzen und darauf angewiesen sind, Boden sowie Produktions- und Unterhaltsmittel vorgestreckt zu bekommen (*WN* I.viii.8). Diese erhielten die Arbeiter aber nicht umsonst.

Um die analytische Struktur des Smithschen (und generell des klassischen) Ansatzes in der Verteilungsfrage zu verstehen, der sich stark vom heute dominanten neoklassischen unterscheidet, sind folgende Beobachtungen angebracht. Rente und Profit sind stofflich gleich dem gesellschaftlichen Surplus, der verbleibt, nachdem vom Gesamtprodukt eines Jahres alle im Zuge der Produktion verbrauchten Produktionsmittel sowie die zum Unterhalt der Arbeitskräfte benötigten Subsistenzmittel abgezogen worden sind. Sind die Reallöhne einmal bestimmt, dann ergeben sich die Besitzeinkommen als *Residualgrößen.* Dies ist das *surplustheoretische Erklärungsprinzip* der Einkommensverteilung der klassischen Autoren. Lohn, Rente und Profit werden demnach in *asymmetrischer* Weise bestimmt, anders als in der Neoklassik, in der die drei Größen symmetrisch durch Angebot und Nachfrage nach den drei Faktoren bestimmt begriffen werden. (Näheres hierzu findet sich bei Kurz und Salvadori 1995).

Die Lohnbestimmung steht deshalb am Beginn der Smithschen Verteilungstheorie. „Was der gewöhnliche Arbeitslohn ist, hängt überall von dem Vertrag ab, der üblicherweise zwischen diesen beiden Parteien geschlossen wird, deren Interessen keineswegs dieselben sind. Die Arbeiter wünschen, soviel wie möglich zu bekommen, die Arbeitgeber, sowenig wie möglich zu geben. Jene sind darauf eingestellt, sich abzusprechen, um die Arbeitslöhne zu steigern, diese, um sie zu drücken" (*WN* I.viii.11). Wer wird in diesem „Streit" die Oberhand behalten? Für Smith liegt die Antwort auf der Hand, und zwar aus drei Gründen: „Die Arbeitgeber, deren Zahl geringer ist, können sich viel leichter absprechen; und außerdem gestattet das Gesetz ihre Absprachen, während es die der Arbeiter untersagt." Schließlich können die Arbeitgeber angesichts ihres Vermögens in Streitfällen „viel länger aushalten", während viele Arbeiter „sich ohne Beschäftigung nicht eine Woche ... erhalten könnten" (*WN* I.viii. 12).

Mit dem ersten Grund spricht Smith das Problem kollektiven Handelns an, das kleine Gruppen wegen der leichteren Organisierbarkeit ihrer Interessen im Vorteil sieht. Der zweite Grund rekurriert auf die damaligen gesetzlichen Gegebenheiten, die die Arbeiter benachteiligten. Der dritte schließlich stellt auf die Nachteile ab, die einerseits die Arbeiter und andererseits die „Masters" im Fall von Arbeitsniederlegungen erleiden. In einer jeden Hinsicht sieht Smith die Arbeitgeber der damaligen Zeit im Vorteil. Insbesondere befänden sich „die Arbeitgeber immer und überall in einer Art stillschweigender, aber fortwährender und gleichbleibender Absprache, die Arbeitslöhne nicht steigen zu lassen". Der Umstand, dass man hierüber nichts hört, besage nur, dass es sich um den „üblichen und sozusagen natürlichen Zustand der Dinge" handelt. Absprachen, den Lohn unter das gegebene Niveau zu senken, würden „immer in größter Stille und Heimlichkeit betrieben". Anders der Fall, in dem Arbeiter sich absprechen. Sie agierten laut und häufig komme es zu Ausschreitungen. „Sie sind verzweifelt und handeln mit der Unbedachtheit und Maßlosigkeit Verzweifelter, die entweder verhungern müssen oder ihre Arbeitgeber so in Schrecken versetzen müssen, dass diese ihren Forderungen unverzüglich nachkommen" (*WN* I.viii.13).

Rente und Profit sind Besitzeinkommen pur. Sie stellen „Abzüge" vom Produkt der Arbeit dar. Diese müssen die Arbeiter auf Grund ihrer schwachen Verhandlungsposition in der Auseinandersetzung um die Verteilung des Produktionsergebnisses hinnehmen. Außer ihrem Arbeitsvermögen besitzen sie nichts und haben in Verteilungskonflikten nicht die Mittel, um länger auszuharren.

Der Lohn für einfache ungelernte Arbeit dürfe aber dauerhaft nicht ein gewisses Niveau unterschreiten, denn andernfalls könnte „die Gattung solcher Arbeiter die erste Generation nicht überdauern“ (*WN* I.viii.15). Dies sei auch ganz im Interesse der Arbeitgeber, denn auf lange Sicht brauchen diese die Arbeiterschaft – ohne sie kein Profit.

Die wirtschaftliche Dynamik nimmt auf den Reallohn Einfluss. In stagnierenden Ökonomien sei der Lohn niedrig und falle möglicherweise, während er in sich schnell entwickelnden Ökonomien hoch sei und weiter steige (*WN* I.viii.16-17). In seiner diesbezüglichen Erörterung kommt Smith auf ein charakteristisches Merkmal der klassischen Theorie zu sprechen: die *langfristige Endogenität der verfügbaren Arbeitsmenge*. Deren Ursache ist bei ihm ein auf die unteren Schichten der Bevölkerung zutreffendes *Bevölkerungsgesetz*. (Bei späteren Autoren wie ansatzweise bereits bei Ricardo und dann bei Marx schafft sich das System die für die Expansion benötigten Arbeitskräfte vor allem über arbeitsfreisetzenden technischen Fortschritt.) Die moderne Gesellschaft erzeugt das für die ökonomische Expansion benötigte Arbeitsvolumen aus sich selbst heraus. Das Wachstum der „Nachfrage nach Händen“ hängt direkt von der Rate der Kapitalakkumulation ab (*WN* I.viii.21). Übertrifft dieses Wachstum das der Arbeitsbevölkerung, so durchbrechen die Arbeitgeber ihre Absprache, die Löhne nicht zu erhöhen. „Die reichliche Entlohnung der Arbeit ist daher ebensowohl notwendige Folge wie natürliches Anzeichen wachsenden volkswirtschaftlichen Reichtums“ (*WN* I.viii.27).

Hohe Löhne. Der „allgemeinen Klage, dass der Luxus sich sogar bis in die untersten Volksschichten erstrecke“, schließt sich Smith nicht an: „Dienstboten, Hilfsarbeiter und Handwerker verschiedener Art bilden den weit überwiegenden Teil jedes großen Staatswesens. Was aber die Lebensbedingungen des überwiegenden Teiles verbessert, kann nie als Nachteil für das Ganze angesehen werden. Es kann sicherlich keine Gesellschaft gedeihen und glücklich sein, deren Mitglieder zum weit überwiegenden Teil arm und unglücklich sind. Es ist außerdem nur recht und billig, dass diejenigen, die für den ganzen Volkskörper Nahrung, Bekleidung und Wohnung schaffen, einen genügend großen Anteil am Ertrag ihrer eigenen Arbeit haben sollten, um sich selbst leidlich gut ernähren, kleiden und unterbringen zu können“ (*WN* I.viii.36).

Wenn aber der Reallohn steigt, dann beschleunigt sich wegen der besseren Versorgung der Bevölkerung deren Wachstum. „Jede Tierart vermehrt sich natürlich entsprechend ihrem Nahrungsangebot“, und dies gelte cum grano salis auch für „die unteren Volksschichten“ (*WN* I.viii.39). Smith folgert: „*Auf diese Weise regelt die Nachfrage nach Menschen, wie die nach jeder anderen Ware, notwendig die Erzeugung von Menschen: beschleunigt sie, wenn sie zu langsam ist, und hält sie an, wenn sie zu rasch fortschreitet.* Diese Nachfrage regelt und bestimmt den Stand der Bevölkerung in all den verschiedenen Ländern der Welt, in Nordamerika, in Europa und in China – so dass diese im ersten rasch zunimmt, im zweiten langsam und allmählich und im dritten völlig stationär ist" (*WN* I.viii.40). *Das Kapital schafft sich die Arbeitsbevölkerung, die es für die eigene Expansion benötigt.*

Kommen Sklaven oder freie Arbeiter den Herrn billiger? Smiths Antwort ist eindeutig: Die vom Lohn ausgehende Anreizwirkung führe dazu, dass „die von freien Menschen geleistete Arbeit letztlich billiger ist als die von Sklaven" (*WN* I.viii. 41 und 44). Schon aus rein ökonomischen Gründen ist Smith daher ein erbitterter Gegner der Sklavenhaltung.

Smith fasst seine Überlegungen wie folgt zusammen: „Wie also die reichliche Entlohnung der Arbeit einerseits die Wirkung wachsenden Reichtums ist, ist sie andererseits die Ursache des Bevölkerungswachstums. Darüber zu jammern heißt die notwendige Wirkung und Ursache des größten öffentlichen Wohlstands zu beklagen" (*WN* I.viii.42). In einer wachsenden Wirtschaft sei die Lage der Arbeiter „am glücklichsten und bequemsten; sie ist schwierig in einer Zeit des Stillstandes und erbarmungswürdig in einer des Niedergangs" (*WN* I.viii.43).

Höhere Löhne seien nicht notwendigerweise zum Schaden für die Arbeitgeber, da die Produktivität der Arbeit positiv mit dem Reallohnsatz korreliert ist: „Wo der Lohn hoch ist, werden wir dementsprechend immer feststellen, dass die Arbeiter tatkräftiger, eifriger und flinker sind als dort, wo er niedrig ist" (*WN* I.viii.44). Anreize zu Anstrengung und Fleiß seien wichtig, können aber über das Ziel hinausschießen, wie im Fall eines „großzügigen Stücklohns", der die Arbeiter dazu anstachelt, „sich zu überarbeiten und ihre Gesundheit und Körperkraft in wenigen Jahren zu ruinieren" (*WN* I.viii.44). Smith mahnt: „Wollten die Arbeitgeber immer auf die Eingebung der Vernunft und der Menschlichkeit hören, so hätten sie bei vielen ihrer Arbeiter häufig Anlass, deren Arbeitseinsatz eher zu mäßigen, als ihn anzuspornen" (*WN* I.viii.44). (Ganz ähnlich sollte später Johann Heinrich von Thünen argumentieren.)

Kapitalprofit. Die gleichen Gründe, die die Entwicklung des Reallohnes steuern, steuern auch diejenige der allgemeinen Profitrate, aber „sie wirken im einen Fall ganz anders als im anderen", denn: „Die Zunahme des Kapitals, die den Lohn steigen lässt, senkt tendenziell den Profit" (*WN* I.ix.1-2) – gemeint ist die Profitrate.

Smith ist der Überzeugung, dass sich unter Konkurrenzbedingungen eine Tendenz zu einer *einheitlichen* Profitrate auf den Wert des eingesetzten Kapitals über alle Wirtschaftszweige hinweg ergibt. Die im Zuge der Arbeitsteilung *dynamisch steigenden Skalenerträge* ändern hieran nichts (Allyn Young, 1928). Smith geht offenbar implizit davon aus, dass die Skalenerträge *firmenextern* sind: Sie erhöhen die Produktivität größerer Bereiche der Wirtschaft und nicht nur die einzelner Firmen. Wären die Skalenerträge firmenintern, so hätte die größte Firma wegen der Kostendegression Vorteile gegenüber ihren Konkurrentinnen und könnte diese aus dem Markt drängen; übrig bliebe ein natürliches Monopol. Dieser Fall spielt in Smiths Argument indes keine Rolle. Wissens- und Technologievorsprünge begründen temporäre, aber keine permanenten Monopole.

Fall der Profitrate. Weshalb tendiert in Smithscher Sicht die allgemeine Profitrate dazu zu fallen? „Wenn die Kapitale vieler reicher Kaufleute im selben Handelszweig angelegt werden, senkt ihr wechselseitiger Wettbewerb natürlich tendenziell den Profit; und wenn in all den verschiedenen Gewerben, die in ein und derselben Gesellschaft betrieben werden, die Kapitale im gleichen Maße zunehmen, muss der gleiche Wettbewerb in ihnen allen die gleiche Wirkung haben" (*WN* I.ix.2).

Die Begründung überzeugt nicht. Unter Bedingungen freier Konkurrenz kommt es, wie gesagt, über die Mobilität von Kapital (und Arbeit) zu einem tendenziellen Ausgleich der Profitrate über alle Sektoren hinweg. Hierauf bezieht sich offenbar der erste Teil des Smithschen Arguments: Ein Gewerbe, das eine überdurchschnittlich hohe Profitrate aufweist, lockt Kapital an, was die gewerbespezifische Profitrate in Richtung der allgemeinen Rate senkt (so wie aus einem Gewerbe mit unterdurchschnittlicher Profitrate Kapital abwandert und die dortige Profitrate steigen lässt). Smith überträgt dieses auf einen Teilbereich der Wirtschaft gemünzte Argument nun in unzulässiger Weise auf die Gesamtwirtschaft. Freie Konkurrenz ist bei Smith bereits die stärkste Form der Konkurrenz; sie kann für sich genommen die Profitrate ausgleichen, aber nicht ihre Höhe bestimmen.

Später ergänzt Smith sein Argument um den Hinweis, dass wegen der sich angeblich intensivierenden Konkurrenz nicht nur die Preise zu sinken tendieren, sondern wegen der rasch zunehmenden Nachfrage nach produktiver Arbeit die Löhne zu steigen. Auf diese Weise werde der Profit „an beiden Enden beschnitten" (*WN* II.iv.8). Dieses Argument ist von größerem Interesse. Allerdings ist der bloße Anstieg der Reallöhne, wie zuvor gesehen, kein hinreichender Grund für einen Fall der Profitrate, denn eine wachsende Arbeitsproduktivität kann den Anstieg der Reallöhne bis zu einem gewissen Grad akkommodieren, ohne die Profitrate zu beschneiden (*WN* I.viii.57).

Die empirische Ermittlung der allgemeinen Profitrate sei ein höchst schwieriges Unterfangen. Über den an einem gewissen Ort zu einer gewissen Zeit herrschenden Geldzinssatz lasse sich eine gewisse Vorstellung von ihr gewinnen, denn der Zins sei ein aus dem Profit abgeleitetes Einkommen und schwanke mit diesem (*WN* I.ix.4).

Einkommensverteilung und relative Preise. Hohe Profite haben andere Auswirkungen auf die Preise als hohe Löhne. Smith erkennt die Bedeutung von Zinseszins, aber seine Bemerkungen nähren neuerlich Zweifel, dass ihm der gegenläufige Zusammenhang von Profitrate und Lohnsatz für gegebene technische Verhältnisse der Produktion wirklich klar war. Er schreibt: „In Wirklichkeit werden hohe Profite viel eher zu einer Preiserhöhung der Arbeitserzeugnisse führen als hohe Löhne“ (*WN* I.ix.24). Rufen wir uns die Reduktion der Preise auf datierte Arbeitsmengen im Abschnitt „Markt, Koordination, Wert und Geld“ in Erinnerung. „Jener Teil des Warenpreises“, fährt er fort, „der zu Lohn wird, würde auf jeder einzelnen Erzeugungsstufe nur im arithmetischen Verhältnis zu dieser Lohnerhöhung steigen.“ Ein Blick auf Gleichung (4) bestätigt dies. „Würden hingegen die Profite all der verschiedenen Arbeitgeber dieser Arbeiter um fünf Prozent erhöht, so würde jener Teil des Warenpreises, der zu Profit wird, auf jeder einzelnen Erzeugungsstufe im geometrischen Verhältnis zu dieser Gewinnerhöhung steigen.“ Diese Aussage besteht die Konfrontation mit Gleichung (4) ebenso wie die folgende: „Bei der Erhöhung des Preises der Waren wirkt die Lohnerhöhung in derselben Weise wie der einfache Zinssatz beim Auflaufen einer Schuld. Die Gewinnerhöhung wirkt wie Zinseszinsen.“ Was fehlt, ist die Berücksichtigung der inversen Beziehung zwischen w und r. Um über die Wirkung eines Anstiegs (Falles) einer der beiden Verteilungsgrößen auf die Preise etwas aussagen zu können, differenzieren wir Gleichung (1) nach der Profitrate:

$$\mathrm{d}\mathbf{p}/\mathrm{d}r = \mathbf{Ap} + w\mathbf{l} + (1 + r)\mathbf{A}(\mathrm{d}\mathbf{p}/\mathrm{d}r) + (1 + r)(\mathrm{d}w/\mathrm{d}r)\mathbf{l}$$

Zwei Kräfte wirken auf die Preise: die Veränderung des Lohnsatzes *und* die damit notwendig einhergehende *gegenläufige* Veränderung der Profitrate

($dw/dr < 0$).[13] Welche Preise (ausgedrückt in Korn) infolge einer Verteilungsveränderung von einer gegebenen Ausgangssituation aus steigen und welche sinken, hängt von (**A**, **l**) ab.

Lohn- und Profitratendifferentiale. Natürliche und wirtschaftspolitische (oder künstliche) Gründe seien verantwortlich dafür, dass Löhne und Profitraten nicht einheitlich sind. Die natürlichen Gründe liegen in den Besonderheiten der verschiedenen Verwendungsrichtungen von Kapital und Arbeit, die künstlichen in den durch staatliche Monopole verursachten Verwerfungen (*WN* I.x.a.1).

Natürliche Ursachen. Die wichtigsten natürlichen Ursachen sind: 1. die Annehmlichkeit der Arbeit; 2. die Kosten ihrer Erlernung; 3. die Beständigkeit der Beschäftigung; 4. das Maß an Vertrauen, das in die Arbeitskräfte gesetzt werden muss; sowie 5. die Wahrscheinlichkeit des Erfolges im Beruf.

Der Henker liefert ein besonders markantes Beispiel für die *erste* Ursache. Es sei „die abscheulichste aller Beschäftigungen", die jedoch „im Verhältnis zur Menge der geleisteten Arbeit besser bezahlt ist als jedes andere gewöhnliche Gewerbe" (*WN* I.x.b.2).

Hinsichtlich des *zweiten* Grundes sieht Smith eine Analogie zwischen einer kostspieligen Maschine und einem ausgebildeten Arbeiter und folgert: „Die Arbeit, die er zu tun lernt, wird ihm über den üblichen Lohn ungelernter Arbeit hinaus die gesamten Ausgaben für seine Ausbildung mit zumindest dem gewöhnlichen Profit eines gleichwertigen Kapitals ersetzen" (*WN* I.x.b.6-7).

Unterschiede zwischen Menschen beruhen Smith zufolge weit stärker auf Unterschieden in Sozialisation und Ausbildung als auf solchen in Talent. Die Vergütung besonderer Talente erfolge häufig nicht in Geld, sondern in Form von „Reputation" und „öffentlicher Bewunderung". Die Einkommen in mehreren freien Berufen folgten einer Art Lotterie, in der der Gewinner (beinahe) alles erhält und der Rest (fast) nichts (*WN* I.x.b.22-24).

Hinsichtlich des *dritten* Grundes verweist Smith auf den Umstand, dass manche Arbeiten nur zu gewissen Zeiten erfolgen können (z.B. Aussaat und Ernte),

13 Es sei $\mathbf{e}_1$ ein n-dimensionaler Vektor, dessen erste Komponente, Korn betreffend, gleich 1 ist und dessen übrige Komponenten gleich 0 sind. Misst man alle Wertgrößen in Einheiten von Korn, dann ist dies gleichbedeutend mit der Setzung $\mathbf{e}_1\mathbf{p} = 1$ (Wertmaßgleichung). Löst man nun Gleichung (1) im Abschnitt „Markt, Koordination, Wert und Geld" nach $\mathbf{p}$ auf, so erhält man $\mathbf{p} = (1 + r)w[\mathbf{I} - (1 + r)\mathbf{A}]^{-1}\mathbf{l}$, mit $\mathbf{I}$ als Einheitsmatrix. Eingesetzt in die Wertmaßgleichung und aufgelöst nach w ergibt den gesuchten inversen Zusammenhang zwischen w und r, der von den technischen Bedingungen der Produktion (**A**, **l**) abhängt.

während der Arbeiter in der restlichen Zeit entweder völlig beschäftigungslos ist oder sich mit Gelegenheitsarbeiten durchschlagen muss. Der Lohn müsse es dem Arbeiter erlauben, sich und seine Familie während des ganzen Jahres zu ernähren (*WN* I.x.b.12).

Der *vierte* Grund betrifft den unterschiedlichen Grad an Vertrauen, das in den Arbeiter in verschiedenen Gewerben gesetzt werden muss. Je teurer die Materialien und Maschinen, desto größer der Schaden im Falle seiner Illoyalität. Höhere Löhne sollen die Loyalität des Arbeiters zur Firma stärken. Neben den hohen Ausbildungskosten erkläre das nötige Vertrauen in den Arzt dessen hohes Einkommen. Smith spricht in diesem Zusammenhang neuerlich das Problem asymmetrischer Information und moralischen Risikos (*moral hazard*) an. Die Regulierung von Märkten, wenn sie gut ist, verringert Informationsasymmetrien und damit die Gefahr, getäuscht zu werden. Darüber hinaus macht er darauf aufmerksam, dass die Überwachung der Arbeiter kostspielig und unvollständig ist. Übernormal hohe Löhne sollen verhindern, dass die Arbeiter nachlässig werden. Er antizipiert so die Grundidee der Theorie der „Effizienzlöhne“ (Akerlof und Yellen, 1986).

Vertrauen in Wirtschaft und Gesellschaft. Die große Rolle des *Vertrauens* für Wohlstand und Entwicklung durchzieht das gesamte Werk Smiths. Wenn Korruption und Unterdrückung zu- und Fairness und Gerechtigkeit abnehmen, dann lähmt dies die Gesellschaft, verringert das Wirtschaftswachstum und endet in Stagnation oder gar Rückschritt.

Der *fünfte* Grund betrifft die unterschiedlichen Aussichten auf Erfolg in verschiedenen Berufen. Im Lohn müsse das eingegangene Risiko berücksichtigt werden.

Kompensierende Lohndifferentiale. Die referierten Überlegungen zeigen, dass die Produktivität eines Arbeiters für die Höhe des ihm gezahlten Lohnes nur ein Moment unter vielen ist. Andere Momente sind in Smiths Theorie kompensierender Lohndifferenziale von Bedeutung und mitunter sogar von überragender Bedeutung. Eine Lohnerklärung auf der Basis des Grenzproduktivitätsprinzips findet man bei ihm nicht.

Hinsichtlich der Erklärung von dauerhaften *Profitratendifferentialen* seien vor allem „die Annehmlichkeit oder Unannehmlichkeit des Geschäfts und das mit ihm verbundene Risiko oder die Sicherheit“ (*WN* I.x.b.34) von Bedeutung. Der Profit, so Smith, steige mit dem Risiko, aber „nicht immer im Verhältnis dazu“.

Die riskantesten Zweige seien zugleich die einträglichsten – und lockten so manchen Wagemutigen ins Verderben. Am riskantesten seien der Schmuggel (*WN* I.x.b.33) und der „Spekulationshandel" (*WN* I.x.b.38).

Innovationen. Smith ist vorgeworfen worden, die Bedeutung der Industriellen Revolution und des sich in der Folge ergebenden *permanenten* technologischen und organisatorischen Wandels nicht erkannt zu haben. Insbesondere sei er sich der Tragweite der zunehmenden Mechanisierung der Produktion nicht bewusst gewesen. Gewiss sieht Smith die eine oder andere Entwicklung gar nicht oder schätzt sie falsch ein. Insbesondere erkennt er nicht die Bedeutung der Industrie als *engine of growth.* Für ihn erzeugt sie im Wesentlichen Konsumgüter des gehobenen Bedarfs, aber nicht Investitionsgüter, die die Produktivität im gesamten System erhöhen. Er bleibt diesbezüglich physiokratischen Vorurteilen verhaftet. Obzwar grundsätzlich dazu geeignet, ein entwickeltes kapitalistisch-industrielles System abstrakt-theoretisch abzubilden, bleibt seine konkrete Analyse aufgrund der unterstellten spezifischen intersektoralen Verflechtung ganz in der Vorstellungswelt des Zeitalters des Korns stecken. Der Ansatz selbst ist indes allgemein genug, um das neu heraufkommende Zeitalter von Kohle und Eisen analytisch zu durchdringen, und weist damit über Smiths eingeschränkte Verwendung desselben hinaus. Es bestätigt sich aufs Neue: Die Beiträge großer Ökonomen enthalten mehr an Einsichten und Anwendungsmöglichkeiten als diesen selbst bewusst ist – die Reichweite ihres Denkens übersteigt ihr eigenes zeit- und ortsgebundenes Verständnis. Dies sollte sich in den Schriften der auf Smith aufbauenden Interpreten und Kritiker eindrucksvoll bestätigen.

Smith sieht wie kaum ein anderer vor ihm, dass der sich im Zuge der Arbeitsteilung herausbildende Forschungs- und Entwicklungssektor auf die *anhaltende* Schaffung neuen ökonomisch nutzbaren Wissens hinausläuft. Der dadurch ausgelöste Prozess der permanenten technologischen und organisatorischen Revolution betrifft die Wirtschaft als Ganze. In einer bemerkenswerten Passage heißt es: „Die Einführung eines neuen verarbeitenden Gewerbes, eines neuen Handelszweigs oder eines neuen Verfahrens in der Landwirtschaft ist stets eine Spekulation, von der sich der Unternehmer (*projector*) selbst außerordentliche Profite verspricht. Diese Profite sind manchmal sehr groß und manchmal, häufiger vielleicht, ganz das Gegenteil; aber im allgemeinen stehen sie in keinem festen Verhältnis zu den in anderen, alten Gewerben und in der Nachbarschaft erzielten. Ist das Projekt erfolgreich, sind die Profite zunächst üblicherweise sehr hoch. Ist das Gewerbe oder Verfahren dann allgemein eingeführt und wohlbekannt, lässt die Konkurrenz sie auf das Niveau in anderen Erwerbszweigen sinken“ (*WN* I.x.b.43).

***Improvements* - *Innovationen*.** Smith spricht den *zentrifugalen* Aspekt des Wettbewerbs an: Um im Konkurrenzkampf zu bestehen, führen Unternehmungen Neuerungen ein, die das System aus alten Bahnen werfen und in neue zwingen. Alle Sektoren der Wirtschaft sind hiervon betroffen: Industrie, Handel und Landwirtschaft. Über die Neuerungen entscheidet der Markt. Sind sie erfolgreich, erzielen die sie einführenden Unternehmungen „Extraprofite". Diese aktivieren zentripetale Kräfte: Über die Nachahmung erfolgreicher Firmen breitet sich das von den Erfindungen verkörperte Wissen mehr oder weniger schnell im gesamten ökonomischen System aus. Der Wettbewerb lenkt die Ökonomie in Richtung einer tendenziell wieder uniformen Profitrate.

Grundrente. Smiths Theorie der Grundrente ist nach Auffassung von Kritikern einer der schwächsten Teile seines Werks – für Ricardo ist sie gar dessen Achillesferse. Dabei trägt er alle für eine konsistente Rententheorie nötigen Bausteine zusammen. Aber es gelingt ihm nicht, diese voll zu entwickeln und in kohärenter Weise in seine Analyse zu integrieren. Zum Verhängnis wird ihm sein physiokratisches Vorurteil wonach es Rente nur gibt, wenn die Natur freigebig ist, und je größer deren Freigebigkeit, desto höher die Rente. Insbesondere Ricardo sollte dagegen setzen: Die Rente ist Ausdruck des „Geizes" der Natur und nicht ihrer Freigebigkeit.

Smith erörtert drei Fälle von natürlichen Ressourcen, unterscheidet diese jedoch analytisch nicht streng voneinander: Ressourcen, die sich nicht erschöpfen; solche, die sich regenerieren können; und solche, die sich notwendigerweise erschöpfen. Wiederholt verwechselt er Rente und Profit.

Landwirtschaftlich genutzter Boden ist annahmegemäß eine sich *nicht erschöpfende* Ressource. Die Rente sei „natürlich ein Monopolpreis", eingehoben von einer relativ kleinen Gruppe von Menschen. Über ihre Höhe entscheidet die Auseinandersetzung zwischen Grundherr und Pächter (*WN* I.xi.a.4). Der Ausgang des Konflikts hänge insbesondere vom Niveau der effektiven Nachfrage nach Bodenprodukten ab. Bei hoher Nachfrage seien deren Preise hoch, infolgedessen könne die Rente einen Preisbestandteil bilden. Die Rente, insistiert Smith, sei die Folge hoher Preise, nicht deren Ursache (*WN* I.xi.a.8). Aber die Art seiner Begründung dieser These lässt sich nicht halten. Erst Ricardo sollte im Rahmen einer konsistenten Theorie der *extensiven Differanzialrente*, in der es um die Kultivierung *qualitativ unterschiedlicher* Böden geht, Klarheit in die Angelegenheit bringen: Um den gesellschaftlichen Bedarf zu decken, sei typischerweise die gleichzeitige Bewirtschaftung mehrerer Qualitäten bzw. Lagen von

Böden nötig (*Qualitäts-* bzw. *Lagerente*). Dabei bestimmt unter allen bebauten Böden jener mit den höchsten Stückkosten den Preis. Dieser Boden wirft aber im Unterschied zu den *intramarginalen* Böden gerade keine Rente ab. Die auf den anderen Böden sich ergebende Differenzialrente je Produkteinheit sei gleich der Differenz zwischen den Stückkosten (einschließlich des Normalprofits) auf dem marginalen und den intramarginalen Böden.

Smith glaubt die landwirtschaftlichen Produkte in zwei große Gruppen einteilen zu können: solche, deren Preise immer eine Rentenkomponente enthalten, und solche, die dies nur gelegentlich tun. Zu ersteren gehören die Grundnahrungsmittel, zu letzteren Kleidung und Unterkunft. Aber seine Darstellung bietet wenig Schlüssiges. Smith ist interessanterweise optimistisch hinsichtlich der Ernährbarkeit einer wachsenden Bevölkerung – eine Auffassung, der schon wenige Jahre später Thomas Robert Malthus mit dem Verweis auf sinkende Ertragszuwächse in der Landwirtschaft entgegentreten sollte. Offenbar spielen Smith zufolge sinkende Ertragszuwächse keine große Rolle oder werden von *improvements* in der Landwirtschaft kompensiert. Smiths Optimismus ist insofern erstaunlich, als er, wie bereits angemerkt, vor der dritten agrikulturellen Revolution schreibt, die mit beträchtlichen, nicht-inkrementalen Produktivitätsfortschritten einhergeht.

Bei *sich erschöpfenden* Ressourcen (Kohle, Mineralien) geht jede Nutzung mit einer Minderung des Bestandes einher. Smith sieht zwar, dass wirtschaftliches Wachstum die allmähliche Ausbeutung von Rohstofflagern zur Folge hat und infolgedessen „nützliche Fossile und Mineralien der Erde usw. sich mit dem Fortschritt der Gesellschaft verteuern“ können, aber er misst dem Problem keine große Bedeutung bei. Zum einen zeige die Erfahrung, dass bei Versiegen einzelner Lagerstätten neue gefunden würden. Zum anderen gebe es zu fast jedem Rohstoff eine Alternative, ein Substitut – er nennt Holz und Kohle als Beispiel (*WN* I.xi.c.15-22). In Bezug auf die als Geld genutzten Edelmetalle biete sich Papiergeld als Lösung des Problems ihrer Verknappung an.

Sein völliges Unverständnis der Bergwerksrente kommt in seiner Behauptung zum Ausdruck, der Preis eines Metalls werde durch die „ergiebigste der tatsächlich abgebauten Lagerstätten der Welt bestimmt“ (*WN* I.xi.c.23). Dies sei der Grund dafür, dass in den weniger ergiebigen heimischen Minen kaum Renten gezahlt würden. Nein, sollte Ricardo protestieren, der Preis wird bestimmt durch die am wenigsten ergiebige Mine (jene mit den höchsten Förderkosten je Tonne Metall), welche zusammen mit anderen Minen abgebaut werden muss, um den Weltbedarf zu decken. Werfen heimische Minen keine Rente ab, dann deshalb, weil sie preisbestimmend und damit rentenlos seien.

Das Kapitel über die Rente enthält einige interessante Betrachtungen jenseits des Hauptthemas, so zum Paradoxon von Wasser und Diamant. Edelmetall und Diamant würden gewiss ihrer Schönheit halber begehrt, bedeutend erhöht werde dieser Vorzug jedoch „noch durch ihre Seltenheit. Für die Mehrzahl der reichen Leute besteht das Hauptvergnügen von Reichtümern in der Zurschaustellung von Reichtümern (*parade of riches*), die in ihren Augen nie so vollständig erfolgt wie dann, wenn diese jene untrüglichen Kennzeichen der Wohlhabenheit aufzuweisen scheinen, die niemand als sie selbst besitzen können" (*WN* I.xi.c.31). Würden viele Produkte gerade dann nachgefragt, wenn sie billig sind, sei es bei Diamanten gerade umgekehrt – je teurer, desto besser. Denn wer auffällig Diamanten und Schmuck trägt, wolle seiner Umwelt Status, Vermögen und Einfluss signalisieren. Konsum ist daher für Smith keine rein private Angelegenheit, bei der es nur um die Beziehung eines Wirtschaftssubjektes zu Gütern und deren Nützlichkeit geht, wie beim Wasser. Konsum ist vielmehr häufig auch oder sogar vorrangig eine soziale Sache. Die Motivations- und Kommunikationsstruktur der Akteure ist komplex und hat wenig mit der schlichten des *homo oeconomicus* gemein.

Produktion, weiß Smith, ist typischerweise nicht Einzel-, sondern *Kuppelproduktion*: Mehrere Dinge werden gleichzeitig erzeugt: Getreide und Stroh, Fleisch, Wolle und Häute, Rum und Melasse usw. Da die Proportionen, in denen die Produkte erzeugt werden, nur begrenzt veränderbar sind, kann es vorkommen, dass von einem relativ zu den anderen mehr erzeugt wird, als der heimische Markt aufnehmen kann. Das im Überschuss erzeugte Produkt erzielt einen Preis von null – Smith formuliert als vielleicht erster Ökonom die *Regel der freien Güter*. Sein Argument bildet zugleich den Auftakt seiner *vent-for-surplus*-Begründung des Außenhandels (vgl. Kurz 1992): „Die Felle der größeren Tiere waren die ursprünglichen Materialien zur Bekleidung. In Jäger- und Hirtenvölkern, deren Nahrung hauptsächlich im Fleisch solcher Tiere besteht, versorgt sich daher jeder Mensch, wenn er sich mit Nahrung versorgt, zugleich mit den Materialien für mehr Kleidung, als er tragen kann. Sofern es keinen auswärtigen Handel gab, musste der größere Teil davon als *Dinge ohne Wert* weggeworfen werden. So war es wahrscheinlich bei den Jägervölkern Nordamerikas, bevor ihr Land von den Europäern entdeckt wurde, mit denen sie nunmehr ihr überschüssiges Produkt gegen Decken, Schusswaffen und Branntwein tauschen, wodurch es einigen Wert erlangt" (*WN* I.xi.c.4).

Kapitalakkumulation und struktureller Wandel

Dreh- und Angelpunkt in Smiths Erklärung von wirtschaftlicher Entwicklung und Wachstum ist die *Kapitalakkumulation* und die dadurch ermöglichte Vertiefung der gesellschaftlichen Arbeitsteilung – Thema von Buch II.

Kapital besteht aus fixen (dauerhaften) und zirkulierenden Teilen, die unterschiedliche Funktionen haben.

Fixes und zirkulierendes Kapital. „Die Akkumulation von Kapital", betont Smith, „muss naturgemäß der Arbeitsteilung vorausgehen" (*WN* II.3) und ist die mittelbare Ursache der Steigerung der Arbeitsproduktivität. Fixes Kapital werfe Profit ab, „ohne seinen Besitzer zu wechseln oder weiter umzulaufen", zirkulierendes Kapital hingegen nur, wenn es umläuft (*WN* II.i.4-5). Fixes Kapital bestehe aus Maschinen, profitablen Gebäuden, Verbesserungen des Bodens und dem, was wir *Humankapital* der Arbeiter nennen (*WN* II.i.14-17); dieses sei teuren, über mehrere Jahre hinweg einsetzbaren Maschinen vergleichbar. Das fixe Kapital entscheide über die *Arbeitsproduktivität* (*WN* II.ii.7). Das zirkulierende oder Umlaufskapital umfasse insbesondere auch die in der Produktion zum Einsatz kommenden Rohstoffe und Unterhaltsmittel für die Arbeitskräfte und entscheide damit über die *Beschäftigungsmenge* (*WN* II.ii.37). Fixes und zirkulierendes Kapital seien komplementär zueinander (*WN* II.i.25). Von ihnen hänge es ab, ob die Menschen eines Landes „reich oder arm sind", wobei Reichtum mit der „reichlichen oder spärlichen Versorgung mit Gütern des unmittelbaren Konsums" gleichgesetzt wird (*WN* II.i.27; vgl. auch IV.viii.49). Smith wird unter Rückgriff auf Stellen wie die zitierte in der modernen Ökonomik gelegentlich als Begründer des Axioms vom Konsum als alleinigem Endzweck der Produktion genannt. Wie aber bereits gesehen, ist für Smith der Konsum ein soziales Ereignis und kann nicht auf eine isolierte Beziehung des Konsumenten zur Güterwelt reduziert werden: Für eine wachsende Zahl von Menschen sind die Steigerung und Zurschaustellung ihres Vermögens – die *parade of riches* – ein bedeutender Zweck.

Reales und monetäres Wachstum. Um eine nachhaltige Versorgung der Gesellschaft mit Konsumgütern zu gewährleisten, müssen die im Zuge der Produktion verbrauchten Kapitalgüter und die im Zuge ihrer Zirkulation abgenutzten Münzen und Banknoten ersetzt werden. Ein wachsendes Sozialprodukt hat einen wachsenden Kapitalstock zur Voraussetzung und eine wachsende Geldmenge zur Folge. Ein derartiges Wachstum setze die „leidliche Sicherheit" von Eigentum und Vermögen voraus. Ist sie gegeben, dann verwendeten die

Menschen ihr Einkommen „entweder zur Erzielung eines gegenwärtigen Genusses oder eines zukünftigen Profits" (*WN* II.i.30) – sie *konsumieren* oder *sparen und investieren*.

Geld. In arbeitsteiligen Ökonomien sei Geld eine überaus nützliche Sache, „das große Rad, das den Umlauf besorgt (*the great wheel of circulation*), und etwas völlig anderes als die Güter, die mit seiner Hilfe umlaufen" (*WN* II.ii.14). Geld ist bei Smith nur *Tauschmittel* und Recheneinheit, nicht aber auch Wertaufbewahrungsmittel. Bei späteren Autoren (John Stuart Mill, Marx, Keynes) sollte die Funktion des Geldes als Wertaufbewahrungsmittel im Fall eines Anstiegs der *Liquiditätsvorliebe* und Kassenhaltung das Tor zur Erklärung wirtschaftlicher Krisen über die sich ergebende Stockung des Wirtschaftskreislaufs aufstoßen.

David Hume hatte vom Geld als „Öl" gesprochen und von der Güterproduktion als „Rad". Smith dreht nicht nur die Humesche Metapher um, er weist auch dessen *Quantitätstheorie* des Geldes zurück, wonach die Geldmenge das Preisniveau bestimmt. Die Geldmenge sei nicht exogen, sondern *endogen*: „Die Menge an Geld, die in einem Land jährlich verwendet werden kann, ist die Wirkung, nicht die Ursache" der wirtschaftlichen Vorgänge (*WN* II.iii.23-24). Ein steigender Bedarf an Geld sei jedoch nicht notwendig auf zusätzliches Edelmetall angewiesen. Innovationen im Bankensektor wie die Einführung von *Papiergeld* schafften Abhilfe. Damit seien aber, wie historische Beispiele belegten – man denke an das System John Laws –, außerordentliche Gefahren verbunden.

Papiergeld. Der Vorteil des Papiergeldes liege auf der Hand: Ressourcen, die vorher in die Edelmetallförderung geflossen seien, werden für andere Zwecke frei, und mittels des nicht mehr benötigten Edelmetalls könnten Materialien und Subsistenzmittel aus dem Ausland eingeführt werden, was Fleiß und Geschäftssinn fördere und die Entwicklung anrege (*WN* II.ii.35).

Der nutzenstiftende Einsatz des Papiergeldes ist indes an die Erfüllung strenger Bedingungen geknüpft, die neuerlich die Bedeutung des *Vertrauens* für das Gelingen des gesellschaftlichen Spiels ins Blickfeld rücken. Diese Bedingungen betreffen sowohl die Qualität der Papiergeld emittierenden Banken, diejenige der Kreditnehmer wie auch die Art der Regulierung des Bankgeschäfts.

Unabdingbar sei zunächst das Vertrauen in das „Vermögen, die Rechtschaffenheit und Vorsichtigkeit (*prudence*)" des Bankiers. Von diesem werde erwartet, dass er jederzeit das von ihm ausgegebene Papiergeld in Edelmetall einlöst (*WN* II.ii.28). Sein Geschäft besteht im Diskontieren von Handelswechseln, und da erfahrungsgemäß ein mehr oder weniger großer Teil der von ihm emittierten Noten im Umlauf blieben, kann er mehr Wechsel diskontieren als er an Edelmetall besitzt (*WN* II.ii.49). Smith sieht einen Geldschöpfungsmultiplikator am Werk. Ihm zufolge ist auch ein automatischer Regelmechanismus am Werk, der überschüssiges Papiergeld in Edelmetall konvertiert, das zum Kauf von Waren ins Ausland abfließt. Aber ist diesem Mechanismus zu vertrauen?

Smith unterscheidet mehrere geldwirtschaftliche Regime: Geld besteht nur aus Edelmetallmünzen, oder es besteht aus Edelmetall und Papiergeld. Letzteres ist entweder vollständig, teilweise oder gar nicht konvertierbar. Bei einer reinen Metallwährung bestimmt sich der Wert des Geldes wie der aller anderen Waren nach den Produktionskosten. Steigen (sinken) die Förder- und Prägekosten zusätzlichen Metalls relativ zu den Produktionskosten anderer Waren, dann verbilligen (verteuern) sich letztere, in Geld ausgedrückt. Steigt das umzuschlagende Volumen an Waren bei gegebener Umlaufgeschwindigkeit der Münzen, dann steigt der Marktwert des Geldes, was einen Anreiz bietet, zusätzliches Edelmetall zu fördern. *Die umlaufende Geldmenge wird demnach anders als in der Quantitätstheorie nicht als exogen gegeben angesehen, sondern aus dem System heraus, endogen, bestimmt und passt sich an das Transaktionsvolumen an.*

Nur hinsichtlich des nicht oder nicht vollständig konvertierbaren Papiergeldes seien Modifikationen des Gesagten angebracht. Die Einführung des Papiergeldes vergleicht Smith ausdrücklich mit „technischem Fortschritt“ (*WN* II.ii.39). Selbst den Plänen des „berühmten Mr. Law“ steht er nicht vollkommen feindselig gegenüber, nennt dessen Ideen „glänzend, aber phantastisch“ (*WN* II.ii.78). Law hatte bekanntlich die Schöpfung von Papiergeld empfohlen, besichert durch den Grund und Boden eines Landes. Die Ausdehnung der Geldmenge sollte die Geschäftstätigkeit anregen und zum Abbau der Staatsschuld beitragen. Der Regent von Frankreich, der Herzog von Orléans, nahm den Plan in modifizierter Form an. Es folgte die Gründung der *Banque Générale* in Frankreich 1716, einer privaten Bank, die sich jedoch zum größeren Teil in Staatseigentum befand, und die die umlaufende Geldmenge schwunghaft ausweitete. Die Gründung einer mit großen Privilegien ausgestatteten Handelskompanie, die Frankreichs Kolonialhandel mit Louisiana monopolisierte, führte zu überschäumenden Gewinnerwartungen und bewirkte eine Aktienhausse, die sogenannte „Mississippi-Blase“, die im November 1719 platze (Murphy 1997). Laws Experiment löste die bis dahin weltweit größte Krise im Banken- und Börsenbereich eines Landes aus, brachte Frankreich an den Rand des Ruins und ließ Law in Ungnade fallen.

Die fast schrankenlose Ausdehnung der Papiergeldmenge konnte Smith selbstverständlich nicht gutheißen. Alles kam auf die umsichtige Implementierung des Papiergeldes an – auf die *judicious operations of banking* (*WN* II.ii.86). In einem einzigen Absatz fällt dieser Begriff viermal! *Ein klug operierendes Bankwesen* ermögliche es dem Land, „totes Kapital in arbeitendes und produktives umzuwandeln." Smith wagt eine kühne Analogie: „Das in einem Land umlaufende Gold- und Silbergeld lässt sich sehr wohl einer Landstraße (*highway*) vergleichen, auf der zwar das gesamte Heu und Korn des Landes befördert und auf den Markt gebracht wird, die selbst aber nicht einen Halm davon hervorbringt. Indem ein klug operierendes Bankwesen eine Art Straße durch die Luft baut (*a sort of waggon-way through the air*) ermöglicht es dem Land gewissermaßen, einen großen Teil seiner Landstraßen in gute Weiden und Kornfelder umzuwandeln und damit den jährlichen Ertrag seiner Böden und seiner Arbeit erheblich zu vergrößern." Die drohenden Gefahren dürften jedoch nicht übersehen werden: Es sei zuzugeben, „dass Handel und Gewerbe des Lande doch … nicht so sicher sein können, wenn sie gewissermaßen an den Dädalusflügeln des Papiergeldes (*Dædalian wings of paper money*) hängen, wie wenn sie auf dem festen Boden von Gold und Silber reisen."[14] Und warnend setzt er hinzu: „Zusätzlich zu den Unglücksfällen, denen sie durch das Ungeschick der Lenker dieses Papiergeldes ausgesetzt sind, müssen sie verschiedene andere gewärtigen, vor denen keine Vorsicht, keine Geschicklichkeit dieser Lenker sie bewahren kann" (*WN* II.ii.86). Nur durch eine kluge Regulierung des Bankgewerbes seien die Wahrscheinlichkeit und das Ausmaß von „Unglücken" zu verringern.

Kredite können allzu leichtfertig an Personen vergeben werden, denen es an Bonität mangelt. Smiths diesbezügliche Warnung liest sich wie ein Kommentar zur jüngsten Finanzkrise: Die Banken seien außerstande, die Bonität ihrer immer zahlreicheren Kreditnehmer zu prüfen; sie hätten es vermehrt mit „verblendeten Spekulanten und Wechselreitern" zu tun, die das Geld in „leichtsinnigen Unternehmungen" (*WN* II.ii.77) verspielten.

Eine weitere Gefahr bestehe darin, dass Personen „zweifelhaften Kredits" Banken gründeten und ihr eigenes Geld in Umlauf brächten. Wenn Papiergeld in auf kleine Beträge lautende Banknoten ausgegeben werden darf, sei der Anreiz hierzu besonders groß. Bei Zahlungsunfähigkeit der Bank gerieten „viele arme Leute" in Not (*WN* II.ii.90). Smith empfiehlt daher, die Ausgabe von Banknoten in kleiner Stückelung zu verbieten. Auf diese Weise ergäben sich zwei relativ unabhängig voneinander bestehende Geldkreisläufe: „der Verkehr der Händler untereinander und der Verkehr zwischen Händlern und Konsumenten"

14 Dädalus, Sohn des Ikarus, kam in seinem Übermut der Sonne zu nahe, woraufhin das Wachs an seinen künstlichen Flügeln schmolz und er ins Meer zu Tode stürzte.

(*WN* II.ii.88), mit Banknoten im ersten Kreislauf und Münzen im zweiten. Die Einführung des Papiergeldes würde folglich entgegen anderslautenden Meinungen nicht die umlaufende Geldmenge erhöhen, denn in dem Umfang, in dem Papiergeld eingesetzt werde, würden Gold und Silber aus dem Verkehr gezogen. Smith widerspricht ausdrücklich den Ansichten David Humes (*WN* II.ii.96). Mit seinen Überlegungen zur Endogenität der Geldmenge antizipiert Smith Vorstellungen, wie sie zu Beginn des neunzehnten Jahrhunderts von Antibullionisten und Anhängern der *Banking School* vertreten werden sollten (vgl. Rieter 1998, Arnon 2012).

Regulierung des Bankgewerbes. Angesichts der vom Bankensektor ausgehenden Gefahren für Wirtschaft und Gesellschaft insgesamt befürwortet Smith dessen Regulierung: „Diejenige Ausübung der natürlichen Freiheit einiger weniger, welche die Sicherheit der ganzen Gesellschaft gefährden könnte, wird und muß von den Rechtsordnungen aller Staaten verhindert werden – der freiesten ebenso wie der despotischsten. Die Verpflichtung zur Errichtung von Brandmauern, um das Übergreifen von Bränden zu verhüten, ist ein Verstoß gegen die natürliche Freiheit von genau der gleichen Art wie die hier vorgeschlagenen Regulierungen des Bankgewerbes" (*WN* II.ii.94). *Sicherheit und Wohlstand des Ganzen sind wichtiger als die Freiheit des Einzelnen*. Eigeninteressiertes und selbstsüchtiges Verhalten führen nur dann zu gesellschaftlich segensreichen Wirkungen, wenn menschliche Institutionen Eigeninteresse und Selbstsucht entsprechend zügeln und lenken.

Produktive und unproduktive Arbeit. François Quesnay unterscheidet im *Tableau Économique* zwischen „produktiver" und „unfruchtbarer Klasse" und bezieht sich damit auf die originäre Produktion (insbesondere Landwirtschaft) einerseits und das Verarbeitende Gewerbe andererseits. Die Behandlung der Klasse der Handwerker, Manufakturarbeiter und Kaufleute als völlig unproduktiv ist für Smith der „Hauptfehler" des physiokratischen Systems (*WN* IV.ix.29). Er ersetzt die physiokratische Unterscheidung durch folgende: „Es gibt eine Art von Arbeit, die dem Wert des Gegenstandes, auf den sie verwendet wird, etwas hinzufügt; es gibt eine andere, die keine solche Wirkung hat" (*WN* II.iii.1). Erstere nennt er „produktiv", die zweite „unproduktiv". Allerdings verwendet er zwei weitere Definitionen, die nicht völlig mit der genannten übereinstimmen. So stellt er neben der *Wert*schöpfung der Arbeit auf die *Dauerhaftigkeit* des Erzeugten ab. Eine dritte Definition schließlich fragt danach, ob eine Arbeit ihren Auftraggeber etwas kostet oder nicht. Im Fall der produktiven Arbeit strecke der Herr zwar den Lohn vor, „aber in Wirklichkeit kostet er ihn nichts", denn im Wert des entstehenden Produkts erhalte er den Lohn nebst Profit zurück (*WN* II.iii.1). Nicht so im Fall des häuslichen Dienstboten.

Die Smithsche Liste der Unproduktiven ist lang und reicht vom Landesherrn über die Land- und Seestreitkräfte, Geistlichen, Juristen, Ärzte, Schauspieler, Komiker, Musiker, Opernsänger, Balletttänzer usw. bis hin zu seinem eigenen Berufstand – „ihrer aller Leistung geht im Augenblick der Produktion unter" (*WN* II.iii.2). Was aber, wenn Professor Smith mit seiner Lehre in den Köpfen seiner Studenten etwas bewirkt haben sollte?

Letztlich dient Smiths Unterscheidung von produktiver und unproduktiver Arbeit keinem anderen Zweck, als zwischen den für die Akkumulation von Kapital und das weitere wirtschaftliche Wachstum nötigen Produkten und jenen, die dafür entbehrlich sind oder es sogar hemmen, zu unterscheiden. Je größer das Verhältnis von produktiver zu unproduktiver Arbeit in einer Gesellschaft, umso mehr kann vom Produktionsergebnis eines Jahres für die Vergrößerung dieses Ergebnisses im folgenden Jahr eingesetzt werden. Sowohl produktive als auch unproduktive Arbeiter konsumieren, aber während der Konsum der ersteren das Produkt vergrößert, tut dies der Konsum der letzteren nicht (*WN* II.iii.4). Die Löhne der produktiven Arbeiter werden konsequenterweise aus dem vorgeschossenen Kapital gezahlt, die Löhne der unproduktiven Arbeiter hingegen aus dem volkswirtschaftlichen Nettoeinkommen, der *Revenue.*

Interessanterweise ändert sich Smith zufolge das Verhältnis von produktiver zu unproduktiver Arbeit und mit ihm die „Einstellung der Einwohner zu Fleiß und Müßiggang" im Lauf der Entwicklung. In armen Ländern gebe es nur wenig Gelegenheit zu ertragreichen Anstrengungen, und folglich sei die Neigung zu Müßiggang groß: „It is better, says the proverb, to play for nothing than to work for nothing" (*WN* II.iii.12). Solche Länder befänden sich in einer Armutsfalle, aus der nur schwer zu entkommen sei. In reichen Ländern hingegen lohnten sich Fleiß und Anstrengung, was die Opportunitätskosten des Müßiggangs erhöhe. An dieser Stelle bringt Smith neuerlich die Interdependenz des Verhaltens verschiedener gesellschaftlicher Gruppen ins Spiel. Der Müßiggang der Reichen färbe häufig auf die Armen ab. Was er hier schildert, ist auch als *Demonstrationseffekt* bekannt. Vor ihm hatte Hume derartigen Effekten eine bedeutende Rolle für die gesellschaftliche Entwicklung beigemessen. Konsummuster und Lebensstile der Akteure seien voneinander abhängig: Die Armen lernten von den Reichen und imitierten diese, und die Reichen müssten sich neue Genüsse ausdenken, um sich vom nachrückenden gemeinen Volk abzusetzen. Konsum ist keine Sache, in der es nur um das Verhältnis des Einzelnen zur Güterwelt geht.

Ersparnis alias Investition. Wir sind jetzt zum Kern der Smithschen Theorie wirtschaftlicher und gesellschaftlicher Dynamik vorgedrungen. Die Entwicklung wird getrieben von der Akkumulation von Kapital, das Kapital aber vermehrt sich durch Sparsamkeit. Was gespart wird, ist Smith überzeugt, wird auch investiert: „Alles, was einer von seinem Einkommen erspart, fügt er seinem Kapital hinzu und verwendet es entweder selbst, indem er eine zusätzliche Anzahl produktiver Arbeitskräfte beschäftigt, oder ermöglicht das einem anderen, indem er es ihm gegen Zinsen, das heißt einem Anteil am Gewinn, leiht." Was für den Einzelnen gilt, gelte auch für die Gesellschaft insgesamt (*WN* II.iii.15 und II.v.20). Gesamtwirtschaftliche Zusammenhänge und Vorgänge sind dieser Sicht zufolge das getreue Abbild einzelwirtschaftlicher Zusammenhänge und Vorgänge. Dagegen sollte später der Vorwurf der *fallacy of composition* – des kompositorischen Fehlschlusses – erhoben werden: Zusammenhänge, die auf der Mikroebene gelten, sind nicht unmittelbar auf die Aggregats- bzw. Makroebene übertragbar. Es überrascht, dass dieser Einwand nicht von Smith selbst stammt, betont er doch unermüdlich die nicht intendierten gesamtwirtschaftlichen Effekte einzelwirtschaftlichen Tuns!

Jedem Akt der Ersparnis entspricht ein Nachfrageausfall an Waren. Da Smith aber unterstellt, dass jedem Akt der Ersparnis ein gleich großer Akt der Investition, der Nachfrage nach Waren (Subsistenz- und Produktionsmittel), gegenübersteht, kommt es zu keinem Mangel an gesamtwirtschaftlicher effektiver Nachfrage. Wer spart, konsumiert zwar nicht selber, aber an seiner Stelle konsumieren die von ihm direkt und indirekt beschäftigten Arbeitskräfte: „Der Konsum ist der gleiche, aber die Konsumenten sind andere" (*WN* II.iii.18). Damit widerspricht Smith Mandeville, der behauptet hatte, die Produktionstätigkeit könne nur durch den Konsum unproduktiver Schichten der Gesellschaft auf hohem Niveau gehalten werden. (Diese Auffassung sollte später Thomas Robert Malthus wiederholen.) Smith antizipiert damit das sogenannte *Saysche Gesetz*, demzufolge es für die Wirtschaft insgesamt kein Problem eines Mangels an effektiver gesamtwirtschaftlicher Nachfrage nach Waren gibt (vgl. auch *WN* I.vii.12, 16 und IV.i.12). Seine Fassung des „Gesetzes" darf aber nicht mit der späteren marginalistischen verwechselt werden, die Vollbeschäftigung aller Arbeitskräfte unterstellt. Dergleichen unterstellt Smith nicht: ihm geht es hier allein um die Beschäftigung des Kapitals. Über die Höhe der Beschäftigung von (produktiven) Arbeitskräften entscheidet der zirkulierende Teil des Kapitals (*WN* IV.ii.3; ähnlich Ricardo, *Works* I, 290). Arbeitslosigkeit führt Smith auf einen Mangel an Kapital zurück (vgl. Eltis 1984; Rostow 1990).

Sparsamkeit. Mit fester Stimme lobt Smith die Sparsamkeit. Sie bewirke die Akkumulation von Kapital, die Vergrößerung der Märkte, eine immer tiefer gegliederte gesellschaftliche Arbeitsteilung, eine Steigerung der Arbeitsproduktivität, schließlich ein steigendes Pro-Kopf-Einkommen. Reich seien Gesellschaften, in denen über viele Jahre hinweg von Vielen viel gespart und investiert, das heißt akkumuliert worden ist. Der Sparsame sei ein „public benefactor", der Verschwender hingegen ein „public enemy" (*WN* II.iii. 25).

Was aber treibt das Sparen an? Es sei „das Streben nach Besserung unserer Umstände, ein Streben, das zwar im allgemeinen ruhig und leidenschaftslos ist, uns aber von Geburt an begleitet und bis zum Tode nicht verlässt" (*WN* II.iii.28). Verarmt ein Land, so sei die Ursache häufig die öffentliche Verschwendung (*WN* II.iii.30). Umso erstaunlicher sei es, dass Sparsamkeit und Fleiß „ähnlich der unergründeten Lebenskraft" oft „Gesundheit und Vitalität" einer Nation wieder herzustellen imstande sind, „nicht nur trotz der Krankheit, sondern auch trotz der unsinnigen Vorschriften des Arztes" (*WN* II.iii.31). Ersparnis alias Kapitalakkumulation ist *der* Schlüssel zu Wachstum und Wohlstand, *das* Treibrad der Entwicklung (*WN* II.iii.32).

Zins auf Kapital. Die Interessen der Geldkapitalbesitzer (*monied interest*) unterscheiden sich von denjenigen der anderen Bezieher von Besitzeinkommen, speziell der Handels- und Industriekapitalisten. Der Konflikt zwischen den Genannten rührt daher, dass der Profit die Quelle des Zinses ist. Die Darlehensgeber sind an einem möglichst hohen, die -nehmer an einem möglichst niedrigen Zinssatz interessiert. Mit der Zunahme des gesellschaftlichen Kapitalstocks nehme auch die Menge an Geldkapital zu, die gegen Zinsen verliehen wird. Zugleich sinke die allgemeine Profitrate und in deren Gefolge der Zins (*WN* II.iv.12).

Smith widerspricht Locke, Law, Montesquieu und Hume, die behauptet hatten, der Fall des Geldzinssatzes in Europa sei die Folge der Erhöhung der zirkulierenden Menge an Gold und Silber infolge der Ausbeutung der Minen in „Spanisch-Westindien" (Meso- und Südamerika). Dadurch habe sich zwar der Wert des Silbers verringert, konzediert Smith, es sei aber „völlig unmöglich", dass dies „auch nur im geringsten zu einer Senkung des Zinssatzes hätte beitragen können" (*WN* II.iv.10). Der Zins falle nur als Folge eines Falls der Profitrate. Die Profitrate aber sei gleich dem Verhältnis der in Silber gezahlten Profite zum Silberwert des gesamten verwendeten Kapitals. Ein Fall aller Preise affiziere jedoch sowohl den Zähler als auch den Nenner dieses Verhältnisses: „Das gewöhnliche Verhältnis zwischen Kapital und Profit wird daher gleichbleiben und infolgedessen auch die gewöhnlichen Zinsen" (*WN* II.iv.11).

Wäre Smith nur bereits bei seiner Behandlung der langfristigen Tendenz der Profitrate auf diesen Effekt eingegangen! Er hätte dann gesehen, dass eine angeblich durch verschärften Wettbewerb verursachte allgemeine Senkung der Preise linke und rechte Seite von Gleichung (1) im Abschnitt „Markt, Koordination, Wert und Geld" betrifft und damit nicht mehr ganz klar ist, wie sich dies auf die Höhe der Profitrate auswirkt.

Smith befasst sich dann kurz mit den Gesetzen gegen den Wucher. Ein gänzliches Zinsverbot, so sein Einwand, wirke ganz anders als beabsichtigt: Der Zinssatz werde dadurch in die Höhe getrieben, denn der Schuldner sei nun „genötigt, seinen Gläubiger gegen die Strafen auf Wucher zu versichern" (*WN* II.iv.13). Smith ist jedoch für eine gesetzlich festzulegende Zinsobergrenze, die nicht viel über dem „niedrigsten Marktzinssatz" liegen soll (*WN* II.iv.15). (Bentham sollte ihn deswegen schwer attackieren.) Bei einer sehr viel höheren Obergrenze würde ein beträchtlicher Teil des Kapitals einer Nation in die Hände von „Verschwendern und Spekulanten" gelangen, denn nur sie wären bereit, hohe Zinsen wenigstens dem Schein nach hinzunehmen. „Besonnene Leute" hingegen würden befürchten, die hohen Zinsen nicht bezahlen zu können, und so als Darlehensnehmer ausscheiden (*WN* II.iv.15). Neuerlich haben wir es mit asymmetrischer Information und moralischem Risiko sowie adverser Selektion zu tun.

Der Zins nimmt Einfluss auf die Preise, einschließlich der Bodenpreise. Der Preis eines Hektars Boden gegebener Güte, p_B, ist nach der Formel für die *ewige Rente* (Abzinsung eines unendlich langen Stroms von Pachtzahlungen auf den Gegenwartszeitpunkt) gleich der auf diesem Boden erzielten Rente pro Jahr, q_B, dividiert durch den Zinssatz, ρ:

$$p_{\mathrm{B}} = q_{\mathrm{B}}/\rho$$

Diese Formel kennt Smith zwar nicht, aber er sieht einen gegenläufigen Zusammenhang zwischen Bodenpreis und Zinssatz: Bei langfristig steigenden Renten und fallendem Zins sei mit steigenden Bodenpreisen zu rechnen (*WN* II.iv.17).

Verschiedene Verwendungen von Kapital. Der *natural course of things* ist für Smith das Maß der Dinge, der vergangenen wie der noch kommenden, unterliegt er doch den Grundsätzen von „Gleichheit, Freiheit und Gerechtigkeit" (*WN* IV.iv). Ihm entspricht eine ganz bestimmte zeitliche Abfolge der Entwicklung der verschiedenen Sektoren über die in ihnen erfolgende Akkumulation von Kapital (Jeck 1994). Die Abfolge ist dadurch gekennzeichnet, dass in jeder Phase das jeweils größtmögliche Volkseinkommen realisiert wird, mit ihm die größtmögliche Ersparnis alias Investition und damit auch die größtmögliche Wachstumsrate des Sozialprodukts. Anschließend vergleicht Smith die tatsächliche Entwicklung in Europa unter dem Einfluss der Merkantilpolitik mit der idealen. Je größer die Differenz, desto schädlicher die Auswirkungen dieser Politik. Smiths Urteil fällt vernichtend aus: Die Merkantilpolitik habe Wachstumschancen in großem Umfang vereitelt. Dies zu korrigieren ist sein Hauptanliegen. Er sieht aber, dass die Realisierung idealer Verhältnisse ein unerreichbarer Wunsch bleiben muss. Nicht nur tief verwurzelte Interessen und das Beharrungsvermögen etablierter Institutionen, sondern auch die Dummheit und leichte Verführbarkeit des Menschen stehen ihrer Verwirklichung im Wege. Es kann sich daher nur darum handeln, eine *Second Best-Lösung* anzustreben, die der idealen möglichst nahe kommt.

Über den „natürlichen Verlauf" entscheiden die *Wertschöpfungs-* und *Beschäftigungseffekte* einer Kapitalanlage gegebener Größe in den Sektoren Landwirtschaft, Verarbeitendes Gewerbe, Großhandel sowie Einzel-, Transit- und Fernhandel (*WN* II.v.1). Erfreulicherweise, so Smith, wichen die Rangfolgen der Sektoren nach den beiden Effekten nicht stark voneinander ab. Damit ist der ideale Verlauf bestimmt: zuerst Entwicklung und Verbesserung der Landwirtschaft, dann der Industrie, dann des Binnenhandels und erst zuletzt des Fernhandels. Die Merkantilpolitik habe durch die Förderung des Fernhandels das Pferd gewissermaßen vom Schwanz her aufgezäumt und so Entwicklungschancen vertan.

Über die Landwirtschaft schreibt Smith: „Kein Kapital gleicher Größe setzt mehr produktive Arbeit in Gang als das des Landwirts. Nicht nur sein Gesinde, sondern auch seine Arbeitstiere sind produktive Arbeitskräfte. In der Landwirtschaft arbeitet mit dem Menschen auch die Natur." Die Arbeit der Natur aber koste nichts, „obwohl ihre Erzeugnisse ebenso Wert haben wie diejenigen der kostspieligsten Arbeiter". In der Landwirtschaft reproduzierten die Arbeiter nicht nur das Kapital sowie Profit zu normaler Rate hierauf, sondern darüber hinaus ergebe sich auch noch eine Grundrente: „Diese Rente kann als Ergebnis jener Naturkräfte angesehen werden, deren Nutzung der Grundherr dem Pächter überlässt. Sie ist größer oder kleiner je nach dem veranschlagten Ausmaß dieser Kräfte." Anders in der Industrie: „Dort tut die Natur nichts; der Mensch tut alles; und die Reproduktion muss immer im Verhältnis zu den Kräften derjenigen stehen, die sie bewirken" (*WN* II.v.12).

Smiths entwicklungstheoretische Sicht ist ganz durchdrungen von seiner verunglückten Rententheorie. Wie Ricardo zurecht einwenden sollte, ist die Rente kein Ausdruck der besonders hohen Produktivität der Landwirtschaft wegen der ihr freizügig zur Verfügung gestellten Kraft der Natur, sondern im Gegenteil Ausdruck von deren Geiz (*niggardliness*). Wäre Boden bester Güte im Überfluss vorhanden, so gäbe es keine Rente, denn die Konkurrenz der Grundeigentümer um Pächter würde sie gegen Null drücken. Nur weil Boden bester Güte begrenzt ist und auch Böden schlechterer Güte bewirtschaftet werden müssen, um den Bedarf an Agrarprodukten zu decken, entsteht eine Rente auf den intramarginalen Böden, nicht jedoch auf der später „Grenzboden" genannten Bodenqualität. Die Verhältnisse auf diesem rentenlosen Boden bestimmen den Preis des erzeugten Produkts. Die Rente ist daher entgegen Smiths Ansicht umso höher, je geringer die Fruchtbarkeit des Grenzbodens ist.

Sodann: Smith zählt die Nutztiere zu den produktiven Arbeitern. Wenn er vom Beschäftigungseffekt in der Landwirtschaft spricht, wie viel entfällt auf die einen, wie viel auf die anderen? Und müssten Maschinen konsequenterweise nicht auch als produktive Arbeiter zählen, wird doch Arbeits- durch Maschinenkraft ersetzt? Wie kann er behaupten, dass im Verarbeitenden Gewerbe im Unterschied zur Landwirtschaft die Natur in der Produktion nicht mit von der Partie ist, geht es doch hier wie dort immer um die Transformation von Materie und Energie in andere Formen von Materie und Energie? Und da auch in Industrie (und Handel) Grund und Boden jedenfalls als Standort genutzt werden, ist auch hier eine Rente an den Eigentümer zu zahlen. Relativ zu den Lohn- und Profitzahlungen wird diese zwar im Vergleich zur Landwirtschaft gering sein, aber der Unterschied ist nur graduell. Schließlich: Wenn die agrikulturelle Kapitalverwendung immer „die bei weitem vorteilhafteste" wäre, wie kann es dann jemals zur Entwicklung der anderen Sektoren kommen?

Zuerst fließt Kapital in den Ausbau und in die Verbesserung der Landwirtschaft. Dort erzielt es die größte Wirkung und gestattet es der Bevölkerung, sich mit dem Notwendigsten zu versorgen. Sobald die Landwirtschaft hinreichend entwickelt ist und einen entsprechend großen Überschuss abwirft, fließt weiteres Kapital in das Verarbeitende Gewerbe. Dieses wandelt den landwirtschaftlichen Surplus in Gestalt von Rohstoffen und Nahrungsmitteln in Annehmlichkeiten und Luxusgüter um (*WN* IV.i.19.) Parallel dazu entwickelt es den inländischen Handel, der die Waren von den Orten ihrer Erzeugung zu jenen ihres Verbrauchs befördert. Erst dann fließt Kapital auch in den Transit- und Fernhandel.

Natural course of things. Die von Smith empfohlene sukzessive Entwicklung der Sektoren 1-4 impliziert für sich genommen eine sich allmählich abschwächende wirtschaftliche Dynamik, denn die vier Sektoren sind in absteigender Folge durch unterschiedlich große Wertschöpfungen je Kapitaleinheit, Y_i/K_i, gekennzeichnet:

$$Y_1/K_1 > Y_2/K_2 \geq Y_3/K_3 > Y_4/K_4.$$

Für einen der Einfachheit halber als konstant angenommenen Spar- alias Investitionsanteil an der Wertschöpfung, $s = S/Y$, erhalten wir folgenden Ausdruck für die Akkumulationsrate, $g = S/K$,

$$g = S/K = (S/Y)(Y/K) = s(Y/K).$$

Da Y/K im Verlauf der Entwicklung zu sinken tendiert, sinkt unter sonst gleichen Umständen auch g. *Die Maximierung des Wachstums verlangt die Maximierung der Wertschöpfung je Kapitaleinheit* (*WN* II.v.23). Ein umfänglicher Fernhandel ist danach zwar ein Symptom, keineswegs aber die Ursache des Reichtums einer Nation (*WN* II.v.35).

Aber müsste die Entwicklung der verschiedenen Sektoren nicht bis zu einem gewissen Grad parallel erfolgen? Durch die Annahme, die Industrie erzeuge nur Konsumgüter des gehobenen Bedarfs, übersieht Smith bei aller Betonung der überragenden Bedeutung von Maschinen für Fortschritt und Wachstum die Abhängigkeit der Entwicklung insgesamt von derjenigen der Industrie. Smith beurteilt Wirtschaftsgeschichte und Wirtschaftspolitik mittels eines Maßstabs, der nicht ohne Tücken ist. Dies zeigt sich in den Büchern III und IV.

Über die unterschiedliche Entwicklung des Wohlstands in verschiedenen Nationen

Der „natürliche Gang der Dinge" einmal mehr. Der überwiegende Teil des Handels in zivilisierten Gesellschaften, so Smith, findet zwischen Stadt und Land statt. (Tatsächlich sollte sich der Handel zwischen Städten als noch bedeutsamer erweisen.) Das Land tauscht seinen Produktionsüberschuss gegen in der Stadt erzeugte Fertigwaren. Im Unterschied zum Land aber, betont Smith, könne in der Stadt „materielle Reproduktion nicht stattfinden" – die Stadt gewinne „ihren ganzen Reichtum und Lebensunterhalt vom Land" (*WN* III.i.1). Smith fällt mit dieser Auffassung hinter die Physiokraten zurück. Denn wenn die Landwirtschaft mit in städtischen Manufakturen gefertigten Pflügen und sonstigen Arbeitsmitteln betrieben würde, wie im *Tableau Économique*, wäre auch sie nicht aus eigener Kraft zu materieller Reproduktion fähig. Nur weil dem annahmegemäß nicht so ist, muss erst das Land kultiviert werden, bevor es zu Städten und einem Verarbeitenden Gewerbe kommen kann (*WN* III.i.8). Dies entspreche der „Ordnung der Dinge" und den „natürlichen Neigungen der Menschen" (*WN* III.i.2-3).

Aber menschliche Verblendung und Torheit führten immer wieder zu gesellschaftlichen Institutionen, die gegen diese Ordnung verstoßen. Die Störungen gingen mitunter so weit, dass die sich etablierenden „Sitten und Gebräuche" den natürlichen Lauf geradezu pervertierten und eine „unnatürliche und verkehrte Reihenfolge" der sektoralen Entwicklung erzwangen (*WN* III.i.9), so in Europa nach dem Zerfall des römischen Reiches. Was waren die Gründe für die Abweichungen vom „natürlichen" Pfad?

Behinderung der Landwirtschaft. Nachdem die germanischen und skythischen Völkerschaften im fünften Jh. n. Chr. die westlichen Provinzen des römischen Reiches überrannt hatten, folgte eine mehrere Jahrhunderte umspannende Zeit der Wirrnis und Unsicherheit. Diese brachte die Arbeitsteilung und den Handel zwischen Stadt und Land zum Erliegen und führte zu erb- und eigentumsrechtlichen Regelungen, die bis in die Neuzeit nachwirken und die für die weit hinter den Möglichkeiten zurückbleibende Entwicklung der Landwirtschaft verantwortlich seien. Die fraglichen Institutionen zielten darauf ab, die Macht der Fürsten und Anführer so gut es ging zu stärken. Dies geschah durch die Inbesitznahme unbebauten Bodens, die Einführung des Erstgeburtsrechts (Primogenitur) und das Veräußerungsverbot von Grund und Boden – Boden war „Mittel nicht bloß zum Unterhalt, sondern zu Macht und Schutz" (*WN* III.ii.2-3).

Nach der Herstellung leidlicher Rechtssicherheit in vielen Ländern Europas erwiesen sich die weiterhin geltenden Einschränkungen der Fungibilität des Bodens als entwicklungshemmend (*WN* III.ii.6). Hinzu kam dass die Grundherren, feudalen Mustern auffälligen Konsums verhaftet, kein Interesse an Bodenverbesserungen hatten. Und ob über jene, die den Boden bearbeiteten, anderes zu sagen war, hing von den Anreizen ab, die von ihrer sozialen Stellung und dem geltenden Pachtsystem ausgingen. In Bezug auf Sklaven und Leibeigene gab es diesbezüglich keinen Grund zur Hoffnung (*WN* III.ii.9), anders jedoch in Bezug auf freie Pächter, vorausgesetzt dic Laufzeit der Pachtverträge erlaubte es ihnen, die Früchte ihrer Verbesserungen in ausreichendem Umfang selbst ernten zu können. (Angeregt von Smiths Überlegungen reformierte sein früherer Zögling als Herzog von Bucchleuch das auf seinen Ländereien geltende Pachtsystem.)

In England, urteilt Smith, war die Lage noch relativ günstig, weil die dortigen Gesetze den freien Bauernstand respektierten, ein Umstand, „der zu Englands heutiger Größe vielleicht mehr beigetragen hat als alle seine vielgerühmten Handelsordnungen zusammen" (*WN* III.ii.14). In Frankreich hingegen verhinderte das Steuersystem, das allgemeine Verbot der Getreideausfuhr und die Beschränkung des Binnenhandels mit Getreide den Fortschritt der dortigen Landwirtschaft (*WN* III.ii.21).

Entwicklung der Städte. Parallel dazu kam es aus folgenden Gründen zu einer dem natürlichen Verlauf widersprechenden vorzeitigen Entwicklung der Städte und Industrie. In den Städten lebten neben Grundeigentümern vor allem Händler, Handwerker und Fabrikherren, denen es jedoch viel früher als der Landbevölkerung gelang, Freiheit und Unabhängigkeit zu erlangen. Eine große Rolle spielte in diesem Zusammenhang die Umwandlung der von den Städten an die Feudalherren zu entrichtenden Steuern in eine Erbpacht. Diese wurde als jährlich zu zahlender, ein für alle Mal festliegender Betrag fixiert. Inflationäre Tendenzen verringerten jedoch den realen Wert im Lauf der Zeit immer mehr. Die mit der Zahlung der Summe gewährte Befreiung von Verpflichtungen aller Art wurde zu einer immerwährenden Befreiung – es entstanden „Freie Städte" mit eigener Obrigkeit, Verwaltung, Gerichtsbarkeit und Verteidigung. Smith nennt den Vorgang „extraordinary", dass „die Fürsten aller Länder Europas auf diese Weise denjenigen Teil ihrer Einkünfte, der sich von allen wohl am ehesten von alleine vergrößern würde – durch den natürlichen Lauf der Dinge ohne Aufwand oder Mühe ihrerseits –, gegen eine festgesetzte, niemals mehr zu erhöhende Summe eintauschten und zudem auf diese Weise inmitten ihrer eigenen Hoheitsgebiete freiwillig eine Art unabhängiger Republiken errichteten" (*WN* III.iii.7). Den Fürsten mangelte es offenbar an Weitblick und an einem Verständnis ihrer eigenen Interessen.

Könige und Fürsten unterschieden sich von den Baronen im Wesentlichen nur durch die Größe ihres Landbesitzes und die Zahl ihrer Hintersassen. Im Konfliktfall verbündeten sie sich häufig mit den Städten gegen die Barone und gewährten diesen großzügige Privilegien. Die Städte blühten auf, ihre Macht wuchs, die Arbeitsteilung mit dem Land vertiefte sich. Städtische Handwerker und Kaufleute bedienten den Wunsch nach raffinierteren Genüssen seitens des Adels und der aufstrebenden Schichten der Gesellschaft. Vorbedingung hierfür war die Sicherheit des Einzelnen und seines Eigentums, was zur allmählichen Erosion der Macht der Barone führte.

Neue Güter und Güterqualitäten gerieten durch den Fernhandel in den Begehrkreis zunächst nur Weniger, dann aber immer weiterer Kreise der Bevölkerung, die an „feineren und kunstvolleren gewerblichen Produkten Geschmack zu finden begannen" (*WN* III.iii.16). Dies beflügelte zunächst den Importhandel, bis man die fraglichen Güter im eigenen Land zu erzeugen begann, nicht zuletzt um die beträchtlichen Frachtkosten einzusparen. Das wachsende Überschussprodukt der Landwirtschaft ermöglichte die Expansion der städtischen Industrie, welche ihrerseits direkt oder indirekt über den Austausch von heimischen gegen importierte Produkte zum Wohlstand schließlich auch auf dem Land beitrug.

Stadt und Land. Der Aufstieg der Städte förderte die Entwicklung auf dem Land in dreifacher Weise. Städte boten einen „großen und aufnahmefähigen Markt"; reiche Städter hatten „den Ehrgeiz, Landedelleute zu werden", und erwiesen sie sich vielfach als „die besten Bodenverbesserer"; und Handel und Gewerbe bewirkten „allmählich Ordnung und eine gute Verwaltung und damit die Freiheit und Sicherheit" auch der Landbewohner – die wohl „bei weitem wichtigste" der genannten Wirkungen (*WN* III.iv.2-4). Schon David Hume hatte auf den zivilisierenden Effekt des Handels aufmerksam gemacht.

Vor der Ausbreitung von Handel und Gewerbe wurde der landwirtschaftliche Überschuss überwiegend unproduktiv für Gastfreundschaft, Gelage und Kriegszüge verbraucht. Als Grundherren hatten die Barone die Befehlsgewalt über ihre Pächter und Dienstmannen und waren eine ständige Gefahr für den König, dem es an Macht mangelte. Auch die Einführung des Lehnsrechts vermochte seine Stellung nicht entscheidend zu stärken. Was dieser Institution nicht gelang, das schafften die nichtintendierten Konsequenzen selbstsüchtigen Tuns. Die Rede ist vom „stillen und unmerklichen Einfluss von Außenhandel und gewerblicher Produktion." Diese unterspülten die bestehenden Machtverhältnisse, indem sie den Grundherren Luxusgüter lieferten, für die diese den gesamten Ertragsüberschuss ihrer Ländereien hingaben. „Und so tauschten sie nach und nach ihre ganze Macht und Stellung für die Befriedigung der kindischsten, gewöhnlichsten und niedrigsten aller Eitelkeiten" (*WN* III.iv.10). Schließlich waren die Grundherren gezwungen, längere Laufzeiten bei Pachtverträgen zu akzeptieren, und hoben damit die Blockade bei Bodenverbesserungen auf. Smith fasst zusammen: „Eine umwälzende Veränderung von der größten Bedeutung für das Allgemeinwohl wurde somit von zwei verschiedenen Klassen von Leuten bewirkt, die nicht die mindeste Absicht hatten, der Allgemeinheit einen Dienst zu erweisen. Der einzige Beweggrund der großen Grundeigentümer war die Befriedigung ihrer Eitelkeit. Weit weniger lächerlich handelten die Kaufleute und Handwerker, die nach ihrem Krämergrundsatz verfuhren, ein Geschäft nicht zu verachten, wo es sich auch bieten mochte. Keiner von ihnen erkannte oder erahnte die große Umwälzung, welche die Torheit der einen und der Geschäftssinn der anderen allmählich bewirkte". Er schließt: „So waren in weiten Teilen Europas Handel und Gewerbe der Städte nicht Wirkung, sondern Ursache der Verbesserung und Kultivierung des Bodens." Verglichen mit dem *natural course* bedeutete dies, dass Wirtschaft und Bevölkerung Europas langsamer wuchsen als in den nordamerikanischen Kolonien, „deren Reichtum zur Gänze aus der Landwirtschaft stammt" (*WN* III.vi.17-19).

Auf welchen Grundsätzen beruhte die in Europa betriebene Wirtschaftspolitik? Dies ist Thema von Buch IV des *WN*.

Systeme der Politischen Ökonomie

Smith unterscheidet zwischen *Kommerz-* oder *Merkantilsystem* und *physiokratischem* oder *Agrikultursystem*. Es geht ihm insbesondere um die Kritik des von James Steuart (1713-1780) neun Jahre vor dem *WN* veröffentlichten *Inquiry into the Principles of Political Œconomy*. In einem Brief aus dem Jahr 1772 schreibt Smith: Ohne das Werk Steuarts „auch nur ein einziges Mal zu erwähnen, schmeichle ich mir damit, dass jeder fehlerhafte Grundsatz darin von mir eine klare und deutliche Widerlegung erfahren wird" (*Corr.*, 164).

Das „Kommerzsystem"

Dieses basiere auf zwei Grundgedanken: Erstens, Reichtum besteht in Geld. Das Hauptanliegen müsse daher die Vermehrung der Edelmetallmenge eines Landes sein, nicht zuletzt als finanzielle Vorsorge für drohende Kriege unter den erstarkenden, auf territorialem Expansionskurs liegenden Nationalstaaten. Wie Sir William Petty sich ausgedrückt hatte: *Money is the sinews of war*, der Muskel des Krieges. (Zu Smiths politischer Ökonomie von Krieg und Frieden vgl. Kurz 1991.) Wie aber gelangt man an größere Mengen vom „Gut der Güter"? Zweitens: In einem Land ohne nennenswerte Edelmetallvorkommen erfordere dies eine die Einfuhr wertmäßig übersteigende Ausfuhr an Waren. Und so wurde der Titel des Buches von Thomas Mun, *England's Treasure by Foreign Trade* (1664), „zu einer Maxime der Politischen Ökonomie nicht nur in England" (*WN* IV.i.10). *Einfuhrbeschränkungen* und *Ausfuhrförderungen* seien die beiden „starken Antriebsmaschinen" hin zu nationalem Reichtum (*WN* IV.i.35).

Freihandel. Smith hält beide Glaubenssätze des Kommerzsystems für grundfalsch. Die Sorge um eine zu knappe Geldversorgung sei unbegründet, da das ökonomische System aus sich heraus für eine ausreichende Geldmenge sorge und Papiergeld die Warenzirkulation im Binnenhandel übernehmen könne. Über die Wehrtüchtigkeit einer Nation entschieden nicht Gold und Silber, sondern die Größe des Sozialprodukts (*WN* IV.i.15, 20).

Freihandel. Das Grundübel der Merkantildoktrin sei ihr Mangel an jedwedem Verständnis für die *grundsätzlich allseitige Vorteilhaftigkeit des Freihandels.* Zum einen überwinde der Freihandel die „Enge des Binnenmarktes" und ermögliche den Absatz von Warenmengen, die der heimische Markt nicht aufnehmen kann („vent for surplus"). Verbesserte Absatzmöglichkeiten stimulierten die inländische Produktion und das reale Volkseinkommen. Zum anderen führe Freihandel „zu neuen Arbeitsteilungen und technischen Verbesserungen, zu denen es in den engen Grenzen des alten Handels nie hätte kommen können" (*WN* IV.i.31-32).

Die Entdeckung Amerikas und die einer Route nach Ostindien um das Kap der Guten Hoffnung nennt Smith „die zwei größten und bedeutendsten Ereignisse, welche die Geschichte der Menschheit verzeichnet." Das volle Ausmaß ihrer Folgen sei gegenwärtig noch nicht abzusehen. Gewiss sei jedoch, dass die beiden Ereignisse für alle betroffenen Länder einen beträchtlichen Innovationsschub infolge des Kennenlernens neuer Genüsse, Güter und Produktionsverfahren mit sich gebracht haben. Gewiss sei leider auch, dass etwas, „das allen Gutes hätte bringen können", wegen der „barbarischen Untaten (*savage injustice*) der Europäer" vielerorts nur zu „Verderb und Vernichtung" geführt habe (*WN* IV.i.32). Welche Art der Wirtschaftspolitik ermöglicht die Nutzung der Chancen, die der Freihandel bietet, und vermeidet die beobachteten Verirrungen? Dies führt letztlich zur Frage, welche Art von legalen Monopolen abzulehnen ist, und welche nicht.

Monopole. Die Grundlage des von Smith propagierten „Systems der natürlichen Freiheit" bildet grundsätzlich die freie Konkurrenz. Aber in gewissen Fällen seien Abweichungen von ihr nicht nur erlaubt, sondern geboten. Sie erörtert Smith im Rahmen einer ausführlichen Kritik von Monopolen, die er als den „alleinigen Motor des Merkantilsystems" begreift (*WN* IV.vii.c.89).

Monopolartige Verhältnisse liegen Smith zufolge immer dann vor, wenn die Freizügigkeit von Kapital, Arbeit oder Boden behindert wird. Sein Monopolbegriff ist erheblich weiter gefasst als der uns geläufige, der nur einen einzigen Anbieter auf einem Markt kennt. Nicht so bei Smith: Bei ihm ist immer dann von einem Monopol die Rede, wenn der Marktpreis dauerhaft über dem natürlichen Preis gehalten wird und übernormale Einkommen erzielt werden, unabhängig davon, wie viele Akteure von dieser Situation profitieren. Zu diesem Zweck müsse der Markt „beständig unterversorgt" sein, dürfe „die effektive Nachfrage nie vollständig befriedigt werden" (*WN* I.vii.26).

Smith unterscheidet *natürliche* und *künstliche* Monopole. Ein natürliches Monopol liegt z.B. im Fall eines besonderen französischen Weines vor, der nur auf einem Boden ausgewählter Lage und Güte gedeiht. Eine hohe effektive Nachfrage nach dem Wein treibt dessen Marktpreis in die Höhe und hält ihn über dem natürlichen Niveau. Den Nutzen hiervon haben die Eigentümer des Bodens in Gestalt besonders üppiger Renten. Von größerem Interesse sind für Smith indes künstliche Monopole, die wirtschaftspolitischen Maßnahmen geschuldet sind und grundsätzlich korrigiert werden können (und sollen). Zu denken ist an ausschließliche Privilegien von Städten und Berufsvereinigungen, Vorschriften über Lehrzeiten und grundsätzlich alle Gesetze und Regelungen, die den Marktpreis einer Ware über dem natürlichem Niveau halten.

Smith lehnt legale Monopole nicht grundsätzlich ab. Er plädiert jedoch dafür, sie nur in besonderen Fällen, für eine begrenzte Zeit und mit strengen Auflagen versehen einzurichten. Monopole seien insbesondere dann angebracht, wenn die Landesverteidigung betroffen ist. „Großbritanniens Verteidigung beispielsweise hängt in hohem Maße von der Zahl seiner Seeleute und Schiffe ab. Ganz zu Recht sucht daher die Navigationsakte Großbritanniens Seeleuten und Schiffen das Monopol für den Handel ihres Landes einzuräumen: einerseits durch vollständige Verbote, andererseits durch schwere Auflagen für die Schiffe anderer Länder". Zwar behindere die Navigationsakte Außenhandel und Wohlstand. „Da aber die Landesverteidigung viel wichtiger ist als der Wohlstand, ist die Navigationsakte doch vielleicht die weiseste aller handelsrechtlichen Maßnahmen Englands" (*WN* IV.ii.24,30).

Ein temporäres legales Monopol mit strengen Auflagen und genauer Kontrolle sei schließlich auch bei besonders riskanten und viel Kapital erfordernden Unternehmungen wie dem Überseehandel samt Anlage von Handelsposten und Garnisonen zulässig. Wie jedoch das Beispiel der *East India Company* und anderer nationaler Handelsgesellschaften zeigt, sei hier besondere Achtsamkeit geboten: „Solche Gesellschaften sind stets und unablässig bestrebt, ihre eigene Profitrate so hoch wie möglich zu schrauben und den Markt für die Güter, die sie exportieren, ebenso wie den Markt für die, die sie importieren, möglichst unterversorgt zu halten" (*WN* V.i.e.10). Es habe sich als fatal erwiesen, den gesamten Handel der Kolonien einem zeitlich unbegrenzten und nicht mit strengen Auflagen versehenen Handelsmonopol zu überlassen, „von dem die Kolonisten alle benötigten europäischen Waren zu kaufen und an die sie ihren gesamten Ertragsüberschuss zu verkaufen hatten." Es lag im Interesse des Monopols „nicht nur in allen Fällen den Wert des Ertragsüberschusses der Kolonie zu drücken, sondern in vielen Fällen auch dessen natürliche Vergrößerung zu bremsen und aufzuhalten" (*WN* IV.vii.b.22). Eine gängige Praxis der Tabakpflanzer in Virginia und der Holländischen Handelskompanie auf den Gewürzinseln bestand darin, die Ernte teilweise zu vernichten und den Anbau mit Gewalt zu begrenzen (*WN* I.xi.43 und IV.vii.c.101). Smith schließt: „Von allen Maßnahmen, die man sich ausdenken kann, um das natürliche Wachstum einer neuen Kolonie zu beschneiden, ist die Einrichtung einer privilegierten Gesellschaft zweifellos die wirkungsvollste" (*WN* IV.vii.b.22).

Mit der Gewährung eines staatlichen Monopols ist es üblicherweise nicht getan, es muss auch durchgesetzt werden, was nicht immer leicht ist. So würden große Entfernungen zwischen Mutterland und Kolonie sowie langgestreckte, schwer kontrollierbare Küsten den Schmuggel ermuntern (*WN* IV.iv.10). Seine Bekämpfung sei kostspielig und nur mäßig erfolgreich. Es komme so zu einer Vergeudung von Ressourcen, die produktiv hätten eingesetzt werden können.

Einfuhrbeschränkungen. Alle merkantilen Beschränkungen verfolgten die Absicht, das Kapital eines Landes in andere Anlagesphären zu lenken als jene, die seine Eigentümer vorziehen würden. Dies aber beinhalte eine Wissensanmaßung: „In welchem Zweig der heimischen Wirtschaftstätigkeit er sein Kapital anlegen kann und voraussichtlich die größte Wertschöpfung erzielt, kann offensichtlich jeder einzelne an seinem Platz viel besser beurteilen, als ein Staatsmann oder Gesetzgeber das für ihn tun könnte" (*WN* IV.ii.10). Einfuhrbeschränkungen begründeten ein Monopol auf dem Inlandsmarkt, von dem nur Kaufleute und Gewerbetreibende profitieren, die sonstige Gesellschaft aber Nachteile in Gestalt geringerer Realeinkommen und einer schwächeren wirtschaftlichen Dynamik habe. Bei den zugunsten von Einfuhrbeschränkungen vorgetragenen Argumenten handele es sich nur um einen Ausdruck des „üblen Monopoldenkens", des *wretched spirit of monopoly* (*WN* IV.ii.21), das Partikularinteressen als allgemeines Interesse ausgibt.

Einfuhrbeschränkungen für Waren aus Ländern, mit denen das Inland eine passive Handelsbilanz hat, erwiesen sich bei näherer Betrachtung selbst aus merkantilistischer Sicht als unvernünftig. Von Interesse sei nämlich nicht die Handelsbilanz mit einem einzelnen Land, sondern mit dem gesamten Ausland.

Freihandel, ist Smith überzeugt, ist ein sich selbst regelndes System, das für beide Vertragsparteien vorteilhaft ist, „wenn auch nicht immer für beide gleich vorteilhaft" (*WN* IV.iii.c.2). Die Merkantilpolitik erhöhe „die Schliche kleiner Krämer (*the sneaking arts of underling tradesmen*)" zur wirtschaftspolitischen Maxime ganzen Nationen (*WN* IV.iii.c.8).

Kommerzsystem. Dieses basiert Smith zufolge auf der Gewährung von legalen Monopolen. Es habe den Leuten die Köpfe verdreht und sie glauben gemacht, „dass es in ihrem Interesse sei, alle ihre Nachbarn an den Bettelstab zu bringen. Der Handel, der zwischen Völkern ebenso wie zwischen Einzelpersonen natürlich ein Band der Einheit und Freundschaft knüpfen sollte, ist zur ergiebigsten Quelle von Zwietracht und Hass geworden." Vom *wretched spirit of monopoly* verhext und von „schamlosem Neid" und „gemeiner Habsucht" angetrieben, hätten Kaufleute und Händler sich zu „Beherrschern der Menschheit" aufgeschwungen (*WN* IV.iii.c.9).

Ausfuhrförderungen. Kaufleute seien nicht nur an einem Monopol auf dem Inlandsmarkt interessiert, sondern möchten ihre Waren auch im Ausland möglichst profitabel absetzen. Ausfuhrsubventionen würden vor allem von sich im Niedergang befindlichen Wirtschaftszweigen gefordert. Sie bewirkten eine Fehlallokation von Kapital und seien abzulehnen. Smith widmet einen größeren Teil des Kapitels der kritischen Erörterung von Exportsubventionen für Getreide wegen der überragenden Bedeutung dieses Gutes in seinem System. Derartige Subventionen belasteten die Bevölkerung doppelt: durch die Steuer zu ihrer Finanzierung und die Preissteigerung beim Getreide. Die „reale Wirkung der Subvention" bestehe jedoch nicht in einer Erhöhung des Getreidepreises, sondern in einer des „Geldpreises der Arbeit" (*WN* IV.v.11-12), denn Getreide ist das Hauptunterhaltsmittel der Arbeiter und ihrer Familien. Und da über die geleistete Arbeit Getreide in die Erzeugung *aller* Waren eingeht, nehme es als Kostenelement Einfluss auf *alle* Preise: „*Der Geldpreis von Korn bestimmt den aller anderen heimischen Waren*" (*WN* IV.v.a.11).

Während Subventionen bezüglich anderer Produkte in ihrer Wirkung begrenzt seien, treffe eine Subvention des Exports von Getreide die gesamte Wirtschaft eines Landes und verringere dessen Wettbewerbsfähigkeit. Der Grund hierfür sei der „große und wesentliche Unterschied, der von Natur aus zwischen Getreide und so gut wie jeder anderen Art von Gütern besteht". Während bei diesen ein Anstieg des Geldpreises den realen Wert der Ware, ausgedrückt in Korn, erhöhe, sei dies bei Getreide nicht so. Ein Anstieg seines Preises lasse auch die Preise aller anderen Waren steigen, so dass der reale Wert des Getreides (annähernd) der gleiche bleibt. „Die *Natur der Dinge* hat dem Getreide einen realen Wert verliehen, der durch bloße Änderung seines Geldpreises nicht zu verändern ist. Nicht Tuch oder Leinwand ist die maßgebliche Ware, anhand derer der reale Wert letztlich aller anderen Waren gemessen und bestimmt wird: Korn ist es" (*WN* IV.v.a.23). Steigen über den Goldpreis des Getreides die Preise aller Waren eines Landes, dann verliert das Land gegebenenfalls bestehende absolute Kostenvorteile gegenüber dem Ausland und sein Export bricht ein.

Mit Getreide ist hier ein *compositum mixtum* von Gütern gemeint – wie William Petty geschrieben hatte: „Getreide, so wollen wir annehmen, beinhaltet alles, was wir notwendig zum Leben brauchen – gleich dem Wort Brot im Vater Unser" (Petty [1662] 1986, 89). Ganz in diesem Sinne heißt es bei Smith: „Korn, oder was auch immer das übliche und bevorzugte pflanzliche Nahrungsmittel eines Volkes ist, macht in jeder zivilisierten Gesellschaft den Hauptbestandteil der Nahrung des Arbeiters aus" (*WN* I.xi.e.29). *Als Input ist es überall unverzichtbar, weil überall Arbeit zum Einsatz kommt.* Für kein anderes Produkt in Smiths System lässt sich gleiches sagen.[15]

In einem langen Exkurs prangert Smith das Gesetz über Exportsubventionen für Korn an. Das diesem gespendete „Lob" sei „völlig unverdient" (*WN* IV.v.b.1). Eine Kornknappheit bis hin zur Hungersnot und die sich ergebenden Preissteigerungen könnten in „einem weiträumigen Kornland" niemals das Resultat „einer Absprache der inländischen Kornhändler" sein, wie behauptet wird. Der wirkliche Grund hierfür sei vielmehr „der gewaltsame Versuch des Staates, die Unannehmlichkeiten einer Teuerung mit untauglichen Mitteln zu bekämpfen." Der bei einer Teuerung aufflammende Zorn der Bevölkerung richte sich häufig zu Unrecht gegen die Händler – verantwortlich sei indes eine verfehlte Wirtschaftspolitik. Die Getreide*spekulation* der Händler verstetige die Preisbewegung und wirke daher sogar stabilisierend (*WN* IV.v.b.26).

15 In der Terminologie Sraffas (1960) handelt es sich bei den landwirtschaftlichen Produkten um *Basisprodukte*, bei den industriellen Fertigwaren hingegen um *Nichtbasisprodukte*. Sektoren, in denen letztere erzeugt werden, hängen von den Basissektoren ab, aber nicht umgekehrt. Nach Smith hatte u. a. Ricardo eine ähnliche Hierarchie von Sektoren unterstellt. Seine Konstruktion ist als „Kornmodell" in die Literatur eingegangen. Smith dürfte mit seinen Überlegungen Ricardo dazu angeregt haben; vgl. hierzu Vianello (2012).

Vernunft in der Politik. Die Getreidegesetze veranlassen Smith zu allgemeinen Betrachtungen über die Vernunft in der Politik. Diese Gesetze ließen sich „überall mit den Gesetzen vergleichen, die die Religion betreffen. Die Menschen fühlen sich in Bezug auf alles, was entweder mit ihrem Unterhalt im irdischen oder ihrer Seligkeit in einem zukünftigen Leben zu tun hat, so interessiert, *dass der Staat ihren Vorurteilen stattgeben und um der Erhaltung der öffentlichen Ruhe willen dasjenige System einführen muss, mit dem sie einverstanden sind*". Aber wie unvernünftig die Menschen und die von ihnen verlangten Maßnahmen auch immer seien, „das natürliche Bestreben jedes einzelnen, seine Lage zu verbessern, ist, auch wenn es sich nicht in Freiheit und Sicherheit äußern kann, ein so mächtiges Prinzip, dass es allein und ohne jede Hilfe nicht nur die Gesellschaft zu Reichtum und Wohlstand führen kann, sondern auch hundert unnötige Hindernisse zu überwinden vermag, die ihm die Torheit menschlicher Gesetze nur zu oft in den Weg legt" (*WN* IV.v.40,43).

Handelsverträge. Mittels dieses Instruments wird einzelnen Ländern entweder das ausschließliche Recht eingeräumt, das Inland mit gewissen Waren zu beliefern, oder es werden die von ihm gelieferten Waren von Zöllen befreit, die auf den Waren anderer Länder liegen. Solche Verträge beschränken Smith zufolge den Wettbewerb und haben unerwünschte Allokations- und Verteilungswirkungen. Zur Illustration verweist er auf den berühmten und hoch gelobten Methuen-Vertrag zwischen England und Portugal aus dem Jahr 1703. Mit dem Vertrag hob Portugal seine Benachteiligung englischer Wollwaren auf. Im Gegenzug verpflichtete sich Großbritannien dazu, portugiesische Weine mit einem geringeren Zoll zu belegen als französische. Für Smith besteht kein Zweifel: Der Vertrag nützt Portugal und schadet Großbritannien. Er schadet nicht zuletzt dem *connoisseur du vin* Smith, der französischen Wein portugiesischem vorzieht.

Kolonien. Die Gründung von Kolonien in Amerika und Westindien erachtet Smith summa summarum für sehr nützlich. Es finde ein Transfer technischen und organisatorischen Wissens statt, in den Kolonien verbreite sich die „Gewohnheit der Unterordnung", die Übernahme der englischen Rechts- und Staatsordnung erleichtere Entwicklung und Wachstum. Kolonien könnten daher geschwind den bestehenden Abstand im durchschnittlichen Pro-Kopf-Einkommen zum Mutterland verringern oder sogar zu ihren Gunsten umdrehen. Kulturelle, religiöse und institutionelle Momente nähmen im Guten wie im Schlechten Einfluss auf die wirtschaftliche und gesellschaftliche Dynamik. So kritisiert Smith das „unfortunate law of slavery" (*WN* IV.vii.b.54) und das indische Kastenwesen nicht nur aus moralphilosophischen Gründen: diese seien fortschrittsfeindlich. Nur von „freien Männern" seien Verbesserungen und Erfindungen zu erwarten (*WN* IV.ix.47).

Die Verhältnisse in den meisten Kolonien seien günstig für eine zügige Steigerung des Wohlstands und ein Wachstum der Bevölkerung. Die englischen Kolonien in Nordamerika wiesen die raschesten Fortschritte auf, zum einen der Fülle guten Bodens halber und zum anderen wegen ihrer „politischen Institutionen" (*WN* IV.vii..b.17): der kaum eingeschränkten Handelbarkeit von Grund und Boden, der geringen Bedeutung der Primogenitur, mäßigen Steuern, der Größe des Marktes und der relativen Bedeutungslosigkeit eines Handelsmonopols (*WN* IV.vii.b.22). Obwohl Großbritanniens Kolonialpolitik vom gleichen merkantilistischen Geist getragen war wie die anderer Länder, war sie „weniger engstirnig und tyrannisch" (*WN* IV.vii.b.50).

Zutiefst bedauerlich sei es jedoch, dass der von der Entdeckung der neuen Welten ausgelöste Innovationsschub fälschlich der Merkantilpolitik gutgeschrieben wurde. Die offensichtlichen Früchte dieser Entdeckung hätten dem Merkantilsystem „in einem Maße zu Glanz und Glorie" verholfen, „wie es sie andernfalls nie erreicht hätte" (*WN* IV.vii.c.81). Fehlurteile in der Angelegenheit basierten auf einem mangelnden Verständnis ökonomischer Sachverhalte. Wieder sind wir mit einem Zurechnungsproblem konfrontiert. Smith beantwortet es unter Rückgriff auf sein Konzept des „natürlichen Gangs der Dinge".

Europa profitierte von den Entdeckungen durch bislang unbekannte Produkte und Genüsse sowie durch eine Anregung der allgemeinen wirtschaftlichen Aktivität (*WN* IV.vii.c.5-6). Allerdings hätten die Vorteile noch weit größer sein können, wäre es nicht durch die Politik der Handelsbeschränkungen und -monopole zu einer Fehlallokation von Kapital sowie zu einer Verlangsamung der Kapitalakkumulation und des Produktivitätswachstums gekommen. Die exorbitanten Profite in den monopolisierten Bereichen hätten dort die Sparsamkeit untergraben und zu kostspieligem Luxus geführt (*WN* IV.vii.c.61). Die große Mehrheit der Bevölkerung sei zugunsten einer kleinen Gruppe von Menschen benachteiligt worden.

Zieht man alle dem Mutterland entstehenden Kosten der Kolonialpolitik in Betracht und stellt sie deren Nutzen gegenüber, dann ergebe sich für das Mutterland eine negative Bilanz. Smith schlägt daher vor, Großbritannien möge seine Kolonien freiwillig in die Unabhängigkeit entlassen. Ihm ist bewusst, dass dieser Vorschlag den Interessen einflussreicher Gewerbetreibender zum Opfer fallen würde.[16]

East India Company. Besonders hart geht Smith mit der englischen und der holländischen Ostindischen Kompanie ins Gericht. Die ihnen eingeräumten Monopole hätten zur schonungslosen Ausbeutung der fraglichen Länder und Unterdrückung ihrer Bevölkerungen geführt. Eine Gesellschaft von Kaufleuten, schreibt Smith, „ist anscheinend unfähig, sich als Herrscher zu betrachten." Zur Stärkung ihres Monopols hätten sie die Ertragsüberschüsse der Länder gewaltsam beschnitten. Das Interesse des Kaufmanns, lässt Smith aufhorchen, sei dem Interesse des eroberten wie auch des Mutterlandes „genau entgegengesetzt" (*WN* IV.vii.c.103). Er fügt hinzu: „Wenn aber der Geist einer solchen Herrschaft, schon was die Direktion in Europa angeht, von Grund auf und wohl unverbesserlich schlecht ist, so ist es die ihrer Verwaltung in Indien noch viel mehr." Diese bestehe aus Kaufleuten, die einer Kaste angehören, welche in Indien wenig gilt. Gehorsam können sie nur mit Hilfe des Militärs erzwingen, „und deshalb ist ihre Herrschaft notwendigerweise militärisch und despotisch" (*WN* IV.vii.c.104). Die Angehörigen der Verwaltung versuchten sich durch alle möglichen Tricks und Schliche zu bereichern – ohne jede Rücksichtnahme auf die Interessen des Landes und seiner Bevölkerung. Ihr schlechter Charakter und schändliches Tun seien die Folge des installierten „Herrschaftssystems", das falsche Anreize setzt. „Solche privilegierten Gesellschaften sind also in jeder Hinsicht ein Übel; immer mehr oder weniger unbequem für die Länder, in denen sie errichtet werden, und verheerend (*destructive*) für diejenigen, die das Unglück haben, unter ihre Herrschaft zu geraten" (*WN* IV.vii.c.108).

The wretched spirit of monopoly. Habe sich das Monopoldenken erst einmal in vom Staat gewährten Privilegien der einen oder anderen Art verfestigt, dann entwickele es eine Beharrungstendenz, der nur mehr schwer beizukommen sei. Die Beseitigung bereits existierender Privilegien sei beinahe unmöglich, die Verhinderung neuer merklich leichter. ‚Wehret den Anfängen!' – lautet Smiths Devise.

16 Im Jahr 1778 wird Smith von Alexander Wedderburn, dem ersten schottischen Lordkanzler Großbritanniens, um Rat in der Frage der weiteren Amerikapolitik gebeten. Smith verfasst ein Memorandum mit dem Titel „Thoughts on the State of the Contest with America", worin er im Wesentlichen seine im *WN* dargelegte Sicht wiederholt.

Smiths Kritik am Merkantilsystem gipfelt in den beiden folgenden Merksätzen. *Erstens*, „Konsum ist der einzige Zweck aller Produktion; und das Interesse des Produzenten sollte nur insoweit berücksichtigt werden, als es für die Förderung des Konsumenteninteresses nötig sein mag". Vom Merkantilsystem sei indes in Umkehrung dieser Maxime das Interesse des Konsumenten dem des Produzenten geopfert worden. *Zweitens*, die „Urheber dieses ganzen Merkantilsystems sind ganz gewiss nicht die Konsumenten, deren Interesse so völlig vernachlässigt wurde, sondern die Produzenten, deren Interesse so sorglich berücksichtigt ist; aus dieser Klasse aber waren unsere Kaufleute und Gewerbetreibenden die bei weitem wichtigsten Architekten (*principal architects*)" des Systems (*WN* IV.viii.49, 54). Jetzt wird auch klar, warum Smith am Ende von Buch I vor den wirtschaftspolitischen Vorschlägen von Seiten der Kaufleute und Gewerbetreibende derart eindringlich glaubte warnen zu sollen. Sie seien hauptverantwortlich für „die Torheit eines Systems, die durch schicksalsschwere Erfahrungen bereits hinlänglich dargetan ist" (*WN* IV.viii.15).

Der natural course of things als Richtschnur? Smiths Maß zur Beurteilung der Wirtschaftspolitik und des durch sie geformten historischen Gangs der Dinge ist sein Konzept des *natural course*. Sein Argument weist jedoch, wie gesehen, mehrere Inkonsistenzen und insbesondere drei Gebrechen auf: Erstens interpretiert Smith die Landwirtschaft auf Grund seiner missglückten Theorie der Grundrente als den anhaltend produktivsten Sektor der Wirtschaft. Er tut dies, zweitens, obgleich er der Auffassung ist, dass das Verarbeitende Gewerbe eine merklich höhere Wachstumsrate der Arbeitsproduktivität aufweist. Drittens nimmt er an, dass im Verarbeitenden Gewerbe nur Artikel des gehobenen Bedarfs, aber nicht ökonomieweit einsetzbare Kapitalgüter erzeugt werden, und verkennt so dessen Bedeutung als *engine of growth*.[17] Wie wäre sein Urteil über die Förderung von Industrie, Handel und den Städten wohl ausgefallen, hätte er die genannten Gebrechen vermieden?

---

17 In gewisser Weise, so könnte man sagen, ist diese Annahme die kongeniale Ergänzung der vorherigen: Wenn nämlich die Produktivität in der Industrie besonders rasch wächst, die Industrie aber nur Nichtbasisprodukte im Sinne Sraffas erzeugt, dann schlägt sich dies nur in sinkenden Preisen der Industrieprodukte nieder, beeinflusst aber nicht die allgemeine Profitrate und die Preise der landwirtschaftlichen Produkte.

Das „Agrikultursystem"

Das Hauptverdienst des „sehr geistvollen Systems" des „scharfsinnigen Herrn Quesnai" (*WN* IV.ix.2, 27) bestehe darin, dem „System der Beschränkungen und Verordnungen" des Herrn Colbert, Minister Ludwigs XIV, kraftvoll die „liberalen Vorstellungen von Gleichheit, Freiheit und Gerechtigkeit" entgegengesetzt zu haben. Smith hält Colberts Sichtweise für grundfalsch, Quesnays für einseitig und übertrieben, aber er hat Verständnis für die Übertreibung im Sinne der Metapher von der verbogenen Gerte.

Die physiokratische Bezeichnung der in Industrie und Handel Tätigen als unfruchtbar sei „demütigend" und falsch (*WN* IV.ix.5). Zwar beschäftige ein in der Landwirtschaft eingesetztes Kapital von gegebener Größe mehr produktive Arbeiter und schöpfe mehr Wert als in jedem anderen Sektor: „Dennoch ist die unproduktive Klasse für die zwei anderen Klassen nicht nur nützlich, sondern sehr nützlich" (*WN* IV.ix.15). Die Nachfrage dieser Klasse belebe die Produktionstätigkeit in der Landwirtschaft, bewirke eine Vertiefung der Arbeitsteilung und fördere so das Produktivitätswachstum.

Fünf eng miteinander zusammenhängende Einwände trägt Smith gegen die Lehre Quesnays vor (*WN* IV.ix.30-37). Einer lautet, dass das Verarbeitende Gewerbe, wie wir bereits gehört haben, Verbesserungen „in viel höherem Maße" zugänglich sei als die Landwirtschaft. Auf das Spannungsverhältnis zwischen der Behauptung einer *höheren Produktivität* in der Landwirtschaft und einer *höheren Wachstumsrate der Produktivität* in der Industrie geht Smith erstaunlicherweise nicht ein. Er trägt auch nicht jenen Einwand vor, der die physiokratische Vorstellung von der ausschließlichen Produktivität der Landwirtschaft sofort ad absurdum führt: Im *Tableau* bezieht die Industrie von der Landwirtschaft Rohstoffe und Unterhaltsmittel, die Landwirtschaft aber bezieht von der Industrie Werkzeuge (Pflüge, Sensen, Fuhrwerke usw.). Die Landwirtschaft könnte ohne die Vorleistungen der Industrie ebenso wenig existieren, wie die Industrie ohne diejenigen der Landwirtschaft. Die Sektoren sind interdependent und entweder *insgesamt produktiv*, das heißt imstande ein *produit net* zu erzeugen, oder nicht. Ein einfaches numerisches Beispiel kann dies verdeutlichen: Angenommen, in der Produktion von einer Tonne Getreide werde eine halbe Tonne Getreide als Saatgut und Unterhaltsmittel verbraucht sowie darüber hinaus ein von der Industrie bezogener Pflug. Würde zur Erzeugung des Pfluges jedoch mehr als eine halbe Tonne Getreide benötigt, so wäre die Landwirtschaft (und das System insgesamt) unproduktiv und nicht lebensfähig: sie würde direkt und indirekt mehr an Getreide verbrauchen als sie erzeugt.

Zirkularität der Produktion. Die im *Tableau* zum Ausdruck kommende Vorstellung *zirkulärer* produktionstechnischer Verhältnisse wird von Smith nur partiell und zwar für die Landwirtschaft übernommen: diese erzeugt ihre Produkte mittels ebendieser Produkte (Getreide mittels Getreide, Schweine mittels Schweinen usw.), aber sie bezieht bemerkenswerterweise keine notwendigen Inputs von der Industrie. Letztere verarbeitet die von der Landwirtschaft bezogenen Rohstoffe zu Konsumgütern des gehobenen Bedarfs und *luxuries*, die dann vom Handel in In- oder Ausland vertrieben werden. Zwischen Landwirtschaft und Industrie herrscht eine *unidirektionale* Beziehung.

Und so zeitigt der genaue Vergleich der Systeme der Herren Smith und Quesnay ein überraschendes Ergebnis: Wo bei Smith produktionstechnisch Hierarchie und Dependenz herrschen, sind es bei Quesnay Gleichrangigkeit und Interdependenz. Paradoxerweise war Smith in dieser Hinsicht agrozentrischer als die Physiokraten.[18]

„Die Herstellung vollkommener Gerechtigkeit, vollkommener Freiheit und vollkommener Gleichheit ist das sehr einfache Geheimmittel, um allen drei Klassen am wirksamsten ein Höchstmaß an Wohlstand zu sichern" (*WN* IV.ix.17; vgl. auch 21). Smith ist sogar der Ansicht, dass ein Regime „vollkommener Handelsfreiheit" dem Aufbau der heimischen Industrie eines noch wenig entwickelten Landes und damit der Ersetzung von Importen durch heimische Produkte (Importsubstitution) nicht notwendigerweise hinderlich sei. Diese Ansicht sollte insbesondere Friedrich List (1841) auf das Heftigste bestreiten, der Importzölle sowie andere Maßnahmen für unabdingbar hielt, um die heimische Industrie vor einer noch übermächtigen Konkurrenz zu schützen. List zufolge beruht das von Smith propagierte „liberale und großzügige System" (*WN* IV.ix.24) auf einer groben Fehleinschätzung. Schutzzölle, hatte Smith an anderer Stelle konzediert, könnten zwar den Aufbau einer Industrie fördern, würden aber Ressourcen binden, die sinnvoller einzusetzen wären (*WN* IV.ii.13). Smith biegt die Gerte nach Bedarf und in Abhängigkeit vom Adressaten seiner Ausführungen in die eine oder andere Richtung.

Jede Beschränkung der „natürlichen Freiheit" ziehe Verluste an Einkommen und Wachstum nach sich (*WN* IV.ix.27). Wie gut, dass der Patient, die Gesellschaft, eine fehlerhafte Politik ähnlich wie der einzelne Mensch eine ungesunde Le-

18 Ausgedrückt mittels des zweisektoralen Beispiels würde Ware *a* in die eigene und in die Erzeugung von Ware *b* eingehen, diese aber nicht wie bei Quesnay in die Erzeugung von *a*.

bensweise aufgrund eines uns „*unbekannten Selbsterhaltungsprinzips*" bis zu einem gewissen Grad verkrafte: „Könnte ein Volk nicht auch ohne vollkommene Freiheit und vollkommene Gerechtigkeit gedeihen, so gäbe es auf der ganzen Welt kein Volk, das jemals hätte gedeihen können. Glücklicherweise aber hat die *Weisheit der Natur* reichlich Vorkehrungen getroffen, um vom Staatskörper viele der schädlichen Auswirkungen der Torheit und Ungerechtigkeit der Menschen abzuwenden, ebenso wie vom Menschen die seiner Trägheit und Unmäßigkeit" (*WN* IV.ix.28).

Smiths beschließt das Buch mit einer der berühmtesten Passagen des *WN*:

Das einfache und naheliegende System der natürlichen Freiheit. „Hebt man alle Systeme einer Förderung vollständig auf, so wird sich das naheliegende und einfache System natürlicher Freiheit von selbst einstellen. Solange er nicht gegen Gesetz und Recht verstößt, steht es jedermann vollkommen frei, sein eigenes Interesse auf seine eigene Weise zu verfolgen und einerseits mit seiner Arbeit, andererseits mit seinem Kapital einem anderen – oder einem anderen Stand von Leuten – Konkurrenz zu machen." Er fügt hinzu: „Keine menschliche Weisheit oder Wissen könnten jemals ausreichen, um Fleiß und Geschäftssinn von Privatpersonen zu überwachen und sie in jene Beschäftigungen zu lenken, die am günstigsten für das Interesse der Gesellschaft sind" (*WN* IV.ix.51).

Es hat den Anschein, als verblieben dem Landesherrn und der öffentlichen Hand kaum Aufgaben und Pflichten. Buch V des *WN* belehrt einen eines anderen.

Staatliche Aktivität und Wirtschaftspolitik

„To enlighten and reform the commercial policy of Europe", war Smiths Bestimmung, schreibt Dugald Stewart in seinem *Account of the Life and Writings of Adam Smith, LL.D.* (*Account*, 270). Smith selbst ist etwas bescheidener, spricht er doch vom *WN* (dessen Bücher III – V Wirtschaftspolitik und Institutionen zum Gegenstand haben) als „the very violent attack I have made upon the whole commercial system of Great Britain." (*Corr.* 251).

Wie dem auch sei: Sein ganzes Werk ist durch ein Bündel politischer Fragen motiviert. Welches sind öffentliche Aufgaben in der sich fortentwickelnden Marktgesellschaft? Wie sind sie gerecht und zweckmäßig wahrzunehmen? Grundlegende theoretische Prinzipien werden von Smith immer wieder mit solchen Fragen in Verbindung gebracht und auf unterschiedlichen Ebenen und mit unterschiedlicher Reichweite durchexerziert. Ein paar Beispiele mögen dies illustrieren: Ein Problem, über das Smiths schottische Zeitgenossen viel diskutieren, betrifft die Frage *„Miliz vs. stehendes Heer"*. Fragen mit spezifisch britischem Hintergrund betreffen die *Kolonial- und Amerikapolitik* sowie die Problematik der *Staatsschulden.* Fragen mit europäischem Hintergrund – wenn auch gefärbt durch britische und schottische Spezifika – betreffen die Transformationen im Verhältnis Privatwirtschaft–Staat am Vorabend der Entwicklung des modernen Marktkapitalismus und der Industriellen Revolution. Die Änderungen, welche sich hieraus für Formen und Funktionen privater und öffentlicher Institutionen ergeben, sind im 18. Jahrhundert nicht nur für Smith und nicht nur für die Briten eine zentrale Herausforderung.

Smith wird zur Leitfigur der Politischen Ökonomie, weil er zu solchen Fragen in markanter und gleichzeitig systematisch begründeter Weise Stellung nimmt. Wir haben es oben anhand der zeitgenössischen Reaktionen auf das Erscheinen des *WN* angedeutet: Er behandelt die aufgeworfenen Fragen in einer Weise, die auch jene Zeitgenossen interessant finden, die mit seinen Schlussfolgerungen im Einzelnen nicht konform gehen.

Die Diskussionszusammenhänge, in denen Smith wirken will, beschränken sich also bewusst nicht auf reine Theorie. Smith arbeitet die Politikrelevanz seines Werks gezielt heraus. Dem Rat seines Freundes Hugh Blair, in künftigen Auflagen des *WN* die Passagen zu eliminieren, in denen die 1773-76 (also in den letzten Jahren der Niederschrift des *WN*) tagesaktuellen Fragen der Amerikapolitik diskutiert werden, folgt Smith nicht. Die Befürchtung Blairs, die entsprechenden Passagen in *WN* IV.vii könnten diesen als „a publication for the present moment" erscheinen lassen, kann er nicht teilen. Für ihn manifestiert sich der Wert abstrakter Überlegungen und *Prinzipien* anhand der konkreten Anwendung.

Grundprinzipien der Wirtschaftspolitik. Klärungsbedürftig sind zunächst die grundsätzliche Rolle, der Stil und die Voraussetzungen jeglicher Politik in einer pluralistisch gegliederten Marktgesellschaft, die von einer Modernisierungsdynamik erfasst ist. Schon in der *TMS* erläutert Smith seine diesbezügliche Konzeption: Politik soll durchaus wissenschaftlich fundierte Konzepte nutzen, aber sie muss sich vor den Gefahren und Illusionen eines technokratischen Perfektionismus hüten. Dessen Politikstil nach Geschmack des „man of system" führt letztlich zum „highest degree of disorder" (*TMS* VI.ii.2.17). Nachhaltig erfolgreiche Politik reflektiert Vielgestaltigkeit und Prozesshaftigkeit, die Bedingungen und Beschränkungen der nicht-idealen Welt, in der sie unvermeidlich zu agieren hat. Es ist immer eine Politik der zweitbesten Lösungen.

Smiths Kritik am *man of system* wird gelegentlich (etwa von F.A. Hayek) als pauschale Kritik an der Aufklärungsidee gezielter Verbesserungen des Gefüges sozialer Institutionen gelesen. Die von Smith dargelegten Voraussetzungen seines eigenen Systems der natürlichen Freiheit und der Gestus seiner Darstellung zeigen jedoch, dass das System der natürlichen Freiheit nicht ohne bewusstes politisches Handeln zu realisieren ist. Smith ist ein Vertreter gezielter Reformen, aber er ist skeptisch gegenüber Versuchen, umfassende Reformdesigns rücksichtslos und naiv (ohne umfassende sozialtheoretische Betrachtung der mannigfachen Wechselwirkungen) umzusetzen.

Gerade die beiden in den eingangs erwähnten Passagen aus dem *WN* IV.vii zur Diskussion gestellten *konträren Optionen britischer Amerikapolitik* zeigen, dass Smith weder einem bloßen Fortwursteln das Wort redet noch jene tendenziell konservative Einsicht *absolut setzt*, die er selbst in einem Brief an *Graf Joseph Niclas Windischgrätz* prägnant zusammenfasst: Bestimmte Rechtsnormen beruhten auf der „Weisheit und Erfahrung vieler ... Generationen". Smith artikuliert diese zentrale Formel des Hayekschen Liberalkonservatismus aus Anlass eines von Windischgrätz ausgelobten Preises für ein vollständiges und widerspruchsfreies Normensystem *more geometrico* für Eigentumsübertragung, das kostspielige Rechtsstreitigkeiten überflüssig machen sollte (vgl. Ross 1995, 367 ff.). Smith ist in der Sache skeptisch, findet aber Windischgrätz' Wettbewerb doch irgendwie interessant. Und die obige Formel ist für ihn ein kontextabhängiger Aspekt und kein zentrales Axiom für moderne Politik. In der Amerika-Frage etwa zeichnen sich beide von ihm in den Raum gestellten Optionen dadurch aus, dass sie radikale Änderungen bedeuten. Sowohl die freiwillige Trennung von den Kolonien als auch eine politische Union mit parlamentarischer Vertretung sind *weitgehende konstitutionelle Innovationen*, die damals kaum auf breite Unterstützung des politisch-intellektuellen Establishments zählen können – dessen Politik dem Fortwursteln viel näher ist (vgl. Winch 1978).

System of Natural Liberty. Was die zentrale Frage über das Verhältnis von staatlicher Aktivität, öffentlicher Regulierung und privatem Gewinnstreben betrifft, wurde aus Smith schon Verschiedenstes herausgelesen. Dabei ist seine Position klar, wenn man zweierlei berücksichtigt: erstens seine Position zu den Grundproblemen moderner Politik und zweitens den Hintergrund jener zeitbedingten Fragen, auf die Smith sich bezieht – also vor allem seine Kritik am fehl- und überregulierten *commercial system* seiner Zeit und auch auf die eher spezifischen Fragen, die etwa Donald Winch (1978) in den Mittelpunkt seiner Diskussion stellt. Damit lassen sich die mitunter scheinbar widersprüchlichen Positionen Smiths – wirtschaftsliberale Forderungen nach Deregulierung im Sinne seines *Systems of Natural Liberty* wechseln mit Plädoyers für eine stärkere Rolle des Staats – in ein kohärentes Ganzes einordnen.

Smith geht es primär um eine *Neuausrichtung* von Politik und ihrer Aufgaben. Die herrschenden Monopole, Privilegien und Beschränkungen dienen den eng begrenzten Zwecken mächtiger Interessengruppen und schaden der Gesamtentwicklung. In diesem Sinn schließt *WN* IV mit einer Kritik an Systemen, welche den ökonomischen Prozess durch unnatürlichen, effizienzschädlichen, privilegiengetriebenen Interventionismus zu steuern suchen. Dem wird der systematische Gegenentwurf des *WN* gegenübergestellt: *The System of Natural Liberty.* Und natürlich steht hier zunächst Deregulierung auf der Agenda (*WN* IV.ix), ohne Wenn und Aber. Das Prinzip dieser Deregulierung ist zwar einfach *(obvious and simple)*, aber das heißt nicht, dass sie sich in der Praxis naturwüchsig durchsetzt. Die Durchsetzung bedarf vielmehr einer Neukonzeption von Politik – einer Neukonzeption, die keinesfalls mit einer bloßen Minimierung des öffentlichen Sektors gleichzusetzen ist.

Öffentliche Aufgaben. Funktional motivierte Staatsaufgaben nehmen im Zuge des wirtschaftlichen Fortschritts und der Entwicklung der Arbeitsteilung *an Bedeutung und Umfang zu.* Die allgemeine Formulierung, mit der Smith eine Art Ko-Evolution von Privatwirtschaft und öffentlichem Sektor andeutet, lautet (*WN* V.i.b und c): Die entsprechenden öffentlichen Ausgaben *ändern sich je nach gesellschaftlicher Entwicklungsstufe.* Vor allem anhand des *Militärwesens* demonstriert er, dass technischer Fortschritt, Spezialisierung, Arbeitsteilung und die notwendige Professionalisierung im heute zu überblickenden Fortschritt der Zivilisationsstufen zu *höheren Kosten* für den Staat führen, da der Schutz der Gesellschaft nicht mehr ohne stehendes Heer zu leisten ist (*WN* V.i.a). Dies hat kritische Implikationen für die in Schottland heiß diskutierte Milizfrage, welche Adam Ferguson, dem eifrigen Streiter für die Sache der Milizen, missfallen. Smith räumt indes auch Vorteile von Milizen ein: Sie sind im Hinblick auf Machtballungen weniger problematisch und heben die allgemeine Wehrtüchtigkeit. Diese Stellen fügen sich in das Gesamtbild ein, das Smith von den Potentialen, Problemen und Herausforderungen moderner Spezialisierungsdynamiken zeichnet.

Auch die *Rechtspflege* kann im Rechtsstaat einer Marktgesellschaft nicht mehr sinnvoll von jenen Führungseliten nebenher ausgeübt werden, die dies in früheren Entwicklungsstadien machten – insbesondere nicht von jenen Personen, welche im Staat exekutive Funktionen wahrnehmen. Dafür braucht es eigene

Funktionsträger, die extra entlohnt werden müssen. In den Bereich von *Justice* fallen übrigens auch zunehmend „moderne" Funktionen einer regulierenden Ordnungspolitik. Wie Smith im Kontext der Darstellung der entsprechenden Märkte ausführt, entstehen diese aufgrund von *Informations- und Machtasymmetrien* und der steigenden Komplexität dynamischer Wirtschaften, deren Geld- und Finanzsektor sich ja mitentwickelt und ausdifferenziert, wie im Großbritannien des 18. Jahrhunderts gut zu beobachten ist. Asymmetrien können etwa dazu führen, dass *Wettbewerb zu einer Negativauslese* (im Ökonomenjargon: *adverse selection*) führt. Deswegen plädiert Smith etwa für Zinsregulierung und sieht die Notwendigkeit einer spezifischen ordnungspolitischen Einbettung des Geld- und Finanzsektors.

Steuerfinanzierte Leistungen werden in Bereichen zunehmend notwendig, etwa im Bereich *elementarer Bildung*, wo sie früher verzichtbar waren. Besonders interessant sind die Argumente, mit denen Smith den steigenden öffentlichen Bildungsbedarf begründet. Denn dabei kommt er wieder auf die Schattenseiten von Arbeitsteilung zu sprechen. Smith erkennt, dass Bildungsprozesse in spezifischer Weise von der Arbeitsteilungsdynamik in Mitleidenschaft gezogen werden. Kehrseite der Spezialisierung ist ganz allgemein die einseitige Entwicklung individueller Fähigkeiten. Arbeitsteilung und -zerlegung implizieren darüber hinaus im Besonderen, dass Körperkraft nicht mehr Voraussetzung für einfache, ungelernte Arbeit ist. Daher entstehen allerlei marktvermittelte, jedoch gänzlich einseitige, nicht in natürliche Lernprozesse integrierbare Beschäftigungsmöglichkeiten für Kinder. Die gebotene Entlohnung sorgt dafür, dass sie zuwenig Zeit für direkt oder indirekt bildende Tätigkeiten verwenden; anders gesagt, die Opportunitätskosten der Bildung für Heranwachsende steigen. Öffentlich finanzierte Bildungsmaßnahmen sind unter diesen Umständen legitim und erforderlich, weil breite Teile der Bevölkerung ansonsten kaum mehr jene staatsbürgerlichen Fähigkeiten entwickeln können, die es für ein Gemeinwesen braucht: Mindeststandards an Wehrtüchtigkeit und politischer Urteilsfähigkeit.

Auch *„Publick works and institutions for facilitating the commerce of society"* (*WN* V.i.d), zumal Infrastrukturleistungen im Bereich des Verkehrs, gehören in Smiths System in den Bereich funktionaler Staatstätigkeit, der angesichts der steigenden Reichweite von Markt und Kommerz bedeutender wird. Maßnahmen zur Markterschließung im Fern- und Kolonialhandel werden anschließend Gegenstand differenzierter Diskussionen, bei denen es um Gefahren von Monopolen und Interessengruppen geht. Jene Diskussion ist auch im Lichte der folgenden imperialen Entwicklung Britanniens zu sehen, welche die Handelsexpansion des 19. Jahrhunderts begleiten sollte.

Öffentliche Finanzen. Auch die Finanzierung, die Einnahmenseite eines öffentlichen Sektors, welcher kein Fremdkörper im Prozess von Arbeitsteilung und Wachstum sein soll, hat gewissen Prinzipien zu genügen. Es sind dies Prinzipien der *Rechtsförmigkeit* und der *gesamtwirtschaftlichen Zweckmäßigkeit.* Diese Prinzipien spiegeln einen in Britannien zum damaligen Zeitpunkt schon sichtbaren Prozess wider, in dem der Staatshaushalt sukzessive zur öffentlichen Angelegenheit und zum *öffentlichen Haushalt* wird und nicht mehr primär als Haushalt des Herrschers gilt.

Prinzipien der Besteuerung. Einnahmenseitig bietet Smith eine problemorientierte und differenzierte Erörterung der Gebührenfinanzierung. Deutlich werden die Vorzüge der Logik von Leistung und Gegenleistung herausgearbeitet, aber auch mögliche Fehlanreize und Grenzen der Gebührenfinanzierung. Bezüglich der Steuerfinanzierung stellt er vier Steuerprinzipien auf, die in der Finanzwissenschaft klassisch geworden sind (*WN* V.ii.b):

- Proportionale Gleichheit,
- Bestimmtheit (Vermeidung von Willkür),
- Bequemlichkeit für den Steuerzahler (z. B. in der zeitlichen Struktur von Steuerzahlungsterminen),
- Vermeidung von Zusatzlasten.

Die *Vermeidung von Zusatzlasten* schließt in der Smithschen Formulierung vier Aspekte ein: (1) möglichst kostengünstige Steuerverwaltung, (2) möglichst wenig psychische Kosten durch *odious examination of tax-gatherers,* (3) möglichst geringe volkswirtschaftliche Kosten durch Steuerhinterziehung und die entsprechenden Sanktionsmechanismen und (4) möglichst geringe soziale Kosten durch Anreizverzerrung: Steuern sollten die Leute nicht entmutigen *(discourage)*, ihren Fleiß *(industry)* auf volkswirtschaftlich wertvolle produktive Aktivitäten zu verwenden.

Im heutigen Ökonomenjargon ausgedrückt: Ein gutes Steuersystem sollte unerwünschte steuerinduzierte Substitutionseffekte tunlichst vermeiden. Was wir oben unter dem Titel *proportionale Gleichheit* zusammenfassen, enthält Smiths normative Begründung für eine höhere Steuerzahllast der Reichen. Seine genauere Begründung enthält Formulierungen, welche das *Leistungsfähigkeitsprinzip* (ability-to-pay) vorwegnehmen. Smith hebt wörtlich auf die Fähigkeit *(ability)* zur Steuerzahlung in Proportion zum Einkommen (*revenue*) ab. Für ihn zeigt die Höhe der *revenue* indes auch die Größe der individuellen Vorteile aus der Staatstätigkeit an: Wer ein höheres Einkommen hat, für den ist die Staatstätigkeit mehr wert. Damit ist auch das *Äquivalenzprinzip* in seiner Vorstellung von proportionaler Gleichheit enthalten.

Ausführlich werden im *WN* V.iii.47ff schließlich auch die Staatsschulden behandelt, die im Britannien des 18. Jahrhunderts ein großes Thema sind (Winch 1978, Kapitel 6). Die öffentliche Schuld war einerseits ein Motor von Innovationen im Finanzsektor *(financial revolution)* und andererseits Gegenstand theoretischer Debatten um ihre realwirtschaftlichen Auswirkungen und die Reichweite der Analogie zur privaten Verschuldung. Ein erheblicher Teil der Koordinaten der Diskussion war schon vor Smith bekannt. Schon Autoren wie J.F. Melon und David Hume äußerten sich zu diesen seither immer wiederkehrenden Themen: Dabei ging es um den Vergleich zwischen Staatsschulden und Steuern, die politisch-ökonomischen Gefahren öffentlicher Verschuldung und eventuelle wachstumspolitische Vor- und Nachteile. Im Spektrum der damaligen Positionen betont Smith wie sein Freund Hume zwar durchaus die *Probleme* der Staatsverschuldung. Wie Donald Winch (1978, 138) schreibt, entdeckt man bei ihm jedoch kaum „any fundamental disquiet ... concerning the political strains created by the public debt."

Grundzüge der öffentlichen Wirtschaft. *WN* V ist beispielgebend für eine in die *Politische Ökonomie integrierte Finanzwissenschaft*, im Unterschied zur institutionell abgegrenzten Finanzwissenschaft in kameralistischer Tradition. Es ist aber auch eine Finanzwissenschaft mit ordnungspolitischem Horizont und dem Blick auf längerfristige Dynamiken, wie sie in Deutschland im 19. Jahrhundert unter der Ägide von Ökonomen wie Adolph Wagner entstehen wird. Dem *Deregulierungsprogramm*, das Smiths *WN* IV motiviert und abschließend auf den Punkt bringt, folgt in *WN* V die Skizze einer *Modernisierung von Staatlichkeit*. Diesem Kapitel stellt Smith eine ökonomische Begründung der Ausgabenseite voran: Elementare öffentliche Funktionen sind militärischer Schutz, Recht und Ordnung und – nach konkreten Umständen und Aufgabenstellung unterschiedlichen Institutionen und Gebietskörperschaften zukommend – die öffentliche Infrastruktur (z. B. im Transportwesen). Es folgen die wesentlichen Instrumente der Finanzierung: Staatsschulden, Gebühren und Steuern, wobei *vier Steuerprinzipien* Gesichtspunkte der Gerechtigkeit und der Zweckmäßigkeit zusammenfassen.

Insgesamt verändern die Gravitationskräfte des wirtschaftlichen Fortschritts langfristig den Charakter von Staatlichkeit: Weg von einem Machtstaat, der wenig mehr ist als eine Agentur von ständisch-feudal-korporativ geprägten Partikularinteressen, hin zu einem Rechts- und Leistungsstaat, der füglich als „öffentlicher Sektor" angesprochen werden kann. Smiths vehemente Angriffe gegen das Merkantilsystem sind im Kontext eines entsprechenden Reformprogramms für den notwendigen grundlegenden Umbau von Staatlichkeit zu sehen – und nicht eines unqualifizierten *Laissez-faire* oder einer unqualifizierten Geringschätzung des öffentlichen Sektors.

Ökonomie und Politik. Von Montesquieu bis Schumpeter und darüber hinaus steht eine weitere Frage immer wieder auf der Agenda, so auch bei Smith. Sie lautet: Wie wirkt die Logik und Dynamik ökonomischer Entwicklung auf das politische System und die Qualität politischer Prozesse? Fördert zunehmender Handel und Wandel eine bessere, eine rationale und lösungsorientierte Politik? Oder birgt diese Entwicklung im Gegenteil sogar Gefahren für die Politik? Kann man davon ausgehen, dass politisches System und politische Eliten sich spontan so entwickeln werden, dass die skizzierten Funktionen gut wahrgenommen werden? Oder führt gar eine in der marktwirtschaftlichen Dynamik angelegte Harmonie der Interessen dazu, dass diese Funktionen minimal und trivial werden? So trivial, dass dieser Frage kein besonderes Augenmerk geschenkt werden muss? Oder aber bleibt die Entwicklung einer problemorientierten Politik eine Herausforderung, weil auch die moderne Entwicklung immer wieder endogen Machtasymmetrien, Interessenskonflikte und Regulierungsbedarf entstehen lässt?

Ein Smith-Kenner wie Donald Winch (1978) zeigt, dass Smith die letztgenannte Deutung der Herausforderungen für Politik und öffentlichen Sektor vertritt. Dessen Aufgaben sind nicht trivial – und sie ändern sich im Laufe der wirtschaftlichen Entwicklung. Ein öffentlicher Sektor auf der Höhe seiner Zeit ist nicht ohne Augenmaß, Urteilskraft und umsichtige Nutzung der Wirtschaftstheorie zu haben. Als Autor des *obvious and simple system of natural liberty* wirkt er gegen das Merkantilsystem und als Protagonist des Wirtschaftsliberalismus. Dessen Umsetzung ist weder als Big-bang-Reform aussichtsreich, wie französische Vertreter des *Laissez-faire* sich dies vorstellen, noch kommt sie von selbst. Reformen sollten schrittweise und mit Augenmaß erfolgen. Sie bleiben eine permanente Aufgabe und erfordern immer wieder problemorientierte Analysen, denn komplexe Regulierung in einer dynamischen Welt ist kein einmaliger Akt. Smith ist letztlich der Theoretiker einer gemischten Wirtschaft, in der nicht nur Markt und Staat, sondern auch intermediäre Institutionen ihren Platz haben.

Hintergrund dieser Sichtweise ist die Interdependenz von Macht und Verteilung, Wettbewerb, Klasseninteressen und *Rent-seeking* sowie Akkumulation (z. B. *WN* IV.vii.2).

Insgesamt teilt Smith nicht den Optimismus eines Montesquieu oder eines James Steuart, welche auf die rationalisierenden Tendenzen gesetzt hatten, die von der Entwicklung der *Marktgesellschaft* ausgehen: Demzufolge würde die Logik der marktwirtschaftlichen Entwicklung tendenziell eine vernünftige Wirtschaftspolitik erzwingen. Für Smith ist dies alles andere als eine ausgemachte Sache. Zu komplex sind die Aufgaben, zu tief ist der *wretched spirit of monopoly* mit den Praktiken der Marktgesellschaft verwoben, zu ausgeprägt ist die Tendenz ihrer Protagonisten, sich immer wieder gegen das Gemeinwohl zu „verschwören“, wie er es formuliert. Dagegen gibt es kein Patentrezept. Keine Revolution und keine Konstitution kann das Problem ein für allemal lösen. Es bleibt eine dauernde Herausforderung, welche die moderne Gesellschaft unter Spannung hält.

Wirkung

Die fünf bis 1789 publizierten Auflagen des *WN* bescheren ihrem Autor ein Vermögen. Vier französische Übersetzungen folgen bis 1801. Die erste einer ansehnlichen Zahl von deutschen Übersetzungen erfolgt schon in den 1770er Jahren durch J.F. Schiller und C.A. Wichmann. Später machen sich namhafte Philosophen an die Übersetzungsarbeit: Christian Garve (1794-1796) und Max Stirner. Dies illustriert die Intensität der Smith-Rezeption nicht nur in Schottland, England und Frankreich, zu dessen Geistesleben Smith schon zu Lebzeiten bedeutende Austauschbeziehungen pflegt (man denke an die Physiokratie, die Enzyklopädisten, Rousseau und Voltaire), sondern speziell auch in Deutschland.

Der einleitende biographische Teil verdeutlicht weitere Aspekte von Smiths Wirkung schon zu seinen Lebzeiten. Der Tod Adam Smiths 1790 ist indes nicht unmittelbar von jenen Würdigungen gefolgt, die manche Bekannte und Freunde erwarten. Sowohl in der Londoner als auch in der Edinburgher Presse erscheint ein Nachruf, in dem Elemente sachlich begründeter Würdigung in teils maliziöser Kritik untergehen, die zudem in Vielem nicht wirklich treffend ist.

Gleichwohl ist klar, dass seine Lehren nach seinem Tod nicht zuletzt über die Vermittlung von Dugald Stewart (und seiner prominenten Schüler, die die britische Politik in der ersten Hälfte des 19. Jahrhunderts mitprägten) nachhaltige Breiten- und Tiefenwirkung entfalteten. Die Wirkungsgeschichte seines Œuvres nimmt aber darüber hinaus historische Dimensionen an, die sowohl im Rahmen der Ökonomie als auch der modernen Wissenschaft insgesamt einzigartig sind. Schumpeter zieht den Vergleich mit Charles Darwin. Karl Marx und mit Abstrichen John Maynard Keynes sind die wenigen vergleichbaren, wenn auch anders gelagerten Fälle unter den Ökonomen.

Im weiteren Verlauf des 19. Jahrhunderts und über erhebliche Strecken des 20. Jahrhunderts ist Smiths Wirkung ambivalent und der Bezug darauf teils oberflächlich. Weithin ist er bloß Lieferant von Stichworten, Metaphern („die Unsichtbare Hand") und Ideen, deren systematischer Zusammenhang oft nicht begriffen wird. Dies hat sich spätestens seit der Publikation der Glasgow-Edition seiner Werke und Korrespondenz (1976-77) geändert. Seither werden die Hintergründe seines Œuvres so intensiv wie nie zuvor untersucht.

Beide Hauptwerke Smiths haben weltliterarischen Rang. Der darüber hinausreichende Stellenwert des *WN* ergibt sich daraus, dass er (1) die disziplinäre Lehrbarkeit der Ökonomik, (2) ein zeitgemäßes, aber auch über seine Zeit hinausreichendes Koordinatensystem wirtschaftspolitischer Argumentation und

(3) einen institutionell ausbalancierten, tragfähigen Ordnungsentwurf eines „wissenschaftlichen Wirtschaftsliberalismus" begründet.

Die Wirkung der *TMS* ist weniger klar. Kurze Zeit nach dem Erscheinen 1759 ist schon deutlich, dass sie ein voller Erfolg ist und seinem Autor Achtung und Respekt über die akademische Welt hinaus einträgt. Aber obwohl die *TMS* unmittelbar nach Erscheinen ein großer Erfolg ist, obwohl Smith selbst die Bedeutung der *TMS* hoch eingeschätzt hat und obwohl sie derzeit wieder verstärkt wahrgenommen wird, ist ihre Würdigung ambivalenter als jene des *WN*.

Jedenfalls erscheinen noch im 18. Jahrhundert sechs Auflagen der *TMS* sowie zwei Übersetzungen ins Deutsche und drei ins Französische. Diese Übersetzungen – eine davon von Sophie de Grouchy, der Gattin bzw. Witwe des Marquis de Condorcet gegen Ende des Jahrhunderts – sind von unterschiedlicher Qualität. Bemerkenswert ist die deutsche Übersetzung durch Walther Eckstein 1926, die gleichzeitig die erste textkritisch-wissenschaftliche Ausgabe der *TMS* (mit systematischem Bezug auf die stark differierenden Auflagen von 1759-90) überhaupt darstellt.

Europäische Geistesgrößen wie Voltaire und Kant sind von dem Werk angetan. Diese beiden Hauptprotagonisten der Aufklärung äußern sich sogar dahingehend, dass in ihren jeweiligen Heimatländern niemand zu finden sei, der so gut wie Adam Smith über Moral zu schreiben verstehe. Die Engländer wiederum, so ein Zeitgenosse, könnten sich wenigstens damit trösten, dass Smith lange in Oxford studiert hatte. So könnten sie ihn wenigstens halbwegs als einen der ihren betrachten.

Die *TMS* wird heute als Fundgrube für prägnante Formulierungen und Denkanstöße geschätzt, nicht zuletzt von der größer werdenden Zahl an Ökonomen, welche sich von einem komplexeren Modell des Akteurs Fortschritte in der Theoriebildung versprechen. Allerdings präsentiert die *TMS* nicht einen Ansatz, der für nachfolgende große Werke der praktischen Philosophie ein Fixpunkt für kritische Weiterentwicklung oder kritische Distanz ist, in dem Sinn, wie dies für Kant, Bentham oder Hegel zutrifft. Für den Philosophen Hegel und seine Konzeption der bürgerlichen Gesellschaft etwa ist Smith wichtig, aber eher der *WN* als die *TMS*. Insgesamt wird die *TMS* in der Geschichte der Philosophie als letzte und subtilste Ausformulierung einer nichtrationalistischen, auf moralischen Gefühlen basierten Ethik eingeordnet (Schneewind 1998, 388 ff.). Die *TMS* gilt als bedeutendes, aber nicht als epochales Buch.

Wirtschaftspolitik

Smiths Wirkung zu seiner Zeit und in den Jahrzehnten nach seinem Tod ist auch seinem umsichtig aufgebauten Netz von Kontakten in Politik und Wissenschaft geschuldet. Auch in der Entwicklung seiner Lehren ist er ein Muster von Umsicht und Differenzierung. Wenn es um Wichtiges geht, ist übertreibende Zuspitzung seine Sache nicht. Auch ist er überhaupt nicht am effektvollen Skandal interessiert, sondern vielmehr davon überzeugt, Skandale schadeten der ernsthaften und nutzbringenden Rezeption des Neuen.

Für den Geschmack mancher Nachfolger ist Smith wirtschaftspolitisch zu wenig eindeutig. Im 19. Jahrhundert erscheinen in vielen Auflagen Ausgaben des *WN*, die umfängliche Einführungen, Anmerkungen, wirtschaftspolitische Aktualisierungsversuche und auch „Korrekturen" einzelner Smithscher Lehren enthalten. Beispielsweise hält nicht nur Jeremy Bentham Smiths Votum für Zinssatzobergrenzen für einen glatten Irrtum. Zu den systematisch „korrigierten" Ausgaben zählt die von J.R. McCulloch besorgte und bei Adam and Charles Black (Edinburgh) verlegte englischsprachige und eine unter maßgeblicher Beteiligung von Blanqui entstandene und mit Anmerkungen J.B. Says versehene französische Ausgabe.

John Stuart Mills *Principles of Political Economy* lassen strukturell, didaktisch und in Bezug auf den wirtschaftspolitischen Impetus die Prägekraft des *WN* erkennen. Mill artikuliert jene Implikationen, die sich aus dem *System of Natural Liberty* für den Zuschnitt wirtschaftspolitischer Argumentation ergeben: „and few will dispute the more than sufficiency of these reasons, to throw, in every instance, the burden of making out a strong case, not on those who resist, but on those who recommend government interference. Letting alone, in short, should be the general practice: every departure from it, unless required by some great good, is a certain evil." (Mill 1848 V.xi.7) Für diesen elastischen, robusten, empirieoffenen Wirtschaftsliberalismus steht Smith. Jacob Viner (1927) macht im Smithschen Œuvre 29 Staatsinterventionsgründe aus. Die spezifischen Gründe für politische Eingriffe werden je nach Problem- und Interessenlagen historisch variabel sein. Die Beweislast kommt indes immer den Vertretern dieser Eingriffe zu.

Mills vielzitierte Formulierung macht den bis heute wirksamen Schachzug transparent, mit dem Smith die Vertreter merkantiler Sonderinteressen und Fehlregulierungen in die Defensive zu treiben versteht (vgl. Sturn 2010).

Klassische Ökonomik

David Ricardo lernt den *Wealth* 1799 kennen und ist von ihm derart fasziniert, dass er sich der Politischen Ökonomie verschreibt. Sein 1817 in erster Auflage erscheinendes Werk *On the Principles of Political Economy and Taxation* enthält im Wesentlichen eine kritische Auseinandersetzung mit Smith – Smith ist der am häufigsten zitierte Autor – sowie die Korrektur einiger von dessen Grundsätzen. Der gleich eingangs der *Principles* geäußerte Hauptvorwurf gegenüber Smith lautet, dass er aus den bereits erwähnten Gründen „die Grundsätze der Rente nicht richtig erkannt" habe und damit zu einer fehlerhaften „Erklärung der natürlichen Bewegung von Rente, Profit und Lohn" gelangt sei (Ricardo 2006, 1). Da der Preis auf dem rentenlosen Grenzboden bestimmt werde, sei die extensive Differenzialrente weder Preisursache noch Preisbestandteil, sondern vielmehr Preisfolge. Die Profitrate falle auch nicht wegen einer bloßen Akkumulation von Kapital und der hieraus angeblich folgenden Intensivierung der Konkurrenz der Kapitaleigner. Sie falle vielmehr dann, wenn bei gegebenem Reallohnsatz immer mehr der weniger fruchtbaren Böden bewirtschaftet werden müssen, um den wachsenden Bedarf an Bodenprodukten zu decken, hierdurch die Renten steigen und ein relativ immer geringerer Teil des Nettoprodukts in Form von Profit verteilt wird. Hinsichtlich der Werttheorie wirft Ricardo Smith vor, allzu schnell von der Arbeitswerttheorie abgerückt zu sein. Diese sei selbst in fortgeschrittenen Stadien gesellschaftlicher Entwicklung als Theorie der relativen Preise noch exakt gültig, wenn in allen Produktionszweigen produzierte Produktionsmittel und direkte Arbeit in den gleichen Proportionen eingesetzt werden. Andernfalls leiste sie als grobe Annäherung an eine Theorie der normalen Preise gute Dienste. Schließlich kritisiert Ricardo Smiths Erklärung der internationalen Spezialisierung gemäß absoluter Kostenvorteile und entwickelt das Prinzip der komparativen Kostenvorteile.

Ricardo übernimmt die analytische Grundstruktur des *Wealth* und auch alle bedeutenden Konzepte, wie dasjenige der natürlichen Preise, der konkurrenzwirtschaftlich einheitlichen Profitrate und der Erklärung der Besitzeinkommen (Profit, Rente und Zins) auf surplustheoretischer Basis. Die allgemeine Profitrate und relativen Preise in einer gegebenen Wirtschaft zu einer gegebenen Zeit bestimmt er, wie Smith vor ihm, auf der Grundlage (a) gegebener Bruttoproduktionsmengen, (b) einer gegebenen Technik und (c) gegebener Reallöhne. Er zeigt, dass diese unabhängigen Variablen geeignet sind, die abhängigen Variablen zu bestimmen. Der Kern der Smithschen Theorie ist Ricardo zufolge robust und entwicklungsfähig.

Bedeutende Weiterentwicklungen des klassischen Ansatzes in der Theorie der Produktion, der Verteilung und des Wachstums werden von Vladimir K. Dmitriev und Ladislaus von Bortkiewicz gegen Ende des 19. und zu Beginn des 20. Jahrhunderts vorgelegt. Allyn Young (1928) bringt das Smithsche Konzept der Arbeitsteilung mit dynamisch steigenden Skalenerträgen in Verbindung. Eine Welt, die letzteren unterliegt, sei durch positive Rückkopplungen gekennzeichnet und gehorche einer anderen Gesetzmäßigkeit als die von der konventionellen Theorie erörterten, durch negative Rückkopplungen sich ergebenden statischen Verhältnisse. Die Arbeitsteilung hängt von der Größe des Marktes ab, aber die Größe des Marktes hängt auch von der Arbeitsteilung ab. Diese Wechselwirkung generiert einen sich selbst tragenden Prozess der Entwicklung, der mit statischen Gleichgewichtskonzepten und partialanalytischer Betrachtungsweise nicht erfasst werden kann.

Um ein der Sache nach klassisches Modell der Verteilung und des Wachstums (jedoch ohne steigende Skalenerträge) handelt es sich bei dem Beitrag John von Neumanns (1937), in dem die maximal mögliche Wachstumsrate des Systems ermittelt wird, nicht unähnlich dem oben referierten Smithschen Argument. Piero Sraffa (1951, 1960) gebührt das Verdienst, den klassischen Ansatz dem Vergessen entrissen und gezeigt zu haben, dass es sich dabei nicht um eine frühe und primitive Form des Marginalismus oder der Neoklassik handelt, sondern um einen fundamental anderen Ansatz. Dieser kommt ohne Angebots- und Nachfragefunktionen und ohne Konzepte wie Grenznutzen und Grenzproduktivität aus. Im Einklang mit Smith geht Sraffa davon aus, dass es wenig Sinn macht, über eine Ausdehnung der Produktionsmengen und damit der Märkte bei unveränderten technischen und organisatorischen Verhältnissen nachzudenken (vgl. auch Kurz und Salvadori 1995: Kap. 1).

Karl Marx

Reflexionen über die Wirkungsgeschichte der Smithschen Überlegungen zu Arbeitsteilung und Spezialisierung enden oft in einem Paradoxon, das George Stigler (1976, 1209 f.) als Kombination von überwältigendem Erfolg und bedauerlichem Scheitern umschrieb. Sie sei eine der fruchtbarsten Verallgemeinerungen der ökonomischen Literatur, urteilte Allyn Young – neben Nicholas Kaldor einer der wenigen, welche die Frage dynamisch steigender Skalenerträge aufgriffen. Hendrik Houthakker zufolge gibt es kaum ein Gebiet der Ökonomie, welches durch die vertiefte Analyse von Spezialisierung nicht gewinnen würde.

Jedoch, so Stigler (1976, 1210), „almost no one used or uses the theory of the division of labor, for the excellent reason that there is scarcely such a theory."

Zumindest Stiglers *Begründung* trifft heute nicht mehr zu. Ohnedies ist von den obigen Verdikten ein großer Ökonom auszunehmen: Karl Marx. Schon dessen ökonomisch-philosophische Manuskripte aus dem Jahre 1844 dokumentieren, wie stark Marx' Auffassungen der Dynamik und der Spannungen des Kapitalismus, der Arbeitsteilungs- und Spezialisierungsprozesse und der ökonomischen Rollen seiner Klassen zu einem Zeitpunkt von Smith beeinflusst wird, da er Ricardos analytische Fortschritte auf dem Gebiet der Wert- und Rententheorie noch nicht rezipiert hat. Marx liest Smith – durchaus schlüssig – nicht als optimistischen Propheten liberaler Harmonie, sondern als „den Ökonomen" (so pflegt er ihn in jener Frühschrift zu bezeichnen), der die spannungsvolle Entwicklung der modernen Marktwirtschaft analytisch schärfer fasst als Hegel. Tatsächlich gehört Smith mit Marx zu jenen Theoretikern, die marktwirtschaftliche Dynamik aufs Engste mit den Spannungen der modernen Gesellschaft in Verbindung bringen. Der Prozess der Arbeitsteilung wird bei Marx als soziale Produktivkraft gefasst und wie bei Smith in seiner Ambivalenz für die menschliche Entwicklung dargestellt, freilich mit anderen politischen Akzentuierungen.

Marginalistische Ökonomik

Bei Smith spielen Konzepte eine Rolle, die in der einen oder anderen Form (und Terminologie) für jegliche ökonomische Theoriebildung Bedeutung haben: Natürlicher Preis, Gravitationsprozesse, Eigeninteresse, Anreize, dezentrale Koordination, Allokation. Dies führte dazu, dass nicht nur die Klassik, sondern auch die Neoklassik an Smith anknüpften, wenngleich vom Smithschen Eigeninteresse zum neoklassischen *homo oeconomicus* ein ebenso verschlungener Weg führt wie von Smiths Dynamik zur Fokussierung auf den kalten Stern der Knappheit als Kern *des* „ökonomischen Problems". Im Hinblick auf ihre theoretische Substanz ist die Standard-neoklassische Preis- und Verteilungstheorie wie auch deren Konzeption von Markt und Wettbewerb *nicht* einfach eine *Perfektionierung und Formalisierung* Smithscher Ideen. Vielmehr verschieben sich der theoretische Rahmen (Was ist endogen? Was ist exogen?) und auch die Fragestellungen. So wird Smith nicht selten nur mehr als Stichwortgeber und Lieferant probater Metaphern geschätzt. Oder er wird schlicht fehlinterpretiert.

Smiths kleinere oder größere Modellskizzen, die nicht zuletzt Fragen nicht perfekter Märkte im Fokus haben, erlauben es indes auch Vertretern der modernen Informations-, Industrie-, Religions- und Institutionenökonomik bei Smith Inspiration zu suchen. Er antizipiert *Reputationsmechanismen* im Zuge der Erklärung des unterschiedlichen Ehrlichkeitsgrads der Kaufleute diverser Nationen (*LJ*-B 327) ebenso wie Gedanken von *Effizienzlohntheorie* und adverser Selektion auf Kreditmärkten (Sturn 1990, 103 ff.). Er bietet eine informationsökonomisch basierte Theorie protestantischer Sekten an (*WN* V), die von Religionsökonomen aufgegriffen wurde.

Evolutorische Ökonomik

Smith begreift Sprache, Institutionen, Kultur, Wirtschaft und Gesellschaft als sich entwickelnde und in permanenter Umwandlung begriffene Phänomene, in denen das Prinzip der Anpassung durch Selektion eine bedeutende Rolle spielt. Wettbewerb bedeutet für Smith Rivalität. Ihn besteht, wer gut wirtschaftet und technische und andere Verbesserungen verwirklicht. Diese generieren neue Verhältnisse und erzeugen für die sonstigen Marktteilnehmer einen Anpassungsdruck, dem sie standhalten müssen, um nicht als Marktteilnehmer eliminiert zu werden. Die zentripetale Kraft der Konkurrenz verringert die Varietät im System über die Elimination von Teilen des überlieferten Wissens und seiner Repräsentanten, die zentrifugale erhöht sie über die Schaffung neuen Wissens und der dieses verkörpernden neuen wirtschaftlichen Einheiten und Institutionen. Smiths hauptsächliche analytische Kategorie ist der *Prozess*, nicht das Gleichgewicht. Er ist daher nicht ohne Berechtigung von Ronald Coase als „Evolutionsökonom" bezeichnet worden und wird in der sich rasch entwickelnden Evolutorischen Ökonomik neben Autoren wie Schumpeter und Hayek immer mehr als bedeutender Vorläufer gesehen.

Deutschsprachige Theorie

Schon im späten 18. Jahrhundert wird Smith von Deutschen und Österreichern wahrgenommen und teils gründlich rezipiert: Hierzu zählen der schon genannte Graf Windischgrätz, Christian Jacob Kraus (Königsberg) und Georg Sartorius (Göttingen). Letzterer zählte u. a. Hardenberg zu seinen Studenten. Smith ist im 19. Jahrhundert ein bedeutender Einfluss für G.W.F. Hegel, Marx, F.B.W. Hermann und K.H. Rau. Die Nationalökonomie der deutschen Romantik sowie

Friedrich List, Karl Roscher und Karl Knies beziehen sich (teils kritisch) auf ihn. August Onckens Beitrag zum Adam Smith-Problem (1898) zählt zu den beachtenswertesten Resultaten der ernsthaften Auseinandersetzung mit Smith im 19. Jahrhundert.

Zahlreiche Vertreter der Historischen Schule in Deutschland lehnen Smith mit dem Argument ab, allzu theoretisch und nicht genügend ethisch-historisch zu sein. Die Konzentration auf die Rolle des Eigeninteresses im *WN* wird vielfach als irreführende Perspektive auf ökonomische Sachverhalte angesehen. Der etatistisch-paternalistische Ansatz der sogenannten „Kathedersozialisten" verträgt sich nicht gut mit dem aufgeklärten Verständnis der Rolle und Grenzen staatlicher Intervention. Die über Smith gefällten Urteile zeugen nur selten von einer gründlichen Kenntnis seines Werks.

Auch für die österreichischen Kritiker der Historischen Schule, allen voran Carl Menger und Eugen von Böhm-Bawerk, ist Smith ein bedeutender Bezugspunkt der eigenen Analysen. Aber sehr viel gilt Smiths Werk ihrem Urteil nach nicht. Ihm wird erstaunlicherweise Oberflächlichkeit und ein Mangel an Originalität vorgeworfen. So zählt Böhm-Bawerk Smiths Verteilungstheorie bemerkenswerterweise zu den „farblosen Theorien". Eine nähere Befassung mit den Werken der Österreicher zeigt jedoch ein ums andere Mal, wie sehr auch sie von ihm profitiert haben. Das bei Menger angelegte und von Böhm-Bawerk entfaltete Konzept der „Mehrergiebigkeit längerer Produktionsumwege" übersetzt Smiths dynamische Vorstellung einer zunehmenden Arbeitsteilung und des damit einhergehenden technischen und organisatorischen Fortschritts in das statische Konzept der zu einem gegebenen Zeitpunkt zur Verfügung stehenden technischen Alternativen der Produktion und beraubt sie damit seines Wesens.

Eine bedeutende direkte Quelle sind Smith und die Schottische Aufklärung schließlich für Friedrich von Hayeks Theorie spontaner Ordnungen, die im letzten Drittel des 20. Jahrhunderts ein wesentliches Element der wirkmächtigen Revitalisierung des Wirtschaftsliberalismus wurde.

★ Smith zu Eurokrise, Eurobonds und zur Reform europäischer Institutionen

Im natürlichen Lauf der Dinge sind es normalerweise begrenzte Verbesserungen gewachsener Institutionen, die Gesellschaften voranbringen. So kam unser derzeitiges marktwirtschaftliches System mit einem starken öffentlichen Sektor zustande. Es hat sich weiterentwickelt, indem entstandene Probleme durch Reformen gemildert wurden. Die graduelle Entwicklung gemischter Wirtschaften nach dem Krieg war eine Antwort auf die Herausforderungen der Weltwirtschaftskrise. Die meisten dieser Maßnahmen zeitigen nichtintendierte Konsequenzen auf der Systemebene, sodass es wichtig ist, das institutionelle Gefüge lernfähig und offen für Korrekturen zu halten.

Es ist nicht zu erwarten, dass dies in Zukunft grundlegend anders sein wird. Die Gesellschaft nach einem Masterplan insgesamt umzubauen, wie es Utopisten und brachialen Neuerern vorschwebt, kann nicht funktionieren.

Dennoch sind in der Geschichte manchmal Weggabelungen erkennbar, wo kleine Reformen zu kurz greifen und der Mittelweg immer weiter in den Morast führt. Eine solche Weggabelung stellten jene Entwicklungen dar, die schließlich zur amerikanischen Unabhängigkeit führten. „Meine langjährige Beschäftigung mit dieser Frage führte zur Einsicht, dass ohne grundlegende institutionelle Neuausrichtung kostspielige und langwierige Konflikte und Reibungen drohen würden." Es war klar: Ein Fortwursteln mit geringfügigen Änderungen des *Status quo* würde nicht funktionieren. Die beiden gangbaren Alternativen brächten eine großangelegte Neuausrichtung mit sich: Entweder die *Unabhängigkeit der Kolonien* Neuenglands oder aber deren gleichberechtigte parlamentarische Integration in einer *Imperial Union.*

An einer vergleichbaren Weggabelung steht heute Europa. Entweder Europa wird zu einer politischen Union *ausgebaut.* Dies muss kein Superstaat sein. Entscheidend ist, dass über die wesentlichen Öffentlichen Güter und Regulierungen gemeinsam entschieden wird. Dies schließt (in welcher Form auch immer) ein gemeinschaftliches Design im Hinblick auf die Finanzierung dieser Öffentlichen Güter ein.

Oder aber es wird zu einer Freihandelszone *zurückgebaut*, in der darüber hinausgehende Politik-Koordination punktuell und je nach Problem und Anlass verhandelbar ist.

Derzeit sind wir in einer Zwischensituation, in der nicht berechenbar ist, ob und wann die eine oder die andere Option gezogen wird. Das verunsichert die Menschen – und es schafft eine untergründige Unsicherheit auf den Märkten. Diese Unsicherheit potenziert die Effekte von Turbulenzen, wie sie im Gefolge von Finanz-, Banken- und Staatsschulden-, Migrations- oder Corona-Krise auftreten. Die Probleme um den Euro sind daher Ausdruck dieser Zwischensituation.

Ob ich Eurobonds kaufen würde? Hierauf kann ich als Ökonom eine simple und eine anspruchsvolle Antwort geben. Die simple lautet: Das hängt von den Alternativen und spekulativen Erwartungen ab. Aber zu Letzteren befragen Sie vielleicht besser meinen schottischen Landsmann John Law. Die anspruchsvolle bezieht sich auf die lange Frist und die gerade skizzierte institutionelle Perspektive. Eurobonds kaufen und längerfristig halten würde ich unter der Bedingung, dass ein glaubwürdiger *Ausbau* der europäischen Institutionen stattfindet. Denn sonst können die *fundamentals* dieser Bonds nicht stimmen. Aber wie sie auch immer heißen, Euro-Bonds, Corona-Bonds oder European Recovery Bonds: Über kurz oder lang wird es sie geben, sofern EU und Eurozone nicht zerfallen oder sich rückentwickeln.

★ Biographie

Jahr	Ereignis
1720	Eheschließung der Eltern Adam Smith sen. und Margareth Douglas of Strathenry.
1723	Adam Smith jr. wird am 5. Juni getauft.
1732-1737	Schulbesuch in Kirkcaldy.
1737	Immatrikulation an der Universität Glasgow.
1740	Erhält Stipendium für Universität Oxford.
1740-1746	Studium in Oxford.
1746	Rückkehr nach Kirkcaldy.
1748-1751	Hält in Edinburgh Vorlesungen; Bekanntschaft mit David Hume.
1751	Berufung zum Professor für Logik an der Universität Glasgow.
1752	Berufung zum Professor für Moralphilosophie an der Universität Glasgow.
1754	Mitbegründer der Select Society (Edinburgh).
1755	Erste Publikationen in der *Edinburgh Review*.
1759	Die *Theory of Moral Sentiments* erscheint in London.
1764-1766	Reise nach Frankreich als Tutor des Herzogs von Buccleuch.
1766	Aufenthalt in Paris und Kontakte mit führenden Gelehrten.

1766-1767	Aufenthalt in London von November 1766 bis Mai 1767. Smith berät den Schatzkanzler.
1767-1773	Rückkehr nach Kirkcaldy und Arbeit am *Wealth of Nations.*
1776	Der *Wealth of Nations* erscheint in London.
1778	Ernennung zum Mitglied im *Board of Customs.* Deswegen Übersiedlung nach Edinburgh.
1787	Ernennung zum Lord Rector der Universität Glasgow.
1790	Smith stirbt am 17. Juli in Edinburgh.

★ Glossarium

Agrikultursystem
Gemeint ist die physiokratische Lehre, deren Hauptvertreter François Quesnay war. Ihr zufolge sind nur die in der Landwirtschaft (bzw. Primärproduktion) Beschäftigten produktiv, die im Verarbeitenden Gewerbe und im Handel Tätigen jedoch unproduktiv. Smith lehnt diese Sicht ab und ersetzt sie durch die Annahme, dass auch die in Gewerbe und Handel Tätigen produktiv seien, aber weniger produktiv als jene in der Landwirtschaft. Er lobt die Physiokraten ob ihres Eintretens für die „liberalen Vorstellungen von Gleichheit, Freiheit und Gerechtigkeit" und ihre Gegnerschaft gegen die Wirtschaftspolitik Colberts, Minister Ludwig XIV. Smith trägt sich eine Weile mit dem Gedanken, den *Wealth* Quesnay zu widmen.

Arbeitsteilung
Schon in der griechischen Antike finden sich recht detaillierte Ausführungen zur sozialen Vorteilhaftigkeit der Arbeitsteilung. Der Beitrag Smiths besteht darin, A. als dynamischen Prozess mit positiver Rückkopplung zu begreifen. Der kumulative Prozess der A. wird „nur durch die Reichweite des Marktes" begrenzt. Überdies ist A. in ein umfassenderes Verständnis von Spezialisierung und Ausdifferenzierung eingebettet, das alle Sphären und Institutionen menschlicher Tätigkeit (etwa auch wissenschaftlich-technischen Fortschritt) betrifft. Die voranschreitende Mechanisierung der Produktion ist integraler Bestandteil der A.

Benevolenz (Wohlwollen, Gütigkeit)
Für Smith Inbegriff jener Tugenden, deren Gebote nicht eindeutig kodifizierbar sind und die sich nicht rechtsförmig erzwingen lassen. B. bildet in Smiths Theorie den polaren Gegensatz zu Justice/Gerechtigkeit. B. wird vor allem als Tugend gesehen, die für das Zusammenleben im sozialen Nahbereich (z. B. in der Familie) wichtig ist.

Einzel- vs. Gesamtinteresse

Smith sieht die Gesellschaft im Wesentlichen in drei Schichten untergliedert, die unterschiedliche Rollen im Prozesse der Produktion, Verteilung und Verwendung des gesellschaftlichen Reichtums verkörpern: Arbeiter, Grundherren und Kapitaleigner (Manufakturisten, Pächter, Kaufleute und Händler). Deren Interessen sind unterschiedlich und einander häufig entgegengesetzt. Bei der Frage ihrer Durchsetzung kommt es auf die Macht dieser sozialen Schichten an. Interessensgegensätze kommen vor allem im Konflikt um die Verteilung des Sozialprodukts zum Ausdruck. Smith ist nicht der Auffassung, dass Einzel- und „Allgemeininteresse" stets zusammenfallen. Es ist Aufgabe des Gesetzgebers, für Gerechtigkeit zu sorgen und auch eine Machtbalance zwischen den sozialen Schichten herzustellen. Erst durch gerechte Rahmenbedingungen werden die eigeninteressierten Anstrengungen der Akteure so gelenkt, dass sie auch dem Wohl des Ganzen förderlich sind. Smith ist nicht der ihm häufig zugeschriebenen Auffassung, Egoismus sei die wesentliche Grundlage einer guten Gesellschaft.

Freie Konkurrenz

Unter Konkurrenz versteht Smith *Rivalität*. Sein Begriff von Konkurrenz ähnelt dem, was heute *Bestreitbarkeit* (*contestability*) genannt wird. Denn er bezieht sich auf die Abwesenheit von Markteintritts- und Marktaustrittsschranken; speziell auf solche, die Merkantilsystem und Zunftwesen errichtet haben. Märkte sind bestreitbar, wenn die Extraprofite, die Firmen in einem Markt genießen, durch neu eintretende Firmen (selbst durch die bloße Androhung des Eintritts) geschliffen und so konkurrenzwirtschaftliche Verhältnisse erzwungen werden. Für Smith verkörpert freie Konkurrenz nicht eine bereits realisierte Situation, sondern das Ideal des „Systems der natürlichen Freiheit", das, wäre es verwirklicht, eine Entwicklung gemäß des „natürlichen Verlaufs der Dinge" ermöglichen würde. Smith unterstellt nicht wie im marginalistischen Konzept des „vollkommenen Wettbewerbs", dass auf beiden Marktseiten eine unendlich große Zahl von Marktteilnehmern agiert. Sein Kriterium lautet vielmehr, dass es bei freier K. keine dauerhaft über den *natürlichen Preisen* liegenden *Marktpreise* geben kann.

Freihandel

Smith ist für Freihandel, weil dieser seiner Überzeugung nach grundsätzlich für alle sich beteiligenden Nationen und die verschiedenen Klassen der Gesellschaft von Vorteil im Sinne steigender Pro-Kopf-Einkommen ist. Über die sich ergebende Vergrößerung der Märkte sei eine bessere Allokation der produktiven Ressourcen möglich und über die sich vertiefende Arbeitsteilung dynamisch steigende Skalenerträge. Freihandel führt zu Technologietransfer und induziert Lerneffekte. Der deutsche Ökonom Friedrich List sollte Smith vehement widersprechen.

Gerechtigkeit (*Justice*)
Für Smith der Inbegriff jener Normen, die hinreichend präzise kodifizierbar und rechtsförmig durchsetzbar sind. Sie bilden in Smiths Theorie die unbedingt notwendige Grundlage, ohne die das Zusammenleben in modernen Gesellschaften nicht funktionieren kann. Kern der Gerechtigkeit sind bei Smith Eigentumsrechte, insbesondere jene an der eigenen Arbeitskraft.

Kapitalakkumulation
Die K. ist im *Wealth* der Schlüssel zu wirtschaftlicher Entwicklung und Wachstum, weil sie einen *circulus virtuosus* in Gang setzt: K. – Ausdehnung der Märkte – Gelegenheit zu einer Vertiefung der gesellschaftlichen Arbeitsteilung – Anstieg der Arbeitsproduktivität – Anstieg der Profite und Pro-Kopf-Einkommen – weitere K. usw. usf. Es handelt sich um einen Prozess kumulativer und zirkulärer Verursachung. Wer Kapital akkumuliert, das heißt spart und investiert, sei ein „öffentlicher Wohltäter". Das akkumulierte fixe Kapital (Werkzeuge und Maschinen) bestimmt die Arbeitsproduktivität, das akkumulierte zirkulierende Kapital (Unterhaltsmittel für die Arbeiter und Rohstoffe) die Beschäftigungsmenge.

Markt
Die Koordination der verschiedenen privaten Aktivitäten in einer arbeitsteiligen Wirtschaft kann auf verschiedene Weisen erfolgen, darunter durch ein System interdependenter Märkte. In ihm sind die Interessen der Akteure das treibende Moment. Das Funktionieren des Marktsystems ist nicht auf das wechselseitige Wohlwollen der Einzelnen angewiesen. Vielmehr bringt eine wohlgeordnete und gut regierte Gesellschaft das Eigeninteresse der Einzelnen in einer Weise zur Wirkung, dass es auf verschlungene Weise der Gesellschaft insgesamt zum Vorteil gereicht.

Merkantilsystem

Für Smith ein „System der Beschränkungen und Verordnungen", das einzelnen Gruppen Vorteile gegenüber dem Gros der Gesellschaft verschafft. In letzter Instanz ist es ein System von legalen „Monopolen", welche die Marktpreise der betreffenden Waren dauerhaft über deren natürlichen Preisen halten und so überdurchschnittlich hohe Einkommen, vor allem Profite, ermöglichen. Das M. arbeitet mit Einfuhrbeschränkungen, Ausfuhrförderungen, Handelsmonopolen und Kolonien. Besonders die Untaten der Ostindischen Handelsgesellschaft als Ausfluss des „wretched spirit of monopoly" prangert Smith an. Die Urheber des M. sind Smith zufolge Kaufleute und Handeltreibende, die sich in „schamlosem Neid" und „gemeiner Habsucht" zu „Beherrschern der Menschheit" aufgeschwungen hätten. Auf diese Weise seien „die Schliche kleiner Krämer" zur wirtschaftspolitischen Richtschnur ganzer Nationen geworden.

Monopol

Monopole in einzelnen Märkten bewirken, dass die dort sich ergebenden Marktpreise dauerhaft über den natürlichen Preisen liegen. Sie bescheren daher den Monopolisten überdurchschnittliche Einkommen. Smith unterstellt nicht, dass im betreffenden Markt nur ein einziger Anbieter zu finden ist. Ein M. ist vielmehr immer dann gegeben, wenn Markteintrittsschranken den Eintritt weiterer Akteure in einen Markt erschweren oder unmöglich machen. Das Merkantilsystem ist Smith zufolge nichts anderes als ein obrigkeitlich durchgesetztes System von Privilegien und Monopolen verschiedenster Art. Diese widersprechen den Grundsätzen von Gleichheit, Freiheit und Gerechtigkeit.

Natürlicher Gang der Dinge (*Natural course of things*)

Hierbei handelt es sich um jenen idealtypischen Verlauf der wirtschaftlichen Entwicklung und des Wachstums, der sich bei immerwährender Wahrung der Grundsätze von Gleichheit, Freiheit und Gerechtigkeit ergeben hätte oder würde. Die tatsächliche Entwicklung weicht hiervon im Allgemeinen merklich ab. Die Differenz zwischen tatsächlicher und „natürlicher" Entwicklung ist das Ergebnis einer systematisch betriebenen Durchsetzung von Partikularinteressen auf Kosten der Allgemeinheit, wie im Merkantilsystem, sowie generell der Torheit und Verführbarkeit des Menschen. Der „natürliche" Gang impliziert eine das Wirtschaftswachstum maximierende Entwicklung der verschiedenen Sektoren der Wirtschaft, beginnend mit der Landwirtschaft, gefolgt von Verarbeitendem Gewerbe und Binnenhandel und erst zuletzt dem Fernhandel. Mit der

Entwicklung des Fernhandels und der Städte als Standorte von Industrie und Handel habe das Merkantilsystem einen geradezu „perversen" Verlauf der Entwicklung erzwungen und somit Wachstumschancen verspielt. Es habe die große Mehrheit der Bevölkerung zugunsten einiger Kaufleute und Gewerbetreibenden geschädigt.

Natürlicher Preis
Hierbei handelt es sich um das „Gravitationszentrum der Marktpreise". Bei freier Konkurrenz sind Arbeit, Kapital und Boden mobil und werden von eigeninteressierten Akteuren in der vorteilhaftesten Verwendungsrichtung eingesetzt. Dies führt tendenziell zum Ausgleich der Lohnsätze für gleiche Arbeit, der Profitrate auf das eingesetzte Kapital und der Rentsätze für gleiche Bodenqualitäten. Der natürliche Preis einer Ware deckt alle Kosten der Produktion sowie die an die Eigentümer der Arbeit, des Kapitals und der Böden entrichteten natürlichen Vergütungssätze.

Natur/natürlich
Für Smith gehört zunächst alles zur Natur, dessen Existenz wissenschaftlich erklärt werden kann. Der Naturbegriff umfasst insbesondere auch gesellschaftliche Phänomene. In Gesellschaften können indes Strukturen bzw. Regulierungen entstehen, die zwar „natürlich" erklärbar sind, aber dennoch in dem folgenden Sinn nicht im Einklang mit den Prinzipien der Natur stehen: Sie werden als unnatürlich bezeichnet, wenn gezeigt werden kann, dass sie nicht stabil sind und/oder die längerfristigen Entwicklungsmöglichkeiten von Wirtschaft und Gesellschaft beschneiden.

Philosophical history (conjectural history)
Gesellschaftstheoretisch fundierte Entwicklungsgeschichte, die aufzeigt, wie komplexe Phänomene (Sprache, institutionelle Muster) aus natürlichen Ursachen *hätten entstehen können*. Auch wenn der historische Ablauf faktisch nicht belegbar ist, kann so ein besseres Verständnis komplexer Phänomene erlangt werden.

Produktive/unproduktive Arbeit
Unter p. A. versteht Smith Arbeit, die den Arbeitsgegenständen einen Wert hinzufügt und sich in einem mehr oder weniger dauerhaften Produkt manifestiert; sie wird aus dem Kapitalvorschuss bezahlt. U.A. hingegen verzehrt Wert und

schafft keinen und ihr Ergebnis vergeht im Augenblick seines Zustandekommens; sie wird aus dem Einkommen bezahlt. Der typische Fall u.A. sind Dienstleistungen, wie sie von der Dienerschaft eines reichen Herrn erbracht werden. Die Kapitalakkumulation ist auf die Ergebnisse der p. A. angewiesen. Wirtschaftlicher Fortschritt ist demnach nur mittels p. A. zu erzielen.

Sympathie

Aufgrund der Fähigkeit zur Sympathie lernen wir, moralische Gefühle und Motive in menschlichen Handlungssituationen in natürlicher Weise zu billigen oder zu missbilligen. Die Sympathie steht nicht im Gegensatz zum Eigeninteresse. Je nach Situation sympathisieren wir in gewissem Umfang *auch* mit Eigeninteresse als Motiv, nicht nur mit den klassischen Tugenden (s. Unparteiischer Beobachter).

System der natürlichen Freiheit (*System of natural liberty*)

Für Smith der Inbegriff einer Ordnung, in der (a) alle unnatürlichen Regulierungen und Strukturen verschwunden sind und die (b) die besten Chancen für die längerfristige Entwicklung der Gesellschaft bietet. Das S. basiert auf freier Konkurrenz.

System

Smith verwendet diesen Begriff einerseits im Sinne dessen, was heute als Theorie (oder Paradigma) bezeichnet wird. Andererseits bezeichnet er auch in der Wirklichkeit anzutreffende Ordnungen als Systeme.

Unparteiischer Beobachter (*Impartial Spectator*)

Der U. ist (a) eine Art theoretischer Prüfstein, der den Katalog natürlicher moralischer Gefühle und Antriebe zu bestimmen erlaubt. Es sind jene, die der U. in der einen oder anderen Handlungssituation billigt. Die Konzeption des U. stellt (b) auch auf die natürliche moralische Lernfähigkeit des Menschen i.S. der Überwindung parteiischer/partialer Perspektiven ab, die einen wesentlichen Teil menschlicher Soziabilität ausmacht. Er lernt sich zu fragen: Welche Dosierung und Richtung moralischer Gefühle würden alle in bestimmten Handlungssituationen billigen? (s. Sympathie)

Unsichtbare Hand (*invisible hand*)
Smiths Formel für *ordnungsschaffende Mechanismen* in der Natur/Gesellschaft, die wegen ihrer Komplexität auf den ersten Blick nicht durchschaubar sind. Das *Explanandum* (also ein geordneter Zustand oder Prozess) wird daher metaphorisch dem Wirken einer unsichtbaren Hand zugeschrieben. Die Aufgabe der Wissenschaft besteht in der Erklärung jener Mechanismen, die „hinter" der unsichtbaren Hand wirken.

***Unintended consequences* (nichtintendierte Konsequenzen)**
Beziehen sich auf *gesellschaftliche* Phänomene, die wohl Resultat menschlichen Handelns, aber nicht geplant oder beabsichtigt sind. Smiths Paradebeispiel hierfür ist der Prozess der *Arbeitsteilung*. Nichtintendierte Konsequenzen können insgesamt vorteilhaft, nachteilig oder ambivalent sein. So sieht Smith etwa die Arbeitsteilung als großartigen Entwicklungsprozess, der jedoch seine Schattenseiten und Gefahren u. a. durch die Entwertung handwerklicher Fähigkeiten und Fertigkeiten birgt.

Wohlstand/Reichtum einer Nation
Reich sind Gesellschaften nicht dann, wenn sich in der Schatzkammer des Fürsten viel Edelmetall befindet, wie einige Merkantilisten behauptet hatten, sondern wenn die während eines Jahres geleistete Arbeit der produktiv Beschäftigten ein besonders großes Nettoprodukt an Gütern hervorbringt. Mit diesem Stromkonzept des Reichtums ebnet Smith der modernen volkswirtschaftlichen Gesamtrechnung den Weg. Smiths Maß für den W./R. ist das durchschnittliche reale Pro-Kopf-Einkommen der Bevölkerung. Es hängt ab von der Produktivität und dem Anteil der produktiv Beschäftigten an der Bevölkerung. Bleibt der Anteil konstant, dann wächst das Pro-Kopf-Einkommen mit der Arbeitsproduktivität. Also haben die Gründe für deren Steigerung im Zentrum des Interesses der Politischen Ökonomie zu stehen.

★ Wichtige Werke

Essay on the History of Astronomy
Entstanden vor 1758; Erstpublikation 1795. Anhand der Geschichte der Astronomie wird eine heute noch lesenswerte Einführung in die Möglichkeiten und Probleme wissenschaftlichen Wissens geboten. Diese ist nicht zuletzt im Hinblick auf den Stellenwert der Modellierungen moderner Wirtschaftstheorie interessant.

Theory of Moral Sentiments (mit Kurzbibliographie)
Erstpublikation 1759. 6. Auflage 1790 enthält maßgebende Modifikationen und Erweiterungen. Gegenstand ist Smiths Moraltheorie. Die Mechanismen von Moral und Gerechtigkeit werden auf der Grundlage von „Sympathie" erklärt und in ihren Funktionen für das menschliche Leben verständlich gemacht. Die *TMS* ist wesentliche Quelle für Smiths differenzierte Sicht menschlicher Handlungsmotive und -tendenzen.

Considerations on the First Formation of Languages
Erstpublikation 1761. Entstehung und Entwicklung von Sprache wird in Form einer *philosophical history* (s. Glossar) erklärt.

Wealth of Nations (mit Kurzbibliographie)
Erstpublikation 1776. Der *Wealth* ist ein Werk der Wissenschaft, ausdrücklich konzipiert als Gegengift gegen das „Gift der Begeisterung und des Aberglaubens" in wirtschaftlichen und gesellschaftlichen Fragen. Den Hort des Aberglaubens ortet Smith im Kommerz- oder Merkantilsystem der Beschränkungen und legalen Monopole. Die *science of the legislator* sucht Smith auf eine solide wirtschafts- und gesellschaftstheoretische Basis zu stellen. Er entwickelt eine Theorie der Produktion, Verteilung und Verwendung des gesellschaftlichen Reichtums sowie dessen Wachstum infolge einer zunehmenden Teilung der Arbeit und der damit einhergehenden Steigerung der Arbeitsproduktivität. Kapitalakkumulation vergrößert die Märkte und schafft damit die Voraussetzung für eine Vertiefung der Arbeitsteilung.

Vor dem Hintergrund seiner theoretischen Erkenntnisse be- und verurteilt Smith die in Europa betriebene Merkantilpolitik und plädiert stattdessen für das auf Gleichheit, Freiheit und Gerechtigkeit basierende „System der natürlichen Freiheit". In diesem Zusammenhang entwickelt er eine neue Definition der legitimen Aktivitäten der öffentlichen Hand und ihrer Finanzierung. Wie sich zeigt, war Smith kein Anhänger eines „Minimal-" oder „Nachtwächterstaates" und auch nicht der Auffassung, dass sich das System der natürlichen Freiheit von alleine einstellt. Kluge ordnungs- und auch prozesspolitische Maßnahmen seien vonnöten, um dem Ideal zumindest näherzukommen.

⋆ Hilfreiche Links

http://libertyfund.org

Hier findet man Gratis-Downloads der Werke Smiths und der Smith Biographie von John Rae sowie auch einiger Werke aus dem schottischen Umfeld.

http://adamsmith.org

Britischer Thinktank mit wirtschaftsliberaler Ausrichtung, der seine Mission in der Ausarbeitung radikal marktliberaler Reformen sieht, wie sie insbesondere in der Thatcher-Ära Bedeutung erlangten. Die Berufung auf Smith ist fragwürdig, denn Smith pflegt einen anderen Stil wirtschaftspolitischer Argumentation und ist kein Marktradikaler.

http://members.aon.at/gstremin/zeit_smith.htm

Enthält Basisinformationen und Bildmaterial zu Leben und Werk in deutscher Sprache sowie weitere Links. Zusammengestellt vom Smith-Experten Gerhard Streminger.

http://adamsmithreview.org; **http://adamsmithsociety.net**

Zeitschrift zur Adam Smith-Forschung, die von Vivienne Brown gegründet wurde und in Verbindung mit der International Adam Smith Society herausgegeben wird.

★ Literatur

Aspromourgos, Anthony (2009): The Science of Wealth. Adam Smith and the Framing of Political Economy, London–New York. Gründliche Erörterung zentraler Themen im *WN* und deren Antizipation in den sonstigen Schriften Smiths. Nutzt die digitalisierte Version der Smithschen Schriften, um alle Stellen in dessen Werk zu finden, an denen bedeutende Konzepte zur Sprache kommen.

Brown, Vivienne (1994): Adam Smith's Discourse, London-New York. Anregender Blick auf Smiths Gesamtwerk aus der Sicht einer neuen Literaturtheorie, wobei der Komposition und der Rezeptionsdynamik der Texte besondere Aufmerksamkeit gewidmet wird.

Fleischacker, Samuel (2004): On Adam Smith's Wealth of Nations: A Philosophical Companion, Princeton. Beleuchtet einige Hintergründe und Tiefendimensionen von Smiths *WN*.

Foley, Duncan (2006): Adam Smith's Fallacy. A Guide to Economic Theology, Cambridge (Mass.) und London. Bestreitet die Sinnhaftigkeit der Heraustrennung einer ökonomischen Lebenssphäre, in der das Eigennutzprinzip gilt, aus dem Gesamtkomplex gesellschaftlichen Lebens. Der Vorwurf trifft indes weniger Smith als Teile des heutigen Mainstream.

Hansen, H. und Kraski, T. (2019). Politischer und wirtschaftlicher Liberalismus. Das Staatsverständnis von Adam Smith. Nomos. Baden-Baden.

Hollander, Samuel (1973): The Economics of Adam Smith, Toronto. Materialreiche Deutung der Smithschen Ökonomik aus neoklassischem (marshallianischem) Blickwinkel. Löste eine heftige Kontroverse aus und wird von führenden Smith-Kennern kritisch beurteilt.

Phillipson, Nicholas (2010): Adam Smith. An Enlightened Life, London. Lesenswerte Biographie, deren Stärken in einer anschaulichen Darstellung des intellektuellen und sozialen Umfelds Smiths liegen.

Ross, Ian S. (1995): The Life of Adam Smith, Oxford (deutsch: Düsseldorf 1998). Die heutige Standardbiographie, materialreich und umfänglich.

Rothschild, Emma (2001): Economic Sentiments, Cambridge MA. Engagierte Darstellung, die vor allem die sozialliberal-aufklärerischen Seiten Smiths und dessen Nähe zum progressiven Aufklärer Condorcet herausarbeitet. Die Vereinnahmung Smiths durch Marktfundamentalisten und Konservative wird kritisiert.

Smith, Adam (1976): Glasgow Edition of the Works and Correspondence of Adam Smith, Bde 1-6, Oxford. Wissenschaftliche Werkausgabe, die als Paperback bei libertyfund.org wohlfeil zu beziehen und gratis herunterzuladen ist. Besticht durch editorische Qualität und für das Werkverständnis wichtige Einleitungen sowie hilfreiche Fußnoten der Herausgeber.

Streminger, Gerhard (1995): Der natürliche Lauf der Dinge. Essays zu Adam Smith und David Hume, Marburg. Anregende Essays zu Stellenwert und Botschaft des Smithschen Werks aus der Feder eines ausgezeichneten Kenners der schottischen Aufklärung, der auch mit Bildmaterial und Selbstzeugnissen ausgestattete kompakte Paperback-Biographien Smiths und Humes verfasst hat.

Winch, Donald (1978): Adam Smith's Politics. An essay in historiographic revision. Cambridge studies in the history and theory of politics, Cambridge. Stellt die politischen, sozialen und intellektuellen Bezugspunkte Smiths im 18. Jahrhundert in den Mittelpunkt. Dies erlaubt ein kohärentes Bild der Smithschen Politischen Ökonomie und Gesellschaftstheorie. Winch ist mit diesem Buch ein Pionier der Re-Aktualisierung Smiths. Sein Smith ist für die heutige Zeit interessanter als der selektiv instrumentalisierte Smith des 19. Jahrhunderts.

★ Zitierte Literatur

Acemoglu, Daron (2009): Introduction to Modern Economic Growth, Princeton/Oxford.

Akerlof, George A. und **Yellen, Janet** (1986): Efficiency Wage Models of the Labor Market, Cambridge.

Arnon, Arnie (2012): Monetary Theory and Policy from Hume and Smith to Wicksell, Cambridge.

Arrow, Kenneth J. und **Hahn, Frank H.** (1971): General Competitive Analysis, San Francisco.

Ashraf, Nava, Camerer, Colin F. und **Loewenstein, George** (2005): Adam Smith, Behavioral Economist. Journal of Economic Perspectives 19, 131-145.

Aspromourgos, Anthony (2009): The Science of Wealth, London-New York.

Böhm-Bawerk, Eugen von (1884): Kapital und Kapitalzins. Erste Abteilung. Geschichte und Kritik der Kapitalzins-Theorien, Innsbruck.

Brown, Vivienne (1994): Adam Smith's Discourse, London-New York.

Cannan, Edwin (1929): A Review of Economic Theory, London.

Cannan, Edwin ([1896] 1967): A History of the Theories of Production and Distribution in English Political Economy from 1776 to 1848, New York, reprint.

Conard, Edward W. (2012): Unintended Consequences: Why Everything You've Been Told About the Economy Is Wrong, New York.

Eltis, Walter (1984): The Classical Theory of Economic Growth, London.

Fleischacker, Samuel (2004): On Adam Smith's Wealth of Nations: A Philosophical Companion, Princeton.

Ferguson, Adam (1767): An Essay on the history of civil society. London.

Gehrke, Christian (1990): Wachstumstheoretische Vorstellungen bei Adam Smith, in: Heinz D. Kurz (Hrsg.), Adam Smith (1723-1790). Ein Werk und seine Wirkungsgeschichte, Marburg, 129-151.

Haakonssen, Knud (1981): The Science of a Legislator: The Natural Jurisprudence of David Hume and Adam Smith, Cambridge.

Hayek, Friedrich August von ([1963] 1969): Die Rechts- und Staatsphilosophie David Humes. Wiederabdruck in Friedrich A. von Hayek (1969), Freiburger Studien. Gesammelte Aufsätze, Tübingen, 232-248.

Herman, Arthur (2001): How the Scots Invented the Modern World: The True Story of How Western Europe's Poorest Nation Created Our World & Everything in It, New York.

Hume, David ([1742] 1988): Politische und ökonomische Essays. Teilband 2, Hamburg.

Hume, David ([1778] 1983): History of England, Vol. VI., Indianapolis.

Jeck, Albert (1994): The Macrostructure of Adam Smith's Theoretical System: A Reconstruction. European Journal of the History of Economic Thought 1, 551-576.

Kurz, Heinz D. (1976): Adam Smiths Komponententheorie der relativen Preise und ihre Kritik. Zeitschrift für die gesamte Staatswissenschaft 132, 691-709.

Kurz, Heinz D. (Hrsg.) (1990): Adam Smith (1723-1790) – Ein Werk und seine Wirkungsgeschichte, Marburg.

Kurz, Heinz D. (1991): Adam Smith über Krieg und Frieden. Ökonomie und Gesellschaft Jahrbuch 9, 101-137.

Kurz, Heinz D. (1992): Adam Smith on Foreign Trade: A Note on the 'Vent-for-Surplus' Argument. Economica 59, 475-481.

Kurz, Heinz D. (Hrsg.) (2008): Klassiker des ökonomischen Denkens, Band. 1, München.

Kurz, Heinz D. (Hrsg.) (2009): Klassiker des ökonomischen Denkens, Band. 2, München.

Kurz, Heinz D. (2010): Technical Progress, Capital Accumulation and Income Distribution in Classical Economics: Adam Smith, David Ricardo and Karl Marx. European Journal of the History of Economic Thought 17, 1183-1222.

Kurz, Heinz D. (2012): Innovation, Knowledge and Growth. Adam Smith, Schumpeter and the Moderns, London-New York.

Kurz, Heinz D. und **Salvadori, Neri** (1993): Von Neumann's Growth Model and the 'Classical' Tradition. European Journal of the History of Economic Thought 1, 129-160.

Kurz, Heinz D. und **Salvadori, Neri** (1995): Theory of Production. A Long-Period Analysis, Cambridge, Melbourne und New York, Paperback 1997.

Kurz, Heinz D. und **Salvadori, Neri** (2006): Endogenous Growth in a Stylised 'Classical' Model. In Yiorgos Stathakis und Gianni Vaggi (Hrsg.), Economic Development and Social Change, London-New York, 106-124.

Kurz, Heinz D. (2015): Adam Smith on markets, competition and violations of natuzral liberty. Cambridge Journal of Economics 40(2), 615-638.

Kurz, Heinz D. (2016): Zur Politischen Ökonomie des homo mercans. Adam Smith über Märkte. Deutsches Jahrbuch Philosophie 7, 23-48.

Kurz, Heinz D. (2018): Power – The Bête Noire in Much of Modern Economics. Artha Vijnana 69(4), 319-376.

List, Friedrich ([1841] 1930): Das nationale System der politischen Ökonomie. Band. 6 der von Erwin von Beckerath et al. hrsg. Gesamtausgabe des Listschen Werks in 10 Bänden, Berlin.

Locke, John ([1690] 1953): Two Treatises of Government, 2. Aufl., hrsg. von Peter Laslett, Cambridge.

Marx, Karl (1894): Das Kapital. Kritik der politischen Ökonomie, Band III, hrsg. von Friedrich Engels, Berlin.

Marx, Karl (1988): Karl Marx. Ökonomisch-philosophische Manuskripte vom Jahre 1844, Leipzig.

Marx, Karl (1983): Karl Marx – Friedrich Engels. Der Briefwechsel. Bd. 1: 1844-1853, München.

Menger, Carl (1871): Grundsätze der Volkswirthschaftslehre, Wien.

Meyer-Faje, Arnold und **Ulrich, Peter** (Hrsg.) (1991): Der andere Adam Smith. Beiträge zur Neubestimmung von Ökonomie als Politischer Ökonomie. St. Galler Beiträge zur Wirtschaftsethik, Bd. 5, Bern.

Mill, John St. ([1848] 2004): Principles of Political Economy. Great Minds Series, Amherst.

Murphy, Antoin E. (1997): John Law: Economic Theorist and Policy-Maker, Oxford.

Negishi, Takashi (1993): A Smithian Growth Model and Malthus's Optimal Propensity to Save. European Journal of the History of Economic Thought 1, 115-127.

Neumann, John von (1937): Über ein ökonomisches Gleichungssystem und eine Verallgemeinerung des Brouwerschen Fixpunktsatzes, Ergebnisse eines mathematischen Kolloquiums 8, 73-83. Englische Übersetzung als A Model of General Economic Equilibrium, Review of Economic Studies 13, 1-9.

Oncken, August (1898): Das Adam Smith-Problem. Zeitschrift für Sozialwissenschaft Bd. I, 15-33, 101-108 und 276-287.

Oslington, Paul (2012): Jacob Viner on Adam Smith: Development and reception of a theological reading. European Journal of the History of Economic Thought 19, 287-301.

Petty, William ([1662] 1986): The Economic Writings of Sir William Petty, zwei Bände, hrsg. von Charles H. Hull, erstmals veröffentlicht 1899, Cambridge, Reprint in einem Band, New York.

Phillipson, Nicholas (2010): Adam Smith. An Enlightened Life, London.

Raphael, David D. (2007): The Impartial Spectator, Oxford.

Raphael, David D. (1985): Adam Smith, Oxford.

Ricardo, David ([1817] 2006): Über die Grundsätze der Politischen Ökonomie und der Besteuerung, übersetzt von Gerhard Bondi und überarbeitet von Ottmar Kotheimer, hrsg. von Heinz D. Kurz und Christian Gehrke, 2. Aufl., Marburg.

Rieter, Heinz (1998): Quantity Theory of Money, in: Heinz D. Kurz und Neri Salvadori (Hrsg.), The Elgar Companion to Classical Economics, Band. 2, Cheltenham-Northampton, 239-248.

Ross, Ian S. (1995): The Life of Adam Smith, Oxford.

Rostow, Walt W. (1990): Theories of Economic Growth from David Hume to the Present, New York.

Rothschild, Emma (2001): Economic Sentiments, Cambridge MA.

Rothschild, Emma (2010): The Theory of Moral Sentiments and the Inner Life, in: Vivienne Brown and Samuel Fleischacker (Hrsg.), The Philosophy of Adam Smith. The Adam Smith Review, Vol. 5, London-New-York, 25-36

Schefold, Bertram (1981): Nachfrage und Zufuhr in der klassischen Ökonomie, in: Fritz Neumark (Hrsg.), Studien zur Entwicklung der ökonomischen Theorie I, Schriften des Vereins für Socialpolitik, Neue Folge Bd. 115/I, Berlin, 53-91.

Schneewind, Jerome B. (1998): The Invention of Autonomy, Cambridge.

Schotter, Andrew (1985): Free Market Economics. A Critical Appraisal, New York.

Schumpeter, Joseph Alois (1912): Theorie der wirtschaftlichen Entwicklung, Leipzig.

Schumpeter, Joseph Alois (1954): History of Economic Analysis, New York.

Skinner, Andrew S. (1987): Smith, Adam, in: The New Palgrave. A Dictionary of Economics, hrsg. von John Eatwell, Murray Milgate und Peter Newman, London, Band. 4, 357-375.

Sraffa, Piero (1951): Introduction, in: The Works and Correspondence of David Ricardo, hrsg. von Piero Sraffa unter Mitarbeit von Maurice H. Dobb, Band I, Cambridge.

Sraffa, Piero (1960): Production of Commodities by Means of Commodities, Cambridge.

Stewart, Dugald ([1794] 1980): Account of the Life and Writings of Adam Smith, L.L.D., in: William P.D. Wightman und John C. Bryce, (Hrsg.), Adam Smith – Essays on Philosophical Subjects, Oxford, 269-351.

Stigler, George (1976): The Success and Failures of Professor Smith. Journal of Political Economy 84, 1199-1213.

Streissler, Erich W. (1999): Adam Smith – „der Adam“ oder „nur Wachstum“?, in: Adam Smith, Untersuchung über Wesen und Ursachen des Reichtums der Völker, hrsg. und eingel. von Erich W. Streissler, Düsseldorf, 32-70.

Streminger, Gerhard (1995): Der natürliche Lauf der Dinge. Essays zu Adam Smith und David Hume, Marburg.

Sturn, Richard (1990): Natürliche Freiheit und soziale Kontingenz: Individualismus und Kollektivismus der Smithschen Handlungstheorie, in: Heinz D Kurz (Hrsg.), Adam Smith (1723-1790) – Ein Werk und seine Wirkungsgeschichte, Marburg, 93-118.

Sturn, Richard (1991): Soziales Handeln und ökonomischer Tausch: Die stoischen Wurzeln Adam Smiths, in Arnold Meyer-Faje/Peter Ulrich (Hrsg.), 99-122.

Sturn, Richard (2010): On making full sense of Adam Smith. Homo Oeconomicus 27, 263-288.

Sturn, Richard (2017): Adam Smith im Kontext der neuen Wirtschaftssoziologie, in: Maurer, Andrea (Hg.), Handbuch der Wirtschaftssoziologie, 2. Aufl., Wiesbaden, 19-31.

Vianello, Fernando (2012): The Smithian Origin of Ricardo's Corn Ratio Theory of Profits: A Suggested Interpretation, in: Roberto Ciccone, Christian Gehrke und Gary Mongiovi (Hrsg.), Sraffa and Modern Economics, Band. 1, London, 239-268.

Viner, Jacob (1927): Adam Smith and laissez faire. Journal of Political Economy 35, 198-232.

Weitzman, Martin (1994): Recombinant Growth. Quarterly Journal of Economics 17, 331-360.

Winch, Donald (1996): Riches and poverty. An intellectual history of political economy in Britain 1750-1834, Cambridge.

Winch, Donald (1978): Adam Smith's Politics. An essay in historiographic revision. Cambridge studies in the history and theory of politics, Cambridge.

Young, Allyn A. (1928): Increasing Returns and Economic Progress. Economic Journal 38, 527-542.

★ Werke von Adam Smith

Smith, Adam (1999): Untersuchung über Wesen und Ursachen des Reichtums der Völker, hrsg. und eingeleitet von Erich W. Streissler, übersetzt von Monika Streissler. Bde. 1 u. 2, Düsseldorf.

Smith, Adam (1976): The Theory of Moral Sentiments, in: David D. Raphael und Alec L. Macfie (Hrsg.), Glasgow Edition of the Works and Correspondence of Adam Smith, Bd. 1, Oxford. Kurzzitat: *TMS.*

Smith, Adam (1976): An Inquiry into the Nature and Causes of the Wealth of Nations, in: Roy H. Campbell und Andrew S. Skinner (Hrsg.), Glasgow Edition of the Works and Correspondence of Adam Smith, Bd. 2, Oxford. Kurzzitat: *WN.*

Smith, Adam (1976): The History of Astronomy, in: William P.D Wightman und J.C. Bryce (Hrsg.), Essays on Philosophical Subjects, Glasgow Edition of the Works and Correspondence of Adam Smith, Bd. 3, Oxford. Kurzzitat: *Astronomy/EPS.*

Smith, Adam (1976): Lectures on Rhetoric and Belles Lettres, in: J.C. Bryce (Hrsg.), Glasgow Edition of the Works and Correspondence of Adam Smith, Bd. 4, Oxford. Kurzzitat *LRBL.*

Smith, Adam (1976): Lectures on Jurisprudence, in: Ronald L. Meek, David D. Raphael und Peter G. Stein (Hrsg.), Glasgow Edition of the Works and Correspondence of Adam Smith, Bd. 5, Oxford. Kurzzitat: *LJ.*

Smith, Adam (1976): Correspondence of Adam Smith, in: Ernest C. Mossner und Ian S. Ross (Hrsg.), Glasgow Edition of the Works and Correspondence of Adam Smith, Bd. 6, Oxford. Kurzzitat: *Corr.*

Smith, Adam (1863): An Inquiry into the Nature and Causes of the Wealth of Nations with a Life of the Author, an Introductory Discourse, Notes, and Supplemental Dissertations. New edition revised, corrected, and improved. Edited by J.R. MacCulloch, Esq., Edinburgh.

✷ Stichwörter

Adam Smith-Problem 54, 150
Agrikultursystem 74, 120, 130
Akkumulation von Kapital 65, 74, 105, 110, 114, 146
Allgemeininteresse 68, 70, 87
Amerikapolitik 128, 133
Anreize 95, 108, 117, 128
Arbeit 14, 21, 66, 68, 71, 73, 76, 85, 89, 92, 93, 96, 98, 108, 109, 114, 121, 124, 132, 136
  datierte Arbeitsmengen 87
  kommandierte 85
  Mobilität 91, 96
  produktive und unproduktive 109
Arbeitsproduktivität 65, 67, 76, 105, 112, 129
Arbeitsteilung 8, 21, 34, 45, 62, 65, 5, 80, 96, 100, 105, 112, 117, 130, 135, 147, 150
Boden 88
  -mobilität 91
  -monopol 88
  -rente 68, 88, 103, 146
  -verbesserung 117
East India Company 20, 122, 128
Eigeninteresse 36, 51, 73, 79, 109, 148
Einfuhrbeschränkung 120, 123
Einkommensverteilung 73, 75, 85, 87, 89, 92, 97
Ersparnis 68, 76, 83, 111, 112, 114
Fortschritt 7, 21, 36, 38, 42, 69, 77, 103, 116, 135
  arbeitsfreisetzender technischer 94
  gesellschaftlicher 69
Freie Konkurrenz 75, 90, 96
Freihandel 121, 124
Freiheit 79, 83, 89, 109, 113, 118, 126, 130, 131, 134
Gemeinwohl 15, 29, 37, 73, 140
Gravitation der Preise 89, 91
Größe des Marktes 80, 127, 147
Grundrente 73, 92, 102, 114, 129
Handel 23, 33, 70, 72, 79, 102, 104, 107, 115, 116, 121, 130, 131, 139
Hume, David 14, 16, 18, 19, 20, 21, 22, 23, 27, 28, 29, 34, 38, 40, 42, 49, 50, 51, 52, 53, 55, 56, 59, 60, 61, 62, 67, 79, 106, 110, 112, 119, 138
Hutcheson, Francis 15, 27, 35, 45, 53, 57, 61
Industrie 75, 100, 114, 118, 130
Industrielle Revolution 27, 100, 133
Innovation 16, 39
Invisible Hand
Justice 58, 136
Kapital 71, 82, 84, 88, 91, 95, 98, 105, 108, 110, 113, 115, 121, 127, 130, 132
  fixes 105
  Mobilität 91, 96
  Verwendung 113
  zirkulierendes 105
Kaufleute 17, 70, 87, 96, 109, 118, 123, 128, 149
Kolonialpolitik 20, 123, 127
Kommerzsystem 70, 74, 120, 121, 127129139,
Konkurrenz 23, 66, 70, 75, 82, 84, 89, 91, 96, 101, 102, 113, 115, 126, 131, 134, 136, 140, 146148149
Landwirtschaft 75, 83, 102, 103, 114, 119,

130
Lohn 69, 73, 85, 86, 109, 115, 146
Lohndifferentiale 82, 94, 98, 99
Marktgesellschaft 21, 38, 39, 40, 50, 51, 132, 133, 135, 140
Marktpreise 81, 82, 91, 122
  Gravitation 91
Merkantilsystem 74, 6, 121, 124, ,
Monopol 91, 121
Moral 13, 18, 30, 35, 39, 41, 49, 51, 53, 56, 60, 144
natural course of things 34, 116
naturalism 38, 39
natürliche Preise 81, 85, 122
nichtintendierte Effekte 33, 34, 36, 71, 75, 119
Physiokraten 19, 45, 54, 74, 116, 131
Prinzip der Besteuerung 137
Privateigentum 45, 46, 60, 88
Privilegien 34, 107, 118, 122, 128, 135
Profit 69, 70, 73, 84, 85, 89, 90, 91, 92, 93, 94, 95, 96, 97, 98, 99, 102, 105, 110, 112, 113, 114, 146
Profitrate 68, 70, 71, 72, 84, 85, 86, 88, 90, 95, 96, 97, 102, 112, 113, 122, 129, 146
Providentialismus 38
Quantitätstheorie des Geldes 106
Reichtum 66, 67, 78, 105, 116, 120, 126
Ressourcen
  sich erschöpfende 102, 103
Schottische Aufklärung 150
Schulausbildung 76
science of the legislator 8, 18, 29, 31, 35, 37, 54
Staat 15, 45, 50, 79, 126, 128, 132, 135, 139
Staatsaufgaben 29, 74, 135
Staatsmann 73, 75, 123
Staatsschulden 20, 133, 138
Stoa 15, 36, 57
Sympathie 32, 54, 55, 56, 57, 58, 66
System der natürlichen Freiheit 31, 40, 66, 79, 121, 131, 134
Tableau Économique 109, 117, 130, 131
unintended consequences 29, 33, 35, 36, 37, 38, 49, 50
Unparteiischer Beobachter 56
Unsichtbare Hand 33, 35, 36, 37, 38, 40, 42, 44, 71, 72, 73, 143
Verbesserungen 7, 37, 68, 77, 91, 105, 114, 115, 117, 119, 120, 121, 126, 127, 130, 134, 149
Vertrauen 98, 99, 106
Vorsehung 38, 66, 71, 72, 73
Wachstum
  maximales 86
  Maximierung des 116
  wirtschaftliches 15, 51, 65, 66, 69, 77, 94, 99, 103, 105, 110, 112, 116, 126
Wettbewerb
wirtschaftliche Dynamik 69, 71, 94, 116